가정폭력과 포퓰리즘

베스텐트 한국판 9호

WestEnd
Neue Zeitschrift für Sozialforschung
16. Jg., Heft 1, 2020

Herausgegeben im Auftrag des Instituts für Sozialforschung an der Johann Wolfgang Goethe-Universität, Frankfurt am Main, und der Gesellschaft für Sozialforschung, Frankfurt am Main, von:

WESTEND

가정폭력과 DOMESTIC VIOLENCE AND POPULISM 포퓰리즘

가정폭력은
침묵해야 하는
폭력일까?

사나워진
정치가 꼭 포퓰리즘
때문일까?

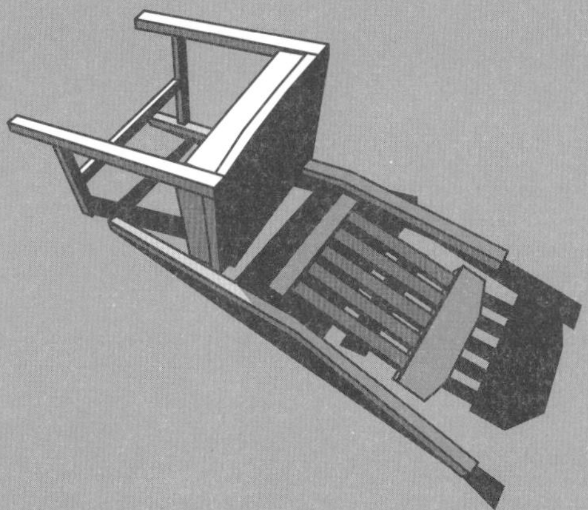

WestEnd
베스텐트 한국판 9호
연구모임 사회비판과대안 엮음

차례

서문: 현대성과 폭력

오늘날 사적인 폭력은 법적으로 철저히 금지되지만 뉴스의 많은 부분은 이런 폭력으로 채워진다. 폭력의 양상 및 영역도 다양해져서 과거엔 폭력의 문제로 다뤄지지 않던 내밀한 영역 내지 가족 내부의 갈등이 훨씬 더 사회적인 주목을 받기도 한다. 이는 가치 중점이 이행하고 있음을 보여주는 하나의 현상이다. 이러한 현상은 한편으로 과거엔 주로 경제적 관점에서 다뤄지던 사회적 약자 개념이 다양한 영역의 약자로 확대되었지만 법적 제도가 그에 상응하게 정비되지 못한 점과 연관되기도 하며, 다른 한편 법적 제도가 완비되었다고 하더라도 이 제도가 전통적 행위양식과 괴리를 갖는 것과도 연관된다. 특히 후자의 경우 (법)체계적 요소와 (문화)구조적 요소 사이의 모순이 폭력 양상을 은밀하게, 하지만 광범위하게 만드는 요인이 되기도 한다. 예컨대 자녀에 대한 부모의, 학생에 대한 교사의 체벌 금지가 부모와 자식 간의, 학생과 교사 간의 전통적인 '세대 질서 관념'에 의해 갈등을 좀 더 복잡하게 만드는 요인이 된다. 또한 부부 내지 성별 사이의 성질서 관념을 지탱해 오던 전통적인 문화적 위계의식이 이러한 갈등에 구조적으로 작동하는 경우도 많다.

폭력에 감수성을 갖게 하는 것은 현대성과 깊은 연관이 있다. 현대성 자체가 주객분리라는 인식론적 구조에 의해 지탱되기 때문에 그 안에 폭력성이 이미 잠재해 있다고 하는 철학적 반성에 대해서는 여기서 상론하지 않겠다. 그와 반대로 적어도 외견상 현대성은 폭력에서의 해방을 목표로 했다. 예컨대 현대적 국가이론을 최초로 제시한 홉스의 사회계약 사상에 따르면 사적인 폭력의 제어는 가장 중요한 국가의 목표 중 하나이다. 그는 국가를 '언젠가는 죽는다는 사실에 의해서만 신과 구별되는', '힘에 관한 한 지상의 누구와도 비견할 수 없는' 거대한 폭력체인 '리바이어던'으로 명명한다. 리바이어던은 성경에서 "바다의 큰 용" 혹은 "바다의 괴물"로 번역되는데, 신과 대적하는 존재로, 결국에 신에게 저주 받을 자로 그려진다. 홉스가 이 용어로 현대국가를 은유하는 이유는 우선은 국가가 신정질서일 수 없다는 것이고, 다른 하나는 국가의 막강한 힘을 표현하기 위함이다. 국가를 굳이 신과의 관계에서 해명하려 하지 않을 뿐 아니라 더 나아가 성경에서 악의 상징으로 등장하는 이 괴물을 국가를 대신하는 것으로 그리는 그의 이런 표상방식은 국가는 철저하게 세속적 질서, 더 정확히는 이성적 질서여야 한다는 것을 드러내기 위함인데, 당시로서는 극히 불손한 사고방식이었다.

국가가 그런 강력한 힘을 가지게 된 데는 그 구성원 모두에게서 폭력을 회수하여 그 힘들을 하나로 뭉쳐 스스로에게 전가한 데 있다. 홉스에 따르면 국가 이전 상태인 자연상태에서는 자유와 평등이 지배하지만 이는 역으로 언제든 타자를 공격하거나 타자에게서 해를 당할 수 있음을 의미한다. 생명체는 생존, 즉 자기보존을 목적으로 하는데(적어도 홉스는 그렇게 생각하였다), 자연상태에서는 생존이 소멸을 그림자처럼 동반한다. 말하자면 생존을 위한 투쟁은 생사를 건 투쟁과 다를 바 없다는 것이다. 그래서 홉스는 타자의 폭력에 무작정 노출되어 있는 자연상태를 "만인에 대한 만인의 전쟁상태" 혹은 "모두는 각자에게 늑대"라는 말로 정식화한다. 여기서 전쟁상태란 언제나 전쟁을 하고 있는 상태가 아니라 언제든 전쟁으로 돌입할 수 있는 불안상태를 의미한다. 인간의 자연스런 본성에 장착되어 있는 경쟁과 불신과 명예욕이 곧 불안을 일으키는 원인이라고 한다. 따라서 국가를 형성하는 계약인 사회계약이란 생존을 위해 생명을 걸어야 하는 이런 불안에서 벗어나고자 하는 인간의 이성적 자구책이다. 홉스에게서 사회계약의 핵심은 구성원 모두가 폭력을 반납함으로써 평화를 얻는 것, 그래서 안전한 생존을 보장받는 것이다. 자연적 인간의 가장 기초적인 권리가 바로 이런 생존이기 때문에(제1자연권) 사회계약에 돌입한 사회적 인간의 제1자연법은 "언제나 평화에 힘쓰라!"이다. 그가 제시하는 19개의 자연법, 즉 이성의 계율은 바로 이 제1자연법으로부터 추론된다.

외견상 폭력에서의 해방이라는 현대국가의 이런 이상은 현실 속에서 다양한 왜곡을 불러일으키며 등장한다. (그런 이유로 앞서 언급했듯이 현대성 자체가 폭력성을 동반한다는 진단도 나온 것이다). 자연법이 이성의 명령, 즉 당위의 형식을 취하는 데서 알 수 있듯이 현실은 언제나 어느 정도는 이 명령에서 비껴 있다. 당위와 현실의 일치는 영원한 숙제이고 변증법적 역동성을 갖기 마련이지만, 긴장 완화를 위해 강제적 법 제정과 그것의 공정한 적용이 강조된다. 오히려 문제는 개인들이 반납한 모든 폭력을 자신 안에 간직한 국가의 폭력이다. 현대사회에서는, 베버가 지적하듯이, 규범상 국가만이 폭력을 독점한다. 제도화된 합법적 폭력, 즉 국가의 공적 폭력은 오늘날 엄밀한 감시의 대상이다. 더 큰 악을 저지하기 위한 폭력이라고 하더라도 폭력은 그 자체로 악이기 때문이다. 홉스 등 현대 정치철학의 정신에서 볼 경우 공권력을 정당하게 사용하지 않거나 오남용할 경우 사적 폭력은 그에 비례하여 은밀하게 혹은 노골적으로 자신의 모습을 드러내게 되어 있다. 국가의 강제력 사용이 왜곡되거나 불공정할 때 사적인 폭력은 광범위하게 이뤄질 수밖에 없다는 것이다. 한 사회에서 폭력이 난무하는 이유를 단순히 사인들 간의 이해관계에서만 풀어서는 안 되는 이유가 여기에 있다.

이번 호의 주제는 폭력, 그것도 가정폭력이다. 가정 역시 현대의 정신을 드러내는 방식으로 그 구조가 변화해 왔지만, 원자적 인간관이라는 현대적 인간관계를 가장 덜 체화하고 있어야 한다고 믿어지는 영역이다. 가족은 자유나 권리라는 현대의 개인적 가치보다는 사랑과 희생이라는 전통적인 공동체적 가치를 이의 없이 수용하는 현대의 영역이다. 전통적인 가족 중심성이 강한 우리나라만이 아니라 이를 넘어섰다고 말하는 서구 사회 역시 가족을 그런 가치 아래서 평가하는 경향이 크다. 현대는 내밀한 일차집단 내부의 문제에 대해서도 권리의 체계를 강조하는 법적 장치를 만들어 왔다. 이런 이유로 인해 가족은 사회의 법체계와 구성원의 문화적 의식이 가장 극렬하게 충돌하는 영역에 속하며, 그런 점에서 가정폭력은 여타 영역과 다른 특수성을 만들어 낸다. 가장 큰 특징은 폭력에 둔감하거나 나아가 침묵하는 경향이 크다는 점이다. 여기 소개된 연구들에 의하면 서구에서 가정폭력방지법이 제정된 후 수십 년이 지나서도 폭력의 비율은 감소하지 않았으며, 심지어 그 폭력에 대해 침묵하는 경향은 여전하다. 폭력 감소를 위한 법적 장치와 법 적용의 공정성 외에도 구성원의 의식에 자원을 공급하는 문화 역시 그에 맞게 변해야 한다는 것을 시사한다.

정대성
베스텐트 한국판 편집자

1부

1부 쟁점 / 가정폭력: 침묵해야 하는 폭력

가정폭력
침묵해야 하는 폭력

에디 하르트만, 토마스 회벨

사회과학은 흔히 "폭력"을 다양한 개념 정의를 통해 파악하고, 다양한 경험적 사례로부터 공통분모를 도출해 낸다. 미시적 연구들은 폭력이 초래한 신체적 결과, 의도, 공격받은 사람들의 저항을 강조한다. 하인리히 포피츠(Poppitz 1992)는 폭력을 타인의 신체 훼손을 노린 권력 행사라고 규정한 대표적 연구자이다. 이에 반해 거시적 연구들은 폭력이 공동생활의 규범적 이상에 대한 반복적 혹은 지속적 이탈임을 강조한다. 이 경우 신체와의 연관성은 폭력이 갖는 다양한 측면의 하나일 뿐이다. 요한 갈퉁(Galtung 1975)은 한때 폭력의 다양성을 강조하기 위해 구조적 폭력이라는 개념을 사용한 바 있다.

이런 식의 개념 정의 시도는 수많은 반론을 초래했다. 여기에서 문제가 된 것은 특히 세 가지 사항이다. 첫째는 행위자 중심의 연구들이 갖는 문제이다. 이 연구들은 공격자의 관점에서 폭력을 규정하거나, 그렇지 않으면 행위자가 없는 고착된 지배 관계를 강조한다. 후자의 경우 폭력은 개별적 인간의 행위에 의존하지 않는 사회적 지속 상태이다. 둘째는 일반적 개념 정의들의 문제이다. 이런 개념 정의들은 항상 특정한 누군가에 의해 그리고 항상 특정한 이유에서 폭력으로 간주한 현상들의 맥락 특수성을 덮어버린다. 셋째는 폭력 현상에 대한 "관찰 규모" (Desjeux 1996)의 문제이다. 즉 폭력 현상을 미시적으로 아니면 거시적으로 고찰하느냐의 문제는 대개 폭력 현상에 대한 인식 수준을 높이는 데 아무런 기여도 하지 못하는, 성과 없는 개념 논쟁으로 흐른다(Hoebel und Knöbl 2019: 29 이하).

이렇게 지금까지의 폭력 연구를 고찰해 볼 때 사회과학적 폭력 연구 영역에 대한 인식론적 자기반성이 과연 충분하다고 볼 수 있을까? 이렇게 질문해 본 것은 경험적으로 민감하고, 이론적으로 야심 있게, 그리고 진술의 명증성과 관련하여 과학 이론적으로 진지하게 "폭력"이라는 대상에 접근하라는 특별한 도전을 위해서이다. 특히 상황론적 폭력 연구에서 거의 성과가 없는 최근의 폭력 논의에만 협소하게 집중한 것이나, 이에 비해 맥락에 민감한 비교 연구는 거의 확산해 있지 않은 것이나, 폭력 연구만이 아니라 "강단 사회학"이라는 학문 전체에서는 더 많은 과학주의적 방향 설정에 대한 요청만이 난무하고 있는 것은 앞서 제시한 질문에 대한 대답으로는 회의적이다. 그리고 적어도 지난 몇 년간 연구 영역만이 아니라 대중 매체에서도 "폭력" 연구에 기울이는 관심이 경향적으로 성장했고 또 지속하고 있는 것을 볼 때 앞서 말한 도전적 질문은 추가적 폭발력을 가질 수 있다.

본 '쟁점'의 핵심 관심사는 이런 문제에 체계적으로 대응하기 위한 첫 걸음을 내딛는 데 있다. 이를 위해 특히 의미가 있다면, 그것은 무엇보다도 이른바 폭력 지표를 세밀하게 파악하는 것이다.

> 폭력 지표에 대한 성찰은 폭력 사회학적 일반화를 맥락에 민감한 비교 분석 형태로 산출하기 위한 연구방법론이다. 이런 식의 연구방법은 폭력을 대상 영역 간의 소통을 통해 주제화할 수 있게 하는 장점이 있다. 그리고 이를 통해 폭력 사회학 자체가 탐구의 대상이 될 수 있다. 즉 폭력 이론적 탐구의 문제 지평과 효과에 대한 자기반성이 체계적으로 함께 수행된다는 것이다. (Hoebel und Koloma Beck 2019: 9)

이런 점에서 본 '쟁점'의 논문들은 종합적으로 볼 때 폭력 지표를 추적할 수 있는 복합 관점적 시각을 논의한다. 이 논문들은 본 '쟁점'의 편집자들이 자신의 논문에서 제안하고 있듯이, 각각의 다양한 접근 방법 속에서 "폭력의 침묵"이라고 규정할 수 있는 한 가지 문제를 다루고 있기 때문이다. 본 '쟁점'에 참여한 저자들은 일반적으로 "가정"이라고 부르는(Lyman und Scott 1967: 238), 따라서 외부의 시선에서 벗어난 영역에서 일어나는 폭력 현상을 다룬다. "가정 영역에서는 일상적인 참여자들이 상대적 행동의 자유와 친밀성 감정을 갖고 이 영역을 통제한다."(같은 곳) 이런 폭력 현상에는 가정 내 폭력과 가족 간 폭력이나 아동과 청소년에 대한 성폭력으로 기술되는 사건들이 속한다. 각각의 논문들은 무엇보다도 폭력 연구에 필요한 자기반성 가능성을 보장하기 위해 방법론적 문제에 관심을 기울인다.

에디 하르트만과 토마스 회벨은 폭력의 침묵 문제에 성찰적으로 접근하지 않고, 오히려 이를 첨예화시키는 가시성 편향적 폭력 연구의 위험성을 진단한다. 아네 케르슈텐은 가정폭력의 집요함을 연결망 이론적 관점에서 논의하면서, 이러한 혁신적 방법을 통해 가정폭력에 대한 가해자 편향적, 또는 피해자 편향적 관점이 어떻게 단절될 수 있는지를 보여준다. 케르슈텐은 이에 대해 현재 진행 중인 연구를 통해 보고하고 있다. 페르디난트 주터뤼티는 가족의 구조적 특수성이 폭력적 행위가 장기적 상호작용 모형으로 응고되는 것을 어떻게 조장하고 있는지를 논의한다. 자비네 안드레젠은 아동 성폭력 규명을 위한 독립 위원회의 활동을 설명한다. 이에 따르면 특수한 의사소통 방식이 관련 당사자와 관심 있는 대중만이 아니라 연구자들에게도 아동과 청소년에 대한 폭력을 복합 관점적으로 고찰할 수 있게 하고 이를 통해 "침묵" 주제에 대한 새로운 통찰을 제공할 수 있다. 끝으로 라우라 폴터스는 앞의 논문들과 연관해서 얼마나 많은 설명 방식이 폭력 연구에 개방되어 있는지를 비판적 에세이를 통해 논의한다. 그리고 폴터스는 이를 특히 아동기와 성에 대한 사회 이론적 사고 모형의 배경을 묻기 위해 폭력 사건에 대한 판결을 사용하는 변론들과 연결한다.[1]

번역_문성훈

1 본 특집의 아이디어는 2019년 10월 1-2일 프랑크푸르트 사회연구소에서 개최된 "폭력: 설명 가능성의 한계?"라는 워크숍에서 유래한다. 이 자리를 빌려 프랑크푸르트 사회연구소, 함부르크 사회연구소, 하이델베르크 대학 사회학과의 막스 베버 연구소, 프랑크푸르트 요한 볼프강 대학의 친구들과 후원자들의 우정 어린 지원에 감사한다.

참고문헌

Desjeux, Dominique 1996: Scales of Observation. A Micro-Sociological Epistemology of Social Science Practice, in: Visual Sociology 11. 2, 45–55.

Galtung, Johan 1975: Strukturelle Gewalt. Beiträge zur Friedens- und Konfliktforschung. Übers. von Hedda Wagner. Reinbek bei Hamburg: Rowohlt.

Hoebel, Thomas und Wolfgang Knöbl 2019: Gewalt erklären! Plädoyer für eine entdeckende Prozesssoziologie. Hamburg: Hamburger Edition.

Hoebel, Thomas und Teresa Koloma Beck 2019: Theorizing Violence. Über die Indexikalität von Gewalt und ihrer soziologischen Analyse, in: Zeitschrift für Theoretische Soziologie 8. 1, 4–11.

Lyman, Stanford M. und Marvin B. Scott 1967: Territoriality. A Neglected Sociological Dimension, in: Social Problems 15. 2, 236–249.

Popitz, Heinrich 1992: Phänomene der Macht. Tübingen: Mohr Siebeck.

폭력의 침묵 깨뜨리기

에디 하르트만, 토마스 회벨

1957년에 공개된 〈우유 방울 왕관〉(Milk Drop Coronet)은 미국 전자공학자이자 사진작가이며 초고속사진 개척자이기도 한 헤럴드 에저턴(Herold Edgerton)의 매우 유명한 사진이다. 그것은 우유 방울이 붉은 액체 위에 떨어질 때 어떻게 톱니모양과 대칭모양으로 튀어 오르는지를 보여준다. 그때까지 우유 방울이 다른 액체의 표면 위에 떨어져 튀어 오르는 매우 짧은 순간을 잡아내려는 수많은 시도들이 실패했다. 그 사진들은 너무 흐리고 모양을 알아보기 힘들어 그 순간을 포착하는 데 실패했기 때문이다. 보통은 인간 눈으로 볼 수 없는 그 과정을 1930년대에 에저턴이 전자 스트로보스코프를 발명하고 나서야 비로소 눈에 보이게 할 수 있었다. 에저턴이 7년을 꼬박 바쳐 일한 이 사진의 성공을 위해서는 특수한 조명장치의 기술 혁신이 필수적이었다.

초고속사진기술의 역사에서 일어난 이 작은 이야기는 사회과학적 폭력연구의 오늘날 상태를 잘 보여주는 우화처럼 읽힌다. 위의 이야기를 비유로 빌려 말하자면 우리는 오늘날 폭력연구가 스트로보스코프가 발명되기 전의 상태에 있는지, 아니면 그 후의 상태에 있는지를 물을 수 있다. 이 흥미로운 물음에 대한 대답은 현재 매우 논쟁적이다. 하지만 적어도 지난 30년 동안 일어난 이론적-개념적 혁신들과 방법적 혁신들은 사회과학적 폭력연구가 공개적으로 볼 수 있고 매체로 확인할 수 있는 물리적 형태들의 폭력 현상들에 대해 강한 선호를 가지도록 만들었다는 결론을 내릴 수 있다.

많은 이들은 이러한 발전을 이 분야에서 한계를 돌파한 의미 있는 일로 여긴다. 이에 맞서 우리는 이러한 가시적 대상 선호가 연구를 할 때 문제가 많은 가시성 편향을 낳는다고 주장한다. 공개적인 시선과 동시에 물리적 폭력에 초점을 맞춘 시선이 지배적이다 보니 감추어진 폭력 형태들에 덜 주목하게 되고 그 결과로 그러한 가시성 편향에 덜 비판적이게 된다. 게다가 더 큰 문제는 이러한 가시성 선호와 더불어 분석적이고 계몽적인 잠재력이 사용되지 않는다는 데 있다.

사람들이 폭력을 맥락에 의존하는 현상으로 이해한다면, 다시 말해 폭력을 각각 특수한 사회적 맥락 안에서만 (행위자 관점에서뿐만 아니라 연구자 관점에서도) 그러한 폭력적 의미가 부여되는, 상징이나 소통으로 가공된 사건임이 드러나는 현상으로 이해한다면, 폭력의 공개적 가시성뿐만 아니라 그 은폐성도 각각 그 대상에 고유한 맥락의존성을 이루는 본질적 요소들임을 알 수 있다. 폭력연구가 수많은 폭력 현상들의 공개적 특성을 이미 분석적으로 때때로 효과적으로 다룰 줄 알지만, 이러한 인식과 광범위한 방법적 결과들을 체계적으로 다루는 것은 아직 초기 상태에 있다. 우리가 보기에는 폭력 현상들의 다양한 가시성 정도를 비교해야 비로소 폭력으로 여기는 현상들의 가시성 또는 관찰 가능성이 그것의 맥락의존성과 갖는 본질적 연관을 사회학적으로 더 자세히 규정하는 데 이바지할 수 있다. 논의를 이러한 방향으로 향하게 하는 것이 이 글의 핵심 관심사다.

현재의 폭력연구에서 나타나는 가시성 편향

사회과학에서 폭력연구가 현재 일종의 호황을 이루고 독일에서뿐만 아니라 국제적으로도 역동적인 연구 분야가 된 것은 지난 30년 동안의 모든 이론적-개념적 발전들 덕분이다(Hartmann 2017; Knöbl 2017). 무엇보다 독일에서 진행된 이른바 "새로운 폭력 사회학"(Koloma Beck 2019: 13)의 작업뿐만 아니라 주로 미국의 사회학자 랜들 콜린스의 작업과 관계있는 폭력 미시사회학도 그에 속한다(개괄해보려면 Hoebel und Knöbl 2019: 19 이하 참조). 이 두 발전 방향에서 특징적인 것은 그들의 분석 관점들이 구체적인 상황에 초점을 맞추고 있다는 것이다. 그래서 1990년대에 무엇보다 트루츠 폰 트로타(Trutz von Trotha)와 볼프강 조프스키(Wolfgang Sofsky)의 작업들은 신체적인 것을 핵심 주목거리로 삼아 어떻게 신체 상해들이 가해지고, 어떻게 폭력 피해자가 신체적으로 고통을 겪는지를 정확히 관찰하려 했다(Nedelmann 1997: 62-63). 예를 들어 폭력을 무엇보다 신체 고통 경험으로부터 이해한 폰 트로타의 경우, 고통을 중심으로 폭력을 현상학적으로 신체와 관련하여 보려는 관점을 취했다. 그때부터 폭력연구는 폭력을 행하고 겪고 관찰하는 사회적 상호작용들의 구체적인 수행 현실에 더 주목해왔다.

그 사이에 이러한 이론적-개념적 혁신에 이어 "비디오 혁명"(Collins

2011: 15)과 획기적 방법적 혁신들이 뒤따랐다. 그러한 방법적 혁신들은 수많은 사진자료들을 이용할 수 있게 됨으로써 가능했다. 오늘날 개인이나 공공의 비디오 감시기구들뿐만 아니라 캠코더와 스마트폰의 대량생산과 세계적으로 널리 퍼질 수 있는 인터넷에 힘입어 수많은 사진자료들을 이용할 수 있게 되었다. 따라서 연구자들은 폭력 현상들을 점점 더 비디오에 토대를 두고 연구하며, 비록 미디어를 통해 여과된 자료일지라도 사진자료들을 통해 재구성하고 분석한다(Collins 2015; Hoebel 2019; Keysers und Reichertz 2018; Klusemann 2010; Liebst, Lindegaard und Bernasco 2020; Nassauer 2019; Tiratelli 2018 참조). 그 결과로 미시적 분석들과 폭력의 특성에 대한 주장들이, 마치 폭력연구가 이미 그 자신의 고유한 스트로보스코프를 발명하기라도 한 듯한 인상을 불러일으키는 경우가 드물지 않다.[1]

구체적인 상황에 방향을 맞춘 연구노선들에 속하는 대부분의 연구자들은 무엇보다 전쟁이나 사회적 시위와 같은 정치적 갈등의 맥락에서 일어나는 사건들과 씨름하거나 적어도 사회 미디어나 전통 미디어에서 나타나는 공개적으로 볼 수 있는 사건들과 씨름한다. 이 두 가지는 가령 테러리스트 폭력 같은 많은 구체적 대상들에 적합하다. 이러한 구체적 대상 선호는 폭력연구 분야 내부에서 특정한 연구 방향들이 지배적이라는 사실 탓이라 할 수 있다. 그래서 넓은 의미로 "정치적 폭력"에

1 이에 속하는 것은 한편으로 몇 가지 증거를 주장할 수 있는 테제들이다. 참여자들 사이에 (불안에 이를 정도로) 상당한 정도의 긴장이 생겨 서로 신체적으로 공격하기를 망설이게 하기 때문에, 대립적 상호작용의 결과로 생기는 폭력은 그 자체로 발생하기 어렵다는 콜린스의 말이 대표적인 예다(Collins 2011: 63 이하). 그러나 다른 한편으로 우리는 여기서 경험적으로도 검증할 수 없을 뿐만 아니라 이론적으로도 근거 지울 수 없는 듯이 보이는 주장들도 찾을 수 있다. 폭력은 "목표를 달성하기 위한 수단"으로 이해할 수 있다는 매뉴얼 아이스너의 주장이 그 예다(Eisner 2009: 56).

대한 연구는 이미 수년 전부터 제도적으로 잘 갖추어져 있다. 다시 말해 연구가 전문학회 속 해당 분야 학회, 학회지, 연구소 등 필요한 제도를 잘 갖추고 있다. 이때 나타나는 흔한 경향은 공개적인 사건들을 다루는 것이다. 적어도 그 사건 당사자들이 널리 공개적으로 알리려 하는 사건들을 다루는 것이다. 구체적인 상황에 초점을 맞춘 폭력연구는 다시금 2010년대에 국제적으로 연구를 이끄는 패러다임으로 확립되었다(Hoebel und Malthaner 2019). 왜 그러한 연구가 그렇게 활발하게 이루어지게 되었는지는 연구해볼 만한 가치가 있다. 콜린스의 『폭력의 동력』이라는 책(Collins 2011)이 그러한 연구 호황을 일으키는 데 크게 이바지했다는 사실은 쉽게 확인할 수 있다(이에 대해서는 Hoebel und Knöbl 2019: 23 참조). 무엇보다 대결 상황들에 주목하는 콜린스의 "생산적 환원주의"(Hartmann 2019a)는 연구 분야 안에서 특별한 공명을 일으켰다. 물론 그렇게 된 데는 그의 공로도 있다. 이러한 이론 생산방식은 "존재 편향"(Hoebel und Malthaner 2019: 9)을 낳기 쉽다. 이러한 존재 편향에 대해서는 오늘날까지 거의 반성이 이루어지지 않았다. 이러한 이론 생산방식은 거의 전적으로 그러한 특별한 특징을 보이는 경우에만, 다시 말해 참여자들이 공간적으로 함께 있다는 특징을 보이는 경우들에만 성공한다. 그 경우에 적어도 공격을 위한 주도권을 쥐고 있는 사람들이 공격 목표를 보는 게 가능하다. 무엇보다 콜린스의 연구는 "시각적 미시사회학"(Collins 2015)의 특징을 띤다. 다시 말해 재구성과 설명 실마리를, 참여자들도 보려고 하면 볼 수 있는, 사건의 요소들에서 찾는다는 방법론적 원칙을 따른다. 그것은 그럼으로써 일관되게 "전면에 나와 있다." (Scheff et al. 2002: 376).

그러나 시각적인 것으로 방향을 좁히는 것은 발견의 맥락에서만 생산적인 것은 아니다. 그것은 동시에 집단에 주목하는 선호를 생기게 하는 핵심 근거다. 그때 집단에 주목하는 선호는 (사회)과학의 논리보다 정치와 미디어의 논리를 따른다. 그러나 사례를 선택하고 이론을 생산할 때 비학문적 경향들을 따르는 폭력연구는 그 대상에 대한 충분히 반성적인 접근을 제공할 수 없다는 비난을 받을 수밖에 없다.

이와 관련해 마찬가지로 문제가 있는 것은, 집단에 주목하는 선호가 특정한 폭력 형태들을 다른 형태들보다 사회적으로 더 중요한 것으로 평가하는, 사회 현상 평가 방식을 함축하는 경우가 많다는 점이다. 집단에 주목하는 선호는, 비록 의도적이지는 않지만, 어쨌든 이미 폭력을 가하는 것과 폭력을 당하는 것에 대한 사회 담론 속에서 말할 만한 가치가 있는 어떤 목소리도 갖지 못하는 행위자들이 연구에 대한 사회 담론 속에서도 귀 기울이는 이를 찾기 어렵게 만드는 데 이바지한다. 이것은 사회적으로 문제가 있을 뿐만 아니라 연구 자체에도 타격을 준다. 공개적으로 볼 수 있는 사건에 지나치게 많은 주목을 하는 연구는 결국, 슈테판 히르샤우어(Hirschauer 2001)가 이전에 적절하게 "사회적인 것의 침묵"이라고 부른, 근본적인 문제를 심화시키기 때문이다. 학문 연구들이 이러한 가시성 편향을 방법적으로 보완하는 수단이나 길을 찾는 대신에 공개적으로 볼 수 있는 것에 집중하기 때문에, 낯익은 것이지만 그 자체로 목소리가 없고 표현을 하지 않으며, 말이 없고 글로 표현할 수 없으며, 언어에 앞선 것이고 말할 수 없는 것이며, 표현할 말이 없는, 그럼에도 (무엇보다 민족지 연구에서 비로소) 말로 표현할 수 있는, 사회적 사건들이 침묵하는 것으로 남는다.

사람들이 사회과학적 폭력연구가 무엇을 경험적으로 먼저 다루어야 하는지 물을 때, 무엇을 볼 수 없는지를 이러한 배경 앞에서 매우 분명하게 알 수 있다. 연방범죄청의 범죄통계에 따르면 독일에서 약 1시간마다 1명의 여성이 그 배우자에 의해 중상을 입는다. 단지 신고된 경우만 반영한 통계다(Bundeskriminalamt 2019; Welt 2019). 폭력연구가 이러한 가정폭력 현상을, 그것이 경험적으로 퍼지는 정도에 알맞게 주목하여 분석한다고 곧바로 주장할 수 없다. 무엇보다 노먼 덴진(Denzin 1984)이나 잭 카츠(Katz 1988: 12 이하)의 접근과 같이 몇몇 적지만 진지한 접근들은 제외하고, 가정폭력은 폭력에 대한 일반적인 이론을 만들 때 주목할 만한 역할을 하지 않는다.[2] 그때 사회적인 것의 침묵이 드러난다. 여기서는 사회적인 것의 침묵이 폭력의 침묵으로 나타나 연구 패러다임으로 작용한다. 히르샤우어에게 빌려온 이 은유는 이 경우, 일상어로 침묵이라는 말로 이해하는 것을 뜻할 뿐만 아니라, 다시 말해 그것에 대해 말하고 싶지 않고, 말할 수 없으며, 말하는 것이 허용되지 않는다 등을 뜻할 뿐만 아니라, 그것이 감추어진 채로 이루어지기 때문이거나 권력 관계들이 말로 표현할 가능성들을 제한하거나 문화적 규범들이 말하는 것을 포기하게 만들기 때문이거나 여러 방법적 이유로 말로 표현할 수 없는 것을 폭력연구가 특별한 도전으로 삼아 말로 표현해야 한다는 것을 뜻한다.

2 콜린스(Collins 2011: 202 이하)는 어린아이에 대한 폭력의 특별한 경우들을 "forward panic"으로 개념화하는 시도를 했다. 그는 그 개념으로 1968년 미라이 대량학살에 대해서도 이야기하는데, 그 개념은 더 약한 자에 대한 폭력적 공격에 그 본질이 있으며, 그 이후의 가해자들과 피해자들 사이의 상호작용에서 긴장의 수준이 갈수록 더 올라간다는 정리(定理)다. 라우라 볼터스(Wolters 2019)를 따르면, 그가 이 현상을 비교하건대 기계적 상승과정으로 이론화하는 것은 설득력이 없다. 왜냐하면 그는 참여자들의 상황 정의들에 분석적 주목을 거의 하지 않고 그 사건들을 너무 도식적으로 "forward panic"이라는 정리 속으로 포섭하기 때문이다.

측면 보기 또는 폭력과 그 분석의 맥락의존성

폭력연구에서 나타나는 가시성 편향에 대한 비판을 진지하게 받아들이면, 그 연구 분야가 자신의 스트로보스코프를 이미 찾았는지에 대해 회의적인 평가를 하게 된다. 가시성 편향을 비판하는 읽기 방식에 따르면 우리는 여전히 그것의 발명을 기다리고 있다고 할 수 있다. 앞서 말한 지난 수십 년 동안의 혁신에도 불구하고 주요한 연구 동향들에 의해 밝혀지는 측면들보다 더 많은 "폭력" 현상의 측면들이 어둠 속에 가려져 있기 때문이다. 이러한 읽기 방식의 급진적 대변자로는 비판적-반성적 태도로 폭력연구의 근본적인 새로운 방향 잡기를 주장하는 빌렘 싱켈(Willem Schinkel)을 들 수 있다.

> 폭력을 연구할 때 (…) 사회과학의 수행적 권력은 폭력에 기여하거나 폭력의 이데올로기에 기여할 수 있다. 폭력이 연구 대상이 될 때는 특별한 종류의 사회과학적 반성이 요구된다. 폭력을 말하는 폭력이라는 문제는 사실 흔히 '사회'라고 불리는 것—하지만 실제로는 '사회'라는 말로 굳어진 좁은 사회적 삶만이 아니라 모든 사회적 삶을 포괄하는—을 자신의 일반적 탐구 대상으로 삼을 뿐 아니라 그 대상의 일부이기도 한 사회과학의 문제를 보여주는 모습들 가운데 하나다.
>
> (Schinkel 2010: 203)

이에 맞서 사회과학이 폭력을 다룰 때 적절한 정도의 비판적 반성을 하기 위해 싱켈은 루트비히 비트겐슈타인의 "측면 보기"(Wittgenstein 1980)에 기대어 폭력이 지니는 측면의 다양성을 밝히는 방법을 제안한다. 여기서 그가 "방법"이라고 말하는 것은 어떤 것을 어떤 하나의 측면에서 관찰하고 그 관찰을 동시에 다른 측면에서도 관찰하여 다시 바꿀 수 있는 방식을 말한다. 이때 측면을 바꾸어 관찰하여 바꾸어야지 제 마음대로 바꿔서는 안 된다. 이러한 체계적인 측면 전환의 방법은, 사회적 현상으로서 폭력이 지닌 다층적이고 맥락에 연결된 다양한 측면들에 적용하기 어려운, 통일된 이론 구조물들과 경험주의적-실증주의적 개념들을 유동적으로 만드는 방법으로 쓰인다. "측면 전환이라는 표현은 새롭게 알게 된다는 뜻과 동시에 앎이 바뀌지 않는다는 뜻을 표현한다." (같은 책: 503) 관찰하는 현상의 새로운 측면에 주목하는 사람은 이전에 받아들인 관점을 버리지 않고, 그것을 보완하며, 이전에 보지 못한 것을 본다.

얀 필리프 렘츠마(Jan Philipp Reemtsma)는 이러한 읽기 방식을 잘 보여주는 매우 중요한 연구자다. 렘츠마(Reemtsma 2017)는 비트겐슈타인의 생각들에 기대어 사회과학들의 "설명하려는 욕망"을 비판하고, 더 나아가 설명이라는 개념 자체가 모든 것을 설명해줄 어떤 유일한 하나의 의미에 대한 욕망을 일깨운다고 주장한다. 다시 말해 "설명은 물음을 하나의 결론에 이르게 하려 한다. 그것은 설명하려는 욕망이 설명에서 원하는 것이다."(같은 책: 102) 하지만 그러한 욕망은 성공할 수 없다. 그럼에도 모든 것을 설명해줄 어떤 유일한 하나의 의미를 겨냥하는 설명들은 물음을 하나의 결론에 이르게 하는 대신에 비트겐슈타인이 "측면의 맹점"이라고 부른 것을 낳는다(같은 책: 103). 측면을 못 보는 이는 어떤 것을 관찰할 수도 있게 해줄 측면 전환을 통해 경쟁하는 다양한 해석의 가능성을 비교하지 않는다. 그 대신에 그는 그가 어떤 설명을 버리고 다른 설명을 선호할 때 이미 본 것을 무시한다(같은 책: 101).[3] 다시 말해

하나의 의미로 모든 것을 설명해야 한다는 이른바 설명의 "군주 같은 태도의 요구"(같은 곳)는 고유한 분석적 관점이 지닌 우연성과 맥락관련성에 대한 통찰을 거부하는 데로 잘못 이끈다.[4]

폭력은 일반적으로 규정할 수 없다. 다시 말해 동시에 모든 가능한 상관있는 측면들에서 규정할 수 없다. 폭력은 그것이 어떤 특정한 사회적 사건에 구체적으로 개입되어 있는 것에 의존해서만 규정할 수 있다. 무엇보다 폭력은 이러한 구체적 맥락 속에서 제3자가 중간에 끼어든 매개된 해석을 통해 비로소 폭력이 되기 때문이다. 폭력은 한편으로는 직접적인 신체적 상호작용이다. 그래서 폭력은 당하고 겪는다. 다른 한편으로 폭력은 필연적으로 소통이나 상징을 통해 매개된다. 그래서 게자 린데만이 말했듯이 "폭력은 폭력에 대한 말이 없이는 이해될 수 없다."(Lindemann 2017: 62) 이것은 또한 폭력의 침묵을 고려할 때, 폭력의 침묵에 제3자의 (말하지 않고 말하는) 침묵이 본질적이라는 점을 고려하지 않는다면 폭력의 다양한 형태들을 이해할 수 없다는 것을 뜻한다. 폭력은 제3자가 중간에 끼어든 매개된 해석을 통해 비로소 폭력이 된다는 점에서 폭력의 소통적이고 상징적인 특징이 드러난다. 따라서 린

3 토마스 회벨과 볼프강 크뇌블(Hoebel und Knöbl 2019)은 그 발견법들을 중심으로 경험에 토대한 이론 생산이 현재 조직되는, 세 가지 인과적 발견법에 의해 폭력연구 분야를 서술할 것을 제안한다. 그들은 이 발견법들을 (a) 동기, (b) 상황, (c) 위치라는 핵심단어로 부른다. 그리고 이 세 가지 실마리가 각각 폭력이 지닌 하나의 측면을 강조하는 것이라는 점을 분명히 한다. 하지만 그러한 강조는 어쩔 수 없이 다른 관점들을 희생하게 된다(같은 책: 61 이하). 그때 각각 다른 발견법이 지닌 논증들이 과소평가되거나 전적으로 무시된다. 더 나아가 그 두 지은이는 이 발견법들 가운데 어느 것도 폭력 현상이 지니는 과정성이라는 측면을 강조하는 하나의 관점 속에 들어 있는 분석적 잠재력을 소진하지 않는다는 점에 주목한다.

4 렘츠마의 이러한 주장은 당연히, 회벨과 크뇌블(Hoebel und Knöbl 2019: 28)이 적절하게 말하듯이, "어떤 정통 자연과학적 설명모형이나 변하지 않는 인과관계들에 대한 과학적 이해의 바탕 위에서 논증"할 때만 설득력이 있다.

데만(Lindemann 2014: 263)이 주장하듯이, 어떤 관찰된 현상을 폭력으로 식별할 수 있기 위해서는 이해관계를 가지는 행위자 집단의 소통 구조를 재구성할 필요가 있다.[5]

폭력의 맥락관련성이라는 사실로부터 알 수 있는 것은, 연구자들이 연구 프로그램의 측면에서뿐만 아니라 연구 실제의 측면에서도 폭력과 그 분석이 지닌 배후를 알 수 없는 맥락의존적 특성을 인정하고 그 특성을 발견의 맥락에서 유용하게 활용할 필요가 있다는 점이다(Hoebel und Koloma Beck 2019). 그러므로 무엇보다 먼저, 폭력을 가하는 행위, 폭력을 당하는 행위, 폭력을 관찰하는 행위가 각각 특수한 수행 맥락을 가지고 있다는 점을 생각해야 한다.

폭력이 일어나는 순간에는 폭력과 그 분석에 영향을 미칠 수 있는 많은 요소들이 있지만, 무엇보다 신체 자세, 지시 행위, 언어 표현은 폭력이 일어나는 구체적인 사회적 상황에서 비로소 폭력이라는 의미를 가지게 된다. 해럴드 가핑클과 하비 삭스(Garfinkel und Sacks 1986: 178)는 적절하게도 "맥락의존적인 요소들"에 대해 말한다. 따라서 참여자들과 그들의 행위들은 폭력과 그 연구가 발생하는 상황들을 그 해석들 속에 함께 포함할 때만 서로 (그리고 스스로에게도) 이해될 수 있다. 가해자, 피

5 폭력이라는 현상에서 매개하는 제3자의 본질적인 역할은 최근에, 보통 두 개의 항에 기초한 폭력 개념들을 세 개의 항으로 접근하는 것으로 확장하는, 사회 이론(Sozialtheorie)과 게젤샤프트 이론(Gesellschaftstheorie)의 접근들에 의해 중심 자리를 차지하게 되었다(Hartmann 2019b). 게자 린데만과 빌렘 싱켈뿐만 아니라 이러한 연관 속에서 무엇보다 얀 필리프 렘츠마(Reemtsma 2006, 2008, 2015a, 2015b, 2017)와 테레자 콜로마 베크(Koloma Beck 2011, 2016, 2017, 2019)의 작업들이 의미 있다. 그래서 폭력은 또한 렘츠마에 따르면, "전통적인 구성의 틀 속에서 이해될 때 비로소 사회적 행동으로 이해될 수 있다. 폭력은 의사소통 행위로서 비로소 사회적 행동이 되기 때문이다."(Reemtsma 2008: 467) 다른 말로 하면 폭력은 사회적 중재 관계로부터 곧장 나오는 직접적이고 스스로 명백한 사건이 아니다.

해자, 관찰자와 같은 이해 당사자 집단의 소통 구조들도 이러한 상황에 기본적으로 속한다. 그리고 우리가 관심 있는 핵심 물음인, 그 해당 사건이 공개적으로 볼 수 있는지 볼 수 없는지에 대한 물음과 사회과학 연구의 어떤 가능한 목록들이 그것에서 나올지에 대한 물음도 그러한 상황에 기본적으로 속한다.

헤럴드 에저턴의 사진과 작업방식을 정리한 사진 책이 최근에 출판되었다. 그 책은 『보이지 않는 것을 보기』(Edgerton 2019)라는 독특한 제목을 가지고 있다. 이것은 또한 맥락의존성에 민감한 사회과학적 폭력연구의 모토가 되어야 한다. 그것을 모토로 삼는 사회과학적 폭력연구는 연구자 자신의 인식들을 우리가 그 연구자에 의해 연구되는 현상들을 공개적으로 볼 수 있다는 사실에만 의존하지 않게 만들 것이다.

번역_김광식

참고문헌

Bundeskriminalamt 2019: Partnerschaftsgewalt – Kriminalstatistische Auswertung – Berichtsjahr 2018. Wiesbaden: Bundeskriminalamt.

Collins, Randall 2011 [2008]: Dynamik der Gewalt. Eine mikrosoziologische Theorie. Übers. von Richard Barth und Gennaro Ghirardelli. Hamburg: Hamburger Edition.

Collins, Randall 2015: Visual Micro-Sociology and the Sociology of Flesh and Blood. Comment on Wacquant, in: Qualitative Sociology 38. 1, 13–17.

Denzin, Norman K. 1984: Toward a Phenomenology of Domestic, Family Violence, in: American Journal of Sociology 90. 3, 483–513.

Edgerton, Harold E. 2019: Seeing the Unseen. Göttingen: Steidl.

Eisner, Manuel 2009: The Uses of Violence. An Examination of Some Cross-Cutting Issues, in: International Journal of Conflict and Violence 3. 1, 40–59.

Garfinkel, Harold 1967: Studies in Ethnomethodology. Englewood Cliffs: Prentice Hall.

Garfinkel, Harold und Harvey Sacks 1986: On Formal Structures of Practical Actions, in: Harold Garfinkel (Hg.): Ethnomethodological Studies of Work. London: Routledge & Kegan Paul, 160–193.

Hartmann, Eddie 2017: Violence: Constructing an Emerging Field of Sociology, in: International Journal of Conflict and Violence 11. 1, 1–9.

Hartmann, Eddie 2019a: Produktiver Reduktionismus. Randall Collins' Mikrosoziologie der Gewalt, in: Mittelweg 36 28. 1–2, 40–59.

Hartmann, Eddie 2019b: Die Gewalttheorie Jan Philipp Reemtsmas. Programmatische Impulse für eine Allgemeine Soziologie der Gewalt, in: Zeitschrift für Theoretische Soziologie 8. 1, 74–85.

Hirschauer, Stefan 2001: Ethnografisches Schreiben und die Schweigsamkeit des Sozialen. Zu einer Methodologie der Beschreibung, in: Zeitschrift für Soziologie 30. 6, 429–451.

Hoebel, Thomas 2019: »Wir haben Charlie Hebdo getötet!« Konsequenzielle Dritte und die Erklärung fortgesetzter Gewalt, in: Mittelweg 36 28. 1–2, 99–123.

Hoebel, Thomas und Wolfgang Knöbl 2019: Gewalt erklären! Plädoyer für eine entdeckende Prozesssoziologie. Hamburg: Hamburger Edition.

Hoebel, Thomas und Teresa Koloma Beck 2019: Theorizing Violence. Über die Indexikalität von Gewalt und ihrer soziologischen Analyse, in: Zeitschrift für Theoretische Soziologie 8. 1, 4–11.

Hoebel, Thomas und Stefan Malthaner 2019: Über dem Zenit. Grenzen und Perspektiven der situationistischen Gewaltforschung. Mittelweg 36 28. 1–2, 3–14.

Katz, Jack 1988: Seductions of Crime. Moral and Sensual Attractions in Doing Evil. New York: Basic Books.

Keysers, Verena und Jo Reichertz (Hg.) 2018: Emotion. Eskalation. Gewalt. Wie kommt es zu Gewalttätigkeiten vor, während und nach Fußballspielen? Weinheim und Basel: Beltz Juventa.

Klusemann, Stefan 2010: Micro-Situational Antecedents of Violent Atrocity, in: Sociological Forum 25. 2, 272–295.

Knöbl, Wolfgang 2017: Perspektiven der Gewaltforschung, in: Mittelweg 36 26. 3, 4–27.

Koloma Beck, Teresa 2011: The Eye of the Beholder. Violence as a Social Process, in: International Journal of Conflict and Violence 5. 2, 345–356.

Koloma Beck, Teresa 2016: Gewalt | Raum, in: Soziale Welt 67. 4, 431–450.

Koloma Beck, Teresa 2017: Räume der Sicherheit – Räume der Gewalt. Topologien des Alltags in der afghanischen Hauptstadt Kabul, in: Zeitschrift für Friedens- und Konfliktforschung 6. 1, 6–36.

Koloma Beck, Teresa 2019: Welterzeugung. Gewaltsoziologie als kritische Gesellschaftstheorie, in: Zeitschrift für Theoretische Soziologie 8. 1, 12–23.

Liebst, Lasse S., Marie R. Lindegaard und Wim Bernasco 2020: Dissecting the Role of Dominance in Robberies. An Analysis and Implications for Microsociology of Violence, in: Journal of Interpersonal Violence (im Erscheinen).

Lindemann, Gesa 2014: Weltzugänge. Die mehrdimensionale Ordnung des Sozialen. Weilerswist: Velbrück Wissenschaft.

Lindemann, Gesa 2017: Verfahrensordnungen der Gewalt, in: Zeitschrift für Rechtssoziologie 37. 1, 57–87.

Nassauer, Anne 2019: Situational Breakdowns. Understanding Protest Violence and Other Surprising Outcomes. Oxford: Oxford University Press.

Nedelmann, Birgitta 1997: Gewaltsoziologie am Scheideweg. Die Auseinandersetzungen in der gegenwärtigen und Wege der künftigen Gewaltforschung, in: Trutz von Trotha (Hg.): Soziologie der Gewalt. Sonderheft 37 der Kölner Zeitschrift für Soziologie und Sozialpsychologie. Opladen: Westdeutscher Verlag, 59–85.

Reemtsma, Jan Philipp 2006: Die Natur der Gewalt als Problem der Soziologie, in: Mittelweg 36 15. 5, 2–25.

Reemtsma, Jan Philipp 2008: Vertrauen und Gewalt. Versuch über eine besondere Konstellation der Moderne. Hamburg: Hamburger Edition.

Reemtsma, Jan Philipp 2015a: Gewalt als attraktive Lebensform betrachtet. Ein Abschiedsvortrag für das Hamburger Institut für Sozialforschung, in: Mittelweg 36 24. 4, 4–16.

Reemtsma, Jan Philipp 2015b: Warum Affekte?, in: Mittelweg 36 24. 1–2, 15–26.

Reemtsma, Jan Philipp 2017: Erklärungsbegehren, in: Mittelweg 36 26. 3, 74–103.

Scheff, Thomas, Elizabeth A. Stanko, Cas Wouters und Jack Katz 2002: How Emotions Work, in: Theoretical Criminology 6. 3, 361–380.

Schinkel, Willem 2010: Aspects of Violence. A Critical Theory. Basingstoke und New York: Palgrave Macmillan.

Schützeichel, Rainer 2019: Das Problem der Situation. Über einen operativen Begriff der Soziologie, in: Mittelweg 36 28. 1–2, 205–225.

Tiratelli, Matteo 2018: Reclaiming the Everyday. The Situational Dynamics of the 2011 London Riots, in: Social Movement Studies 17. 1, 64–84.

Trotha, Trutz von 1997: Zur Soziologie der Gewalt, in: ders. (Hg.): Soziologie der Gewalt. Sonderheft 37 der Kölner Zeitschrift für Soziologie und Sozialpsychologie. Opladen: Westdeutscher Verlag, 9–56.

Welt 2019: BKA-Statistik: Immer mehr Frauen Opfer von häuslicher Gewalt, in: Welt, 25. November. ‹https://www.welt.de/politik/deutschland/ article203791674/BKA-Statistik-Immer-mehrFrauen-Opfer-von-haeuslicher-Gewalt.html›.

Wittgenstein, Ludwig 1980: Tractatus logico-philosophicus. Tagebücher 1914–1916. Philosophische Untersuchungen. Werkausgabe Band 1. Frankfurt a. M.: Suhrkamp.

Wolters, Laura 2019: Vorwärtspanik am Wickeltisch? Zum Verhältnis von Emotionen und Gewalt, in: Mittelweg 36 28. 1–2, 177–204.

가정폭력의 집요함
연결망 이론으로 보기

아네 케르슈텐

지난 40년간 수행된 국내 연구와 국제 연구들을 통해서 상당한 규모의 가정폭력에 대해 꼼꼼히 들여다볼 수 있었다. 관련된 다층적 원인들, 직접적 당사자와 그 외 관련자들 간의 관계, 그리고 가정폭력이 개인이나 사회에 주는 영향에 대해 상당히 잘 알게 되었다(BMFSFJ 2004; Egger und Schäfer Moser 2008; FRA 2014; Kavemann und Kreyssig 2013; Tjaden und Thoennes 1998; WHO 2013). 그런 학문적 논의의 목적은 무엇보다도 사회정책 프로그램 마련을 위해 필요한 지식을 창출하는 것이었다. 가정폭력의 완화와 예방을 위한, 그리고 당사자 지원을 위한 사회정책 프로그램을 마련하기 위해서 말이다. 응용을 목적으로 한 그런 연구에서는 가해자뿐만 아니라 피해자에 더 초점을 두었고, 또 다음의 사실을 명백히 알렸다. 구체적으로 확인되는 신체적 폭력행위가 폭력의 매우 핵심적 측면이지만, 그것만으로는 폭력을 유발하는 상호작용의 사건들이 갖는 복잡성에 대해 제대로 알 수 없다는 것 말이다. 특히 가정 영역 안의 폭력은 직·간접적 관련자들의 관계가 진행되는 어떤 역사의 일부일 뿐이다. 그런 역사는 조금씩 계속 변화를 보이지만 삶 속에서 꾸준히 체험된다. 행위를 주고받고 또 그 의미를 해석하는 과정을 통해 관련자들은 상호 관계를 맺고, 그런 가족관계 속에서 계속 연결되는 것이다. 이런 맥락에서 폭력은 어떤 집요함—이것이 이 논문의 핵심 주장인데—을 보이며, 관련자들의 행위 및 의미 해석을 특정한 방식으로 제한하고 또 생산한다. 일반적인 폭력 사회학 영역에서 폭력 현상의 그런 집요함이 점점 더 주목을 받고 있는데, 가정폭력 연구에서도 그와 관련된 경험적 연구결과들이 쌓여 있다. 다만 그런 여러 연구결과를 체계적으로 통합해서 설명해줄 관점이 없을 뿐이다. 연구의 이런 부족분을 어떻게 메울 수 있을지에 대해, 아래에서는 연결망 이론의 관점을 통해 특히 방법적 측면에서 자세히 논하고자 한다.

가정폭력 들여다보기

최근 폭력 사회학에서 다시 논쟁의 중심으로 떠오르는 것은, 폭력 현상을 설명하는 데 있어 협의와 광의의 폭력 개념 중 어느 것이 더 유용한가의 문제이다(Christ 2017; Collins 2011; Imbusch 2003; Knöbl 2019; Sutterlüty 2017). 협의의 폭력 개념은 의도적으로 상대방의 신체를 가해하는 것인데, 이 개념을 사용하면 일단 현상이 한층 일목요연하게 파악되는 것 같다. 그러나 한 번 더 들여다보면, 그런 개념 정의가 누구에게 상황을 더 명확하게 만들어주는지, 그래서 시야에서 무엇을 지워버리는지에 대해 의문이 생긴다. 그리하여 가정폭력에 대한 주요 연구결과들에서는 오직 광의의 폭력 개념으로만 복잡한 상호작용의 사건들이 설명될 수 있다고 강조한다. 특히 그런 사건들이 피해자에게 미치는 영향이 다층적이어서 광의의 폭력 개념을 사용하는 것이 한층 더 중요하다.

연구결과들에 따르면 가정폭력은 관계폭력[1]의 형태로 특히 여성들을 겨냥해 발생하며, 관련자들의 성별과 가부장적 권력 관계가 가장 중요하게 작용한다(Dackweiler und Schäfer 2002). 이런 맥락에서 "양성 관계 안의 폭력"(Hagemann-White 2016: 18)이라는 개념으로 응축되는 특징이 나타난다. 따라서 가정폭력을 심도 깊이 이해하기 위해 반드시 알아야 할 것은, 특정 신체적 또는 다른 방식의 폭력 행위가 성별 관념 및 그와 관련된 권력 주장에서 기인할 수 있다는 사실이다. 그런 성별 관념과 권력 주장은 폭력 상황 안팎에서 관련자들의 행위 및 행위의 의미에 대한 해석을 생산하고 또 제한한다. 또 조사들을 통해 관계폭력의 두 이념형 유형을 추출할 수 있었다. 이 두 유형은 그것들이 각각 배태된 폭력적 행위의 상호성, 발단 및 시간적 경과, 관계의 맥락이라는 측면에서 구별된다(GiG-net 2008; Gloor und Meier 2012; Johnson 1995 und 2005; Kelly und Johnson 2008; Leone, Johnson und Cohan 2007; Piispa 2002). 먼저 "친밀한 테러"(Johnson 2005: 1127) 또는 "체계적 폭력 및 통제 행동"(Gloor und Meier 2012: 9)이라는 유형이 있다. 이 유형의 경우, 신체적 폭력은 상호 엮여 있는 다양한 행위 양식들의 체계 속에 배태되어 있다. 이 행위 양식들의 목적은 상대방의 자율성을 제한하는 것, 자신의 소유욕과 지배욕을 관철하는 것, 그리고 모든 삶의 영역에서 상대방을 통제하는 것이다. 이런 폭력 유형에서 대부분의 폭력 행위는 남성에 의한

1 '관계폭력'은 가정폭력의 한 부분이다. 본문에서는 (과거의) 이성애 관계에서 일어나는 폭력을 말한다.

것이고, 특히 종종 전통적이고 여성혐오적인 성별 이미지를 드러낸다. 게다가 시간이 흐르면서 대체로 폭력의 나선이 점점 더 고조된다. 다른 한편 "상황적 커플 폭력"(Johnson 2005: 1127) 또는 "상황이 개입된 갈등 행동"(Gloor und Meier 2012: 11)의 유형이 있다. 이 경우 신체적 폭력의 가해는 구체적으로 특정할 수 있는 갈등 관계의 상황 속에서 일어난다. 사실상 상황적 반응의 의미로, 즉 관계 갈등 속의 문제 해결 전략으로서 이해될 수 있다. 이 경우에는 지속적인 권력 또는 지배의 구조가 존재하지 않는다. 기본적으로 상대방이 동등하고 독자적인 존재로 여겨지는 것이다. 이런 폭력 유형에서는 가벼운 신체적 폭력형태가 더 잦고, 시간이 흘러도 더 악화하지 않으며, 폭력이 성별 구조화하지 않는다.

이 논문의 도입부에서 필자는 가정에서 일어나는 구체적 폭력 행위들은 삶 속에서 체험된 특정 관계의 동학 및 관계의 역사 속에 배태되어 있다고 말했다. 그런데 바로 그 내용이 이처럼 유형화한 폭력 양식에 대한 연구결과들을 통해 확인된 것이다. 그와 같은 동학과 역사에 따라 각기 다른 행위 가능성, 행위 제한성, 그리고 당사자에 대한 각기 다른 영향력이 발생한다(Kersten 2020 참조). 특히 "친밀한 테러"로 유형화한 폭력의 경우, 상대방에 대한 신체적 폭력 행위는 가정폭력의 한 단면에 불과함을 알 수 있다. 즉 피해자에게 부분적으로 심각하게 나타나는 부정적 영향의 원인을 특정 행위에서만 찾을 수 없으며, 오히려 심리적, 성적, 그리고/또는 사회적 통합성을 해치는 결과를 가져오는 관련 행위방식들 전체에서 찾아야 함을 말해준다(BMFSFJ 2004; Kersten 2015).[2]

2 따라서 현재 가정폭력을 다루는 영역에서 진행되는 논의들은 예컨대 이스탄불 협약에서 사용된 바와 같이 대체로 광의의 폭력 개념에 기초한다(Europarat 2011: Art. 3b).

그뿐만 아니라 가정폭력은 관계폭력으로만 제한되지 않고, 아동과 청소년이 속한 가족에서도 빈번히 일어난다. 현재 관계폭력에 대해서는 연구결과들이 상당수 나와 있으나, 아동과 청소년이 가정폭력에 관련되거나 피해자가 된 경우는 별로 연구되지 않았다(Kavemann und Kreyssig 2013; Seith 2007; WHO 2013). 게다가 대부분 연구가 여러 학문분과로 쪼개진 상태로 진행되어 연구결과들이 분절적이다. 다양한 경험연구 결과들을 체계적으로 통합하려는 관점 자체가 드물다. 그러나 그런 폭력 현상들이 지속하는 관계망 속에 자리 잡고 있음을 고려할 때, 그리고 세대 간에 서로 의존하는 인격체들이 각양각색의 시간 및 배치 속에서 그런 폭력의 피해자나 가해자 그리고/또는 증인이 될 수 있음을 체계적으로 고려할 때, 가정폭력 현상에 우리는 학문적으로 어떻게 접근해야 하는가?

이 질문에 대한 대답을 시도할 때, 사회학의 일반적 폭력연구에서 지난 몇 해 동안 논의된 내용, 즉 폭력에 대한 3자적 이해가 중요한 이론적 준거가 될 수 있다(Koloma Beck 2011; Lindemann 2017; Reemtsma 2008). 거기서는 폭력을 이해할 때, 폭력의 구성 및 동학에서 폭력의 목격자 또는 관찰자인 제3자가 갖는 의미를 강조한다. 고통을 주고받는 상호적 폭력사건 속으로, 바로 이 제3자로 인해 소통적, 반성적, 가치 평가적 계기가 유입된다. 즉 폭력 행위들이 피해자-가해자의 2자 관계 속에서만 발생하여 고통을 주는 것이 아니라, 가해자-피해자-목격자라는 3자 관계 속에서 가치판단과 정당화, 탈정당화의 대상이 되기도 한다는 것이다. 3자적 폭력이해에 따르면 바로 여기에, 특정 행위들이 어느 정도로 폭력으로 인지되고 그리하여 후속 행위들이 어떻게 구조화되는지의 문제가 숨어 있다. 그리하여 게자 린데만(Lindemann 2017: 69)에 따르면,

3자적 사건으로서 폭력은 "관찰자 시점으로 볼 때 항상 그리고 어디서든 폭력으로 인식될 수 있는" 것이 아니다. 오히려 정말 중요한 것은, 각각의 "소통적 맥락"과 그와 연관된 폭력의 정당화 및 탈정당화이다. 특정 행위가 가정 내 관계망에서 폭력으로 체험되는지 여부 및 폭력으로 체험되는 정도, 그리고 그것이 관련자들에게 어떤 의미인지, 이런 것들은 "관찰된 장에서 나타나는 소통의 의미구조"로부터 "재구성"(같은 곳) 될 수 있다. 바로 이 의미구조 안에 가정폭력의 집요함이 숨어 있다. 그와 같은 재구성에 있어서 가정폭력이 일어나는 장이 종종 상호 의존적인 여러 세대 사람들 간에 상대적으로 지속적인 관계망이라는 사실이 반드시 고려되어야 한다. 그리고 그들의 역할과 임무가 최소한 부분적으로라도 이미 사회적으로 구조화되어 있음도 고려되어야 한다. 지금까지 이렇게 이론적으로 설명한 가정폭력에 대한 3자적 이해를 어떻게 연결망 이론의 도움을 받아 방법적으로 구체화하고, 그리하여 경험적 분석에 이용할 수 있을지에 대해 아래에서 설명하고자 한다.

가정폭력과 가족 연결망

사회적 연결망은 중간 수준의 사회적 구성물로서, 사회 안에서 일어나는 사회적 행위의 대부분이 거기서 일어난다(Knöbl 2019; Levy 2002). 그것은 관계 형태로 나타나는 구조로서, 연결망 구성원 간에 되풀이되는 상호작용을 통해 형성되고 또 변화되는 것으로 이해할 수 있다. 이 구조들은 특정 방식으로 연결망 내부 개인들의 행위를 가능하게 하고, 그 형태를 만들고 또 제한한다(Emirbayer und Goodwin 1994; Fuhse 2006 und 2016).

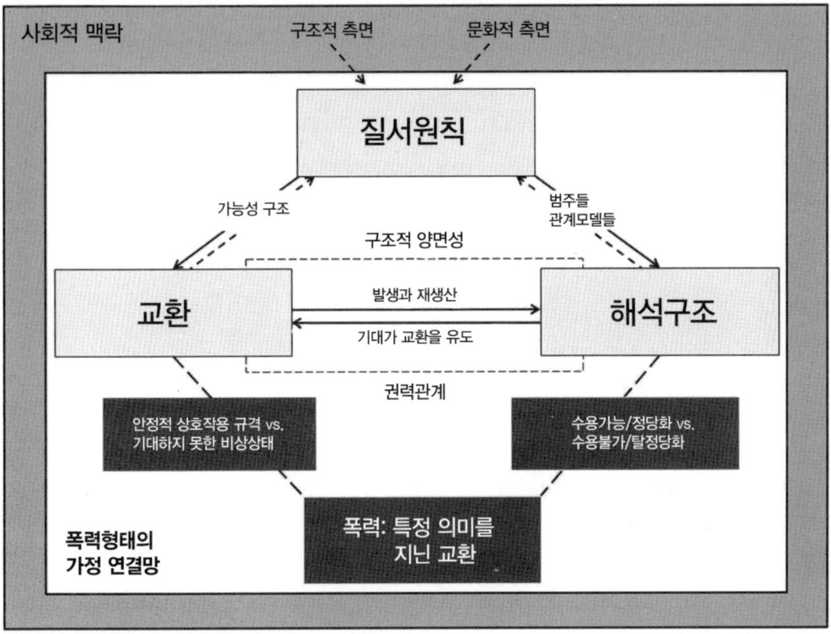

〈그림 1〉 폭력형태의 가정 연결망 분석 모델(Fuhse 2009: 54; 필자의 보충/수정)

분석적으로 볼 때, 가족은 〈그림 1〉과 같이 다차원적인 비공식적 사회 연결망이라고 개념화할 수 있다(Fuhse 2009). 우선 **교환**의 차원이 있다. 이것은 연결망 안에서 발생하는 **것**들, 즉 연결망 구성원들 간의 모든 언어적, 비언어적 접촉 및 교환 행위를 말한다. 여기서는 누구 사이에 무엇이 또 얼마나 자주 교환되는가, 그리고 그 교환의 성질은 어떤가(예컨대 지지적, 갈등적, 협조적, 일방적 대 상호적)의 질문으로 연결된다. 다음으로 **해석구조**의 차원이 있다. 여기서는 **왜** 특정 교환이 발생하는가에 대해 질문할 수 있다. 교환 속에서는 특정한 기대가 발생한다. 이 기대는 상황에 의미를 제공하고, 그렇게 차후의 교환을 위한 틀이 된다.

교환이 진행되는 어떤 유형화한 형태에는 연결망 구성원들이 주고받는 상호연관된 행위들과 관련된 특정한 기대들이 수반된다. 여기서 교환과 해석구조의 구별은 분석적 구별일 뿐이다. 그것이 분석적 구별일 수밖에 없는 이유를 말하자면, "모든 교환은 의미를 얹고서 진행된다. 그리고 연결망의 의미구조는 교환 행위에 배태된 채로만 존재한다."(같은 책: 54)

연결망의 세 번째 차원은 **질서원칙**이다(〈그림 1〉 참조, 같은 곳). 한편으로 이것은 다른 교환들(예컨대 가족이 함께하는 식사)에 비해 특정 교환들을 더 개연성 있게 만드는 가능성의 구조를 갖는다. 다른 한편 이것은 특정 범주들(예컨대 성별) 및 관계 모델들(예컨대 부부, 부모-자녀 관계, 친구)과 관련되어 있어서 교환과 해석구조에 한층 암묵적인 영향을 미친다. 거시사회의 구조적, 문화적 측면들은 질서원칙의 차원을 통해 역동적인 연결망 짜임새에 영향을 미치고, 동시에 연결망의 동학 안에서 재생산되고 변화한다. 결국 가정 내 관계의 핵심적 측면은 양면성이다(Connidis und McMullin 2002; Lüscher 2011). 그것은 "개인들이 타인과의 상호작용 속에서 경험하는, 구조적으로 창출된 모순들"(Connidis und McMullin 2002: 559)이다. 그리하여 해석구조의 의미에서 양면성은 상호적으로 짜인 교환과 기대들의 모순들로부터 생겨난다. 여기서 교환과 기대들은 연결망 구성원들이 상호작용 속에서 서로 체험하면서 다루는 것들이다. 이런 모순들은 일시적으로 또는 계속 해결될 수 없는 것들로서 체험된다.

가족 연결망 분석 모델에서는 폭력 행위들이 제한된 시간 내의 교환으로서, 특별한 의미 해석을 동반하는 것으로서 설명된다. 따라서 과정적이고 되풀이되는 폭력사건에 있어서 흥미로운 질문은 우선 **무엇이** 발생했는가, 즉 교환 차원의 질문이다. 이 질문에 답하기 위해서, 위에서 본 폭력 유형에 대한 연구결과들을 상기해보자. 위에서 두 가지로 추출된 이념형적 유형은 분석적으로 양극단의 위치에 놓을 수 있다. 한 극단에서 폭력사건은 고정된 지위(가해자, 피해자, 목격자) 사이에 일어나는 안정된 상호작용의 유형으로 설명될 수 있다. 반대로 다른 극단에서는 거의 비폭력적인 가족 일상 속에서 단지 제한된 시간 동안의 비상상태로서 폭력사건이 발생한다(〈그림 1〉 참조). 따라서 상황적으로는 유사해 보이는 폭력형태의 어떤 교환이 사실은 각각 다른 교환의 성질을 갖는다. 즉 어떨 때는 지배의 도구가 되지만, 어떨 때는 상황적 갈등이 고조된 것에 불과할 수 있다. 여기서 차이가 분명해진다. 이처럼 폭력이 상황적 갈등의 고조로 인해 발생하는 연결망에서 관련자들에게 제공되는 행위 선택지와 제한점들은, 폭력이 지배수단으로 작용하는, 즉 폭력적으로 구조화한 가족 연결망에서 제공되는 것들과는 다르다는 차이 말이다(Helfferich und Kavemann 2004).

다음으로 해석구조의 분석적 차원과 관련해서는 폭력형태의 교환이 **왜** 발생하는가의 문제가 결정적으로 중요하다. 폭력형태의 교환은 무슨 일이 진행되고 발생하는지에 대해 연결망 구성원들이 서로 기대하는 바 또는 특정하게 해석하는 바에 따라 발생한다. 폭력형태를 띠는 상황은 그런 식으로 특정하게 해석되는데, 그 해석에 따라 이미 발생한 일에 대해 의미가 제공되고 또 앞으로 연결망 구성원 간에 진행될 상호작용 역시 구조화한다. 그런 해석은 시간의 경과에 따라 변할 수 있다. 무엇보다도 발생하는 폭력의 종류와 빈도가 변화할 수 있고, 관련되는 연결망 구성원이 달라질 수 있다. 또 그 구성원이 가해자, 목격자, 피해자로서 성별화된 지위가 변화할 수 있다. 린데만(Lindemann 2017: 69)

이 "관찰된 의사소통 장의 의미구조"라고 부른 것, 즉 가정폭력의 집요함을 만드는 것은 이런 해석과정에서 구성된다. 예컨대 코르넬리아 헬페리히와 바르바라 카페만(Helfferich und Kavemann 2004)의[3] 연구에서 어떤 참여자는 자신이 경험한, 친밀한 상대에 의한 폭력을 심각한 신뢰 상실로의 전환점이라고 묘사했다. 이렇게 해석될 때 그 폭력형태의 행위는 용납될 수 없고 용서될 수 없는 것이다. 즉 정당화될 수 없다. 반대로 폭력을 경험한 다른 연구 참여자는 친밀한 상대와의 좋은 관계를 강조하고, 그의 탓이 아닌데도 그를 힘들게 하는 그의 부담스러운 상황을 지적한다. 이렇게 해석되면 그 폭력형태의 행위는 용서되고, 어느 정도 수용되고, 때에 따라 정당화될 수 있다.[4] 그리하여 경험연구를 통해서 다음과 같은 가정을 추출할 수 있다. 해석구조들은 정당화되는 폭력과 정당화되지 못하는 폭력의 연속선상에 위치하며(〈그림 1〉), 연결망 구성원의 행위 선택지와 행위 한계를 만들고 또 구성한다. 페르디난트 주터뤼티(Sutterlüty 2002 und 2004)는 아버지에게서 반복적으로 신체적 폭력을 당하는 한 어린 여성의 상황을 조사함으로써 이 점을 명백히 밝혔다. 즉 가족 구성원 전원이 계속 그녀에게 연대감을 보임으로써 폭력 가해자인 아버지는 권력 지위에 있으면서도 가족 내에서 주변화되는 듯했다. 상호작용 속에서 표현되는 그런 연대감은 특정 상호작용 맥락에서 폭력이 어떻게 정당성을 잃는지를 보여준다. 주터뤼티에 의하

3 가정폭력에 대한 질적 연구에서 이 두 저자는 특히 당사자의 행위 선택지 및 행위능력과 관련하여 다양한 관계 및 폭력들을 유형화했다.

4 당사자 내면의 관점으로 재구성된 이런 폭력의 "용서될 수 있음 또는 설명될 수 있음"은 당사자의 행위를 이해하는 데에 도움이 된다. 그것은 또 당사자의 다음 행위가 이어지는 방식에도 영향을 준다. 물론 그렇다고 해서 폭력행위에 대한 가해자의 책임이 줄거나 가해 행위를 처벌하는 법적 조치의 중요성이 감소하는 것은 아니다. 복잡한 현상인 가정폭력에 적절히 접근하기 위해서는 다양한 관점이 요구된다(Kersten 2020 참조).

면 이처럼 폭력이 상호작용을 통해 정당화되지 못할 때 그런 경험은 이 청소년 피해자 자신이 장래에 폭력 가해자가 될 가능성에 영향을 준다.

게다가 가족 연결망 내부에서 일어나는 폭력형태의 교환과 그에 대한 해석은 앞서 상세히 설명한 구조적 양면성, 즉 가족 연결망에 내재하는 구조적 양면성 속에 배태되어 있다. 예컨대 그것은 헬페리히와 카페만(Helfferich und Kavemann 2004)의 연구에서도 발견되는데, 거기서 폭력을 당하는 여성들은 친밀한 상대방에 대한 증오와 동정심 사이에서 어쩔 줄을 모른다. 또 무엇보다도 질서원칙의 차원 역시 매우 중요하다. 폭력의 상징적 형태(예컨대 여성혐오적 성 인식)는 사회적 맥락의 문화적 측면으로서(〈그림 1〉), 질서원칙을 통해 가족 내 사건에 영향을 미치고 또 그것을 일정하게 구조화한다. 이것은 예컨대 양성 간 폭력에 대한 위의 연구결과들에서 명백히 드러난다. 부모-자녀 관계를 다소 구조화한 지배 관계로 여기는 관점이나 관념의 경우에도 마찬가지이다. 결국 가족 연결망 안에서 자녀의 역할과 입장에 부여된 의미 해석, 행위 선택지, 행위 제한성은 부모 입장의 그것들과는 완전히 다를 것이다. 따라서 폭력이 부모-자녀 관계에서 일어나는지 아니면 부모 사이에서 일어나는지에 따라, 거기에 직간접적으로 관련된 연결망 구성원들에게 그 폭력은 전혀 다른 것이 된다. 거기서 의미 해석과 행위 가능성 및 제한성은 크게 달라진다. 또 무엇보다, 예컨대 거주 지위나 직업의 일자리 구조와 같은 구조적 측면들 역시 질서원칙을 통해 폭력형태의 교환과 그 해석에 영향을 준다. 그러나 사회적 맥락의 이런 구조적 및 문화적 측면들에 있어서 항상 중요한 것은, 그것들이 연결망 내의 사건들을 결정하지는 않는다는 점이다. 그것들은 오히려 각각 특별한 형태를 보이는 가족 연결망 및 그것의 구조로부터, 즉 연결망 구성원의 내재적 관점에서 관찰되어야 한다. 가족 연결망 내부의 관점을 재구성함으로써만, 해당 문화적 또는 구조적 측면들 각각이 갖는 형태와 효과를 알 수 있다.

가족 연결망 내부의 이런 관점에서는 폭력에 대해 상호주관적으로 구성된 해석들이 특히 매우 중요하다. 그런 해석을 취할 때 다음의 두 질문이 제기된다. (1) 연결망 구성원의 특정 배치형태(관계의 배치상태와 성질)는 가정폭력의 의미 해석에 어떤 영향을 주는가? (2) 가정폭력의 의미에 대한 특정 해석은 연결망 구성원의 행위 가능성 및 제한성에 어떤 영향을 주는가? 연결망 구성원의 특정 배치형태, 폭력의 의미 해석, 그리고 관련자의 행위 가능성과 제한성 사이에는 상호 연결성이 있다고 가정된다. 이처럼 상호 연결된 동학을, 폭력에 대한 연결망-내재적 논리라고 부를 수 있다(〈그림 2〉).

사회연결망은 상호주관적으로 공유하는 기대와 의미 해석의 고유문화를 생산한다(Fuhse 2009: 53). 그리하여 이 논문에서 제시한 관점의 핵심 가정에 의하면, 폭력형태의 가정 연결망은 가정폭력을 다루는 그 고유의 연결망-내재적 논리를 만든다. 이 연결망-내재적 논리는 각각의 가정폭력에서 나타나는 집요함으로서, 폭력 현상을 경험적으로 다양하게 설명할 때 되풀이하여 출발점으로 삼게 되는 어떤 매우 중요한 지점을 만든다.

가족 연결망 내 가정폭력의 이런 집요함을 추적하기 위해서는 사건의 개방된 과정적 성격에 유의하는 질적 접근법이 필요하다. 즉 앞서 설명한 폭력형태 가족 연결망의 인식모델은 이미 진행되어 응결된, 가족관계의 내력 및 폭력 내력의 "순간포착"(Helfferich und Kavemann 2004: 50)이라는 의미로 사용되어야 한다. 연결망 구성원에게 이런 순간포착

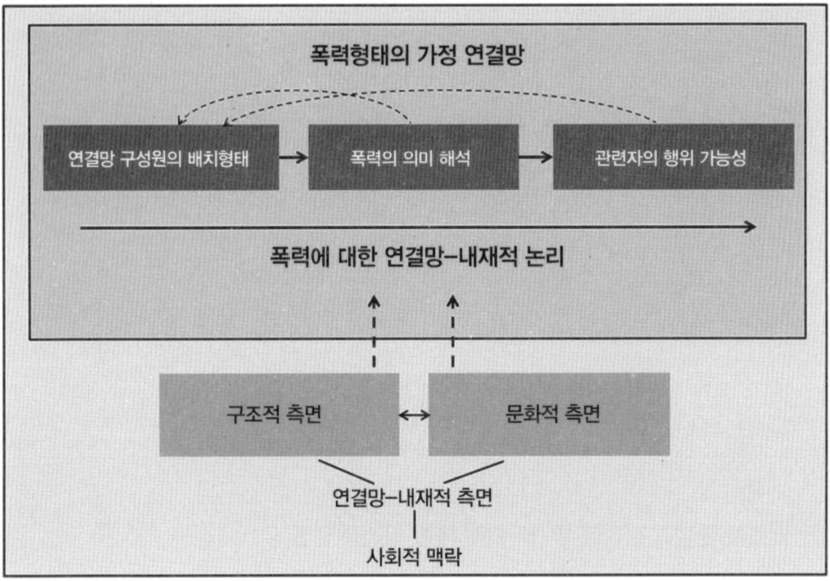

〈그림 2〉 가정폭력에 대한 연결망-내재적 논리

은 현재이자 동시에 과거이고, 또 미래의 다양한 가능성과 한계를 포함하는 것이다. 그것의 재구성을 위해서는 관계의 배치형태뿐만 아니라, 관계의 내력과 그 안에 깃든 폭력적 상호작용이 연결망 구성원의 관점에서 밝혀져야 한다. 더 나아가서 가정폭력의 행위와 맥락이 직접적 분석의 대상이 아니라, 언어를 매개로 조사되고 분석되는 것임을 숙지해야 한다. 그런데 언어의 핵심적 특징은 그것의 지표성(Garfinkel 1973; Kruse 2014)이다. 즉 단어와 기호의 의미는 그것이 사용된 구체적 상황 속에서, 그리고 다른 단어와 함께 사용되는 맥락에서 비로소 해석된다. 따라서 각각의 특정 맥락에 배태되어 있는 것은 구체적 폭력행위만이 아니다. 폭력행위와 그 맥락에 대해 말하기 역시 마찬가지로 배태되어 있다. 연구방법에서는 이런 복잡성이 적절히 고려될 수 있어야 한다. 그것이 성공적으로 고려되려면, 얀 크루제(Kruse 2014: 473)가 표현하듯이 "조사대상에 대한 선택성과 방법적 선택성"에서 벗어나야 한다. 오히려 여러 접근방법을 통합적으로 연결해 사용하는 개방적 조사과정 및 분석과정이 필요하다. 여기서 생애사 서사의 방법(Rosenthal 1995; Schütze 1983)을 **행위자** 분석(Bethmann et al. 2012)과 연결하여 사용하는 것뿐만 아니라, 질적 연결망 분석(Bidart und Charbonneau 2012; Diewald und Sattler 2010; Hollstein und Straus 2006; Straits 2000) 역시 하나의 중요한 준거가 될 수 있다.[5]

연결망 관점의 분석적 부가가치에 대한 잠정적 결론

일반 폭력, 그리고 가정폭력이라는 특수 폭력은 타인을 (신체적으로) 가해하(려)는 행위로서, 종종 그것의 경계가 뚜렷이 객관적으로 특정되는 행위들만을 지칭하지 않는다. 이것이 이 논문을 통해 확실히 전달하고 싶은 요지이다. 폭력은 오히려 집요하고 과정적이며, 늘 어디로 튈지 모르는 다층적 사건이다. 거기에는 특정 관계의 동학과 내력 속에서 상호 연결되고 상호 의존적인 여러 사람이 직간접적으로 관련되어 있다.

따라서 폭력은 맥락에 민감하고 우발적이며 복잡한 형상을 한다. 여기서 제시한 연결망 이론의 관점은 그런 개방성, 맥락 의존성, 복잡성을 간과하지 않으면서 그 폭력의 형상에 접근할 방법을 제공한다. 한편에서 이런 관점을 통해 개인의 상황적-상호작용적 행위 및 그 행위의

5 필자가 연구 책임자로 있는 (스위스) 프리부르 대학의 한 연구 프로젝트에서는 현재, 가정폭력을 당사자 청소년의 관점에서 이런 다각적 방법으로 연구하고 있다.

의미 해석 또는 의미 연결성이 밝혀질 수 있다. 동시에 다른 한편에서는 행위의 사건들 자체를 통해 구성되면서도 또 특정 방식으로 다시 행위에 영향을 주는 구조들에 대해서도 통합적 설명이 가능하다. 무엇보다도 사회적 맥락을 이루는 구조적 요소들 역시 고려된다. 그리하여 폭력을 상황적 사건으로 이해할 수 있다. 동시에 연구방법에 있어서, 특정한 각각의 중간 사회수준인 (연결망) 구조들 안에서 그런 사건이 과정적으로 형성되고 또 상황적으로 규정된다는 사실을 놓치지 않을 수 있다. 폭력형태 가정 연결망 모델의 다양한 분석적, 발견적 차원들은 가정폭력 연구에서 준거의 지점이 될 수 있다. 즉 그 지점으로부터 출발하고 또 그 지점으로 되돌아옴으로써, 다양한 각도에서 폭력의 개별 특정 형태나 특정 집요함을 경험적으로 재구성할 수 있다는 것이다. 왜냐하면 각각의 폭력 현상이 갖는 복잡성을 적절히 개념화해서 관찰해야만, 잠정적일망정 내실 있고 또 적절한 차별성을 갖춘 설명을 제공할 수 있기 때문이다. 그리하여 이후의 경험연구들에서도 재차 참고될 수 있는, 가정폭력에 대한 설명을 내놓을 수 있기 때문이다.

번역_홍찬숙

참고문헌

Bethmann, Stephanie, Cornelia Helfferich, Heiko Hoffmann und Debora Niermann (Hg.) 2012: Agency. Qualitative Rekonstruktionen und gesellschaftstheoretische Bezüge von Handlungsmächtigkeit. Weinheim und Basel: Beltz Juventa.

Bidart, Claire und Johanne Charbonneau 2012: How to Generate Personal Networks. Issues and Tools for a Sociological Perspective, in: HAL archives-ouvertes.fr. ‹https://halshs.archivesouvertes.fr/halshs-00512180›.

Bundesministerium für Familie, Senioren, Frauen und Jugend (BMFSFJ) 2004: Lebenssituation, Sicherheit und Gesundheit von Frauen in Deutschland. Eine repräsentative Untersuchung zu Gewalt gegen Frauen in Deutschland. ‹https://www.bmfsfj.de/bmfsfj/studie--lebenssituation--sicherheitund-gesundheit-von-frauen-in-deutschland/80694?view=DEFAULT›.

Christ, Michaela 2017: Gewaltforschung. Ein Überblick, in: Aus Politik und Zeitgeschichte 4, 9–15.

Collins, Randall 2011 [2008]: Dynamik der Gewalt. Eine mikrosoziologische Theorie. Übers. von Richard Barth und Gennaro Ghirardelli. Hamburg: Hamburger Edition.

Connidis, Ingrid Arnet und Julie Ann McMullin 2002: Sociological Ambivalence and Family Ties. A Critical Perspective, in: Journal of Marriage and Family 64. 3, 558–567.

Dackweiler, Regina-Maria und Reinhild Schäfer (Hg.) 2002: Gewalt-Verhältnisse. Feministische Perspektiven auf Geschlecht und Gewalt. Frankfurt a. M. und New York: Campus.

Diewald, Martin und Sebastian Sattler 2010: Soziale Unterstützungsnetzwerke, in: Christian Stegbauer und Roger Häussling (Hg.): Handbuch Netzwerkforschung. Wiesbaden: VS Verlag für Sozialwissenschaften, 689–699.

Egger, Theres und Marianne Schär Moser 2008: Gewalt in Paarbeziehungen. Ursachen und in der Schweiz getroffene Massnahmen. Bern: Eidgenössisches Büro für die Gleichstellung von Frau und Mann.

Emirbayer, Mustafa und Jeff Goodwin 1994: Network Analysis, Culture, and the Problem of Agency, in: American Journal of Sociology 99. 6, 1411–1454.

Europarat 2011: Übereinkommen des Europarats zur Verhütung und Bekämpfung von Gewalt gegen Frauen und häuslicher Gewalt (Istanbul-Konvention). ‹https://www.admin.ch/opc/de/classified-compilation /20162518/201906060000/0.311.35.pdf›.

European Union Agency For Fundamental Rights (FRA) 2014: Violence Against Women. An EU-Wide Survey. ‹https://fra.europa.eu/en/publication/2014/ violence-against-women-eu-wide-survey-mainresults-report›.

Fuhse, Jan A. 2006: Menschen in Netzwerken, in: Karl-Siegbert Rehberg (Hg.): Die Natur der Gselschaft. Frankfurt a. M. und New York: Campus, 2933–2943.

Fuhse, Jan A. 2009: The Meaning Structure of Social Networks, in: Sociological Theory 27. 1, 51–73.

Fuhse, Jan A. 2016: Soziale Netzwerke. Konzepte und Forschungsmethoden. Konstanz und München: UVK.

Garfinkel, Harold 1973: Das Alltagswissen über soziale und innerhalb sozialer Strukturen, in: Arbeitsgruppe Bielefelder Soziologen (Hg.): Alltagswissen, Interaktion und gesellschaftliche Wirklichkeit. Band 2. Reinbek bei Hamburg: Rowohlt, 189–214.

GiG-net (Hg.) 2008: Gewalt im Geschlechterverhältnis. Erkenntnisse und Konsequenzen für Politik, Wissenschaft und soziale Praxis. Opladen: Barbara Budrich.

Gloor, Daniela und Hanna Meier 2012: Beurteilung des Schweregrades häuslicher Gewalt. Sozialwissenschaftlicher Grundlagenbericht. Bern: Eidgenössisches Büro für die Gleichstellung von Frau und Mann.

Hagemann-White, Carol 2016: Grundbegriffe und Fragen der Ethik bei der Forschung über Gewalt im Geschlechterverhältnis, in: Cornelia Helfferich, Barbara Kavemann und Heinz Kindler (Hg.): Forschungsmanual Gewalt. Grundlagen der empirischen Erhebung von Gewalt in Paarbeziehungen und sexualisierter Gewalt. Wiesbaden: Springer VS, 13–31.

Helfferich, Cornelia und Barbara Kavemann 2004: Forschungsbericht: Wissenschaftliche Untersuchung zur Situation von Frauen und zum Beratungsangebot nach einem Platzverweis bei häuslicher Gewalt. Freiburg: Sozialwissenschaftliches FrauenForschungsInstitut.

Hollstein, Betina und Florian Straus (Hg.) 2006: Qualitative Netzwerkanalyse. Konzepte, Methoden, Anwendungen. Wiesbaden: VS Verlag für Sozialwissenschaften.

Imbusch, Peter 2003: The Concept of Violence, in: Wilhelm Heitmeyer und John Hagan (Hg.): International Handbook of Violence Research. Dordrecht: Kluwer Academic Publishers, 13–39.

Johnson, Michael P. 1995: Patriarchal Terrorism and Common Couple Violence. Two Forms of Violence Against Women, in: Journal of Marriage and Family 57. 2, 283–294.

Johnson, Michael P. 2005: Domestic Violence. It's Not About Gender: Or is It? in: Journal of Marriage and Family 67. 5, 1126–1130.

Kavemann, Barbara und Ulrike Kreyssig (Hg.) 2013: Handbuch Kinder und häusliche Gewalt. Wiesbaden: Springer VS.

Kelly, Joan B. und Michael P. Johnson 2008: Differentiation Among Types of Intimate Partner Violence. Research Update and Implications for Interventions, in: Family Court Review 46. 3, 476–499.

Kersten, Anne 2015: Opferstatus und Geschlecht. Entwicklung und Umsetzung der Opferhilfe in der Schweiz. Zürich: Seismo.

Kersten, Anne 2020: Häusliche Gewalt. Herrschaftsinstrument oder Konflikteskalation? Plädoyer für eine integrativ differenzierende Perspektive, in: sozialpolitik.ch (im Erscheinen).

Knöbl, Wolfgang 2019: Collins im Kontext. Zur Vorgeschichte der jüngeren Gewaltsoziologie, in: Mittelweg 36 28. 1–2, 15–39.

Koloma Beck, Teresa 2011: The Eye of the Beholder. Violence as a Social Process, in: International Journal of Conflict and Violence 5. 2, 345–356.

Kruse, Jan 2014: Qualitative Interviewforschung. Ein integrativer Ansatz. Weinheim und Basel: Beltz Juventa.

Leone, Janel M., Michael P. Johnson und Cathrine L. Cohan 2007: Victim Help Seeking. Differences Between Intimate Terrorism and Situational Couple Violence, in: Family Relations 56. 5, 427–439.

Levy, René 2002: Meso-social Structures and Stratification Analysis. Missing Link? in: Swiss Journal of Sociology 28. 2, 193–216.

Lindemann, Gesa 2017: Verfahrensordnungen der Gewalt, in: Zeitschrift für Rechtssoziologie 37. 1, 57–87.

Lüscher, Kurt 2011: Ambivalence. A ›Sensitizing Construct‹ for the Study and Practice of Intergenerational Relationships, in: Journal of Intergenerational Relationships 9. 2, 191–206.

Piispa, Minna 2002: Complexity of Patterns of Violence Against Women in Heterosexual Partnerships, in: Violence Against Women 8. 7, 873–900.

Reemtsma, Jan Philipp 2008: Vertrauen und Gewalt. Versuch über eine besondere Konstellation der Moderne. Hamburg: Hamburger Edition.

Rosenthal, Gabriele 1995: Erlebte und erzählte Lebensgeschichte. Gestalt und Struktur biographischer Selbstbeschreibungen. Frankfurt a. M. und New York: Campus.

Schütze, Fritz 1983: Biographieforschung und narratives Interview, in: Neue Praxis 13. 3, 283–293.

Seith, Corinna 2007: Häusliche Gewalt aus Sicht von Kindern und Jugendlichen.

Zusammenfassung der Resultate. Zürich: Pädagogisches Institut der Universität Zürich.

Straits, Bruce C. 2000: Ego's Important Discussants or Significant People. An Experiment in Varying the Wording of Personal Network Generators, in: Social Networks 22. 2, 123–140.

Sutterlüty, Ferdinand 2002: Gewaltkarrieren. Jugendliche im Kreislauf von Gewalt und Missachtung. Frankfurter Beiträge zur Soziologie und Sozialphilosophie. Band 2. Frankfurt a. M. und New York: Campus.

Sutterlüty, Ferdinand 2004: Was ist eine »Gewaltkarriere«?, in: Zeitschrift für Soziologie 33. 4, 266–284.

Sutterlüty, Ferdinand 2017: Fallstricke situationistischer Gewaltforschung, in: WestEnd. Neue Zeitschrift für Sozialforschung 14. 2, 139–155.

Tjaden, Patricia und Nancy Thoennes 1998: Prevalence, Incidence, and Consequences of Violence Against Women. Findings From the National Violence Against Women Survey. ‹https://www.ncjrs.gov/pdffiles/172837.pdf›.

World Health Organization (WHO) 2013: Global and Regional Estimates of Violence Against Women. Prevalence and Health Effects of Intimate Partner Violence and Non-Partner Sexual Violence. ‹https://apps.who.int/iris/bitstream/handle/10665/85239/9789241564625_eng.pdf?sequence=1›.

가족 폭력의 구조적 잠재성

페르디난트 주터뤼티

오늘날 사회에서 가족만큼이나 폭력에 강력하게 노출된 영역은 없어 보인다. 우리가 알고 있듯이 네 벽으로 둘러싸인 집은 사회에서 가장 위험한 장소이다. 특히 여성과 어린이에게 그런 위험이 노출되어 있다. 반복적으로 확인되는 이런 폭력의 위험의 원인은 무엇이며 그 수수께끼 같은 근거는 어디에 있는가? "가족의 구조적 폭력 잠재성"(Eckert et al. 1990: 395)이라는 말이 정당한 이유는 무엇인가? 이것이 바로 이 글이 다루는 문제의식이다.[1] 여기서는 아이들에 대한 부모의 폭력과 부부 사이의 폭력에 집중할 것이다.[2]

1 이 글은 "폭력과 사회적 관계"를 주제로 개최한 워크숍에서 발표한 것을 토대로 했다. 이 워크숍은 "사회학적 이론의 문제로서의 폭력"을 다루는 "DGS-노동 그룹"과 협력하여 2019년 3월 14-15일에 "함부르크 사회연구소"에서 개최되었다. 이 모임에 참석하여 도움과 충고를 주신 분들께 감사드린다.

2 가족 내 가해자와 희생자 사이에는 다양한 폭력 양상이 있다. 특히 형제간의 폭력(Tucker

가족 내에서의 높은 폭력 빈도는 폭력이 사회적으로 계속 주시되고 있고 법적인 제재가 가해진다는 사실에 비춰볼 때 긴급한 설명을 요한다. 친밀한 관계에서도 폭력적 행위에 대한 판단이 엄격해진 변화를 겪기는 했지만 여전히 가족 맥락에서 이 현상은 계속되고 있다. 1997년 독일에서 부부 사이에서도 성추행과 강제에 대해 처벌할 수 있도록 법 개정이 이뤄졌다(§ 177 StGB). 3년 후 독일 연방의회는 양육에 있어 폭력을 불법화하는 법을 통과시켜 유엔 아동권리협약(Art. 19)의 핵심 조항을 국내법으로 옮겼다(§1631 2항 BGB). 2002년에 발효된 "폭력방지법"(Gewaltschutzgesetz)은 궁극적으로 민법상 가정폭력의 피해자를 가해자로부터 보호하기 위한 것이었다. 이러한 법률 개정에 따르면 독일에서는 2000년부터 자기방어 및 비상사태를 제외하고(§§ 32 ff. StGB) 가족 내 모든 형태의 신체적 폭력이 금지되었다고 말할 수 있다.

그러나 이미 1960년대부터 여성 및 아동 보호 운동이 가정폭력의 불법화에 대한 국제적 논의를 시작했다는 점을 고려하면 이러한 입법적 발의가 얼마나 늦었는지 그저 놀랄 뿐이다. 이는 19세기부터 사회적 국가와 복지국가가 수립되는 과정에서 각종 피해자에 대한 대중의 인식이 높아진 것을 고려할 때 더욱 그러하다. 미셸 비비오르카(Wieviorka 2006: 79 이하)는 이러한 "피해자 출현"을 강조했다. 뿌리 깊게 놓인 완고한 힘들이 가정폭력으로부터 여성과 어린이를 보호하는 데 장애물로 작용했을 것이다. 다음에서 보여주겠지만, 가족 내 폭력의 빈도가 높은

et al. 2014), 청소년이 부모(Wilcox 2012)나 나이 많은 가족 구성원(Roberto 2016)에게 하는 폭력(Wilcox 2012) 등도 있다. 가족 내 모든 폭력 유형이 상호 의존적(Tolan, Gorman-Smith und Henry 2006; Straus, Douglas und Medeiros 2014)이긴 하지만 이러한 폭력 유형은 상대적으로 주변적이다.

이유는 특별한 관계의 역학에서 찾을 수 있다. 지속적인 폭력연관이 그렇게도 오래 유지되는 이유는 가족의 구조적인 조건과 깊은 연관이 있다.

아이들에 대한 부모의 폭력

부모의 폭력의 양적 정도를 파악하기 위해 그동안 독일에서의 연구는 의심되는 경우 밝은 면만을 부각하고 있는, 경찰이 제공하는 불완전한 데이터들에 의존하거나 가치 평가하기 힘든 것에 의존해야 했다(Engfer 1986: 18 이하). 반면에 미국의 경우 1970년대 후반부터 머리 스트로스(Murray Straus)가 이끄는 연구 그룹이 사각지대에 대한 연구를 대대적으로 수행했다.[3] 1997년 페터 베첼스(Peter Wetzels)의 독일에서의 선구적인 연구가 발표되었는데, 이 연구는 다른 연령대의 3,200명 이상의 응답자를 대상으로 횡단 연구를 기반으로 했으며, 무엇보다도 자녀에 대한 부모의 현저한 신체적 폭력에 대한 신뢰할 수 있는 수치를 제공했다. 거의 75%는 어린 시절에 부모로부터 신체적 폭력을 경험했다고 말했다. 38% 이상이 부모로부터 "드물지 않게" "신체적 처벌"을 받았다. 10%가 조금 넘는 사람들이 "신체적 학대"로 분류된 심각한 폭력의 희생자라고 말했다. 거의 5%에 이르는 사람들은 부모에게 "드물지 않게" 학대를 당했다고 답했다(Wetzels 1997: 146). 연령 집단 간의 현격함의 정도를 비교한 결과, 세대 간 부모 폭력의 감소가 나타났다. 그러나 심각한 학대의 비율은 젊은 집단과 나이든 집단 간에 크게 다르지 않았다

3 Straus, Gelles und Steinmetz (1980); Straus und Gelles (1986); Straus und Donnelly (1994); Straus, Douglas und Medeiros (2014).

(같은 책: 150 이하). 범죄학뿐만 아니라 아동 및 청소년 정신의학 분야의 최근의 독일 연구에서는 학대 정도가 비슷하거나 약간 더 높았지만, 교육 수단으로서 심각하지 않은 부모의 폭력은 약간 감소하였다.[4] 세세한 부분에서 차이와 어긋남이 있기는 하지만 지난 수십 년 동안 국가 전반에 걸쳐 꾸준히 어머니가 아버지만큼 아이들을 구타한다는 결과가 나왔다(Lamnek et al. 2012: 150 이하).

그런데 이 냉철한 수치는 폭력행위 자체에 대해 거의 말하지 않는다. 이것을 설명하려면 두 가지 측면이 우선 중요하다. 한편으로, 아이들과 그 부모는 문화적으로나 법적으로 깊이 뿌리박힌 비대칭 권력 배열을 가진 **세대질서**의 일부라는 사실을 고려해야 한다. 다른 한편, 상호과정에서 발생하는 아동에 대한 부모의 폭력은 악순환적으로 증대되는 역학을 갖는다는 사실을 고려해야 한다.

레나 알라넨(Alanen 2009)은 성인과 아동의 엄격한 구분을 기반으로 하는 세대질서를 불평등한 사회 구조의 요소로 설명한다. 이러한 세대질서는 의심의 여지없이 부모의 권위라는 사회 구조적 전제 조건 중 하나이다. 세대 간 관계의 권력 차이로 인해 폭력적인 부모-자식 관계와 "흑색 교육"의 오랜 역사가 가능했는데, 이는 부정적 인간학을 배경으로 하여 교육에서의 폭력의 사용을 정당화했으며, 매우 자주 아이들을 가학적으로 취급하는 결과를 가져왔다(Rutschky 1977; deMause 1980). 지난 수십 년 동안 부모-자녀 관계의 민주화 과정이 확실히 진작되었지만(Reuband 1997; Mühlbacher und Sutterlüty 2019), 아이들은 여전히 종속적 위계구조에서 사회화되었다. 이러한 사실은 "부모의 양육법"(Art. 6

4 Bussmann (2005: 17 이하); Häuser et al. (2011: 289 이하); Witt et al. (2018: 5 이하).

Abs. 2 GG; §§ 1626 ff. BGB)에 다음과 같이 표현되어 있다. 즉 부모는 자녀에게 영향을 미치는 모든 결정에 대한 최종 권한이며—특정한 법적 제한 내에서—자녀가 어떻게 그리고 어디에서 자랄 것인지에 대해 권한을 갖는다. 아동의 출구 없는 이런 의존성은 법의 가족주의에 의해 강화된다. 말하자면 법이 가족을 아동의 일차적인 사회화의 영역으로 보호하고 특정 유형의 가족에게 특권을 부여한다는 사실에 의해 강화된다. 가족법과 아동법은 아버지, 어머니 및 자녀로 구성된 3원의 가족이 모든 경우에 아동의 최선의 이익에 가장 부합한다는 밝혀지지 않은 가정을 기반으로 한다(Sutterlüty und Mühlbacher 2018: 128 이하).

이는 호주, 스코틀랜드, 영국 및 독일의 연구에서 드러난 것처럼 폭력적인 부모-자녀 관계가 판사의 결정으로 강제되어 지속되거나 반복되는 것으로 나타난다.[5] 그런데 위에서 간단히 묘사한 세대질서는 부모의 폭력 사용의 구조적 전제 조건일 뿐만 아니라 그런 폭력 사용을 자극하고 정당화하는 효과를 갖는다. 이미 1980년대에 잭 카츠(Jack Katz)는 아이들이 소리 지르는 것을 부모의 권위를 위협하는 것으로 여겨 마땅히 받아야 할 존경을 회복하기 위해 그 아이들을 흔들어 대거나 심지어 죽을 때까지 구타한 경우들을 보고하고 있다(Katz 1988: 12 이하).

카츠가 묘사한 그러한 충격적인 사례는 **폭력이 증폭되는 전개과정**을 가리키며, 이는 다음과 같은 전형적인 특징을 가지고 있다. 즉 아이가 소리를 지르고, 부모는 화를 내며, 아이는 극에 달할 때까지 더 크게 소리를 지른다. 그렇게 극적으로 전개되지 않는 경우에도 이러한 폭력적 행동의 상황 내재적 논리 외에 아동을 학대하는 가정에서 장기적인 상

5 Fehlberg et al. (2011); Morrison (2015); Macdonald (2017); Liebsch (2017).

호작용의 역학을 관찰할 수 있다. 아동학대에 대한 연구가 시작된 이래 많은 부모들이 어떤 식으로든 자신의 기대에 부응하지 못한다는 이유에서 자녀를 유아기 때부터 구타하기 시작한 것으로 알려졌다. 수많은 예가 보여주듯이 이것은 부모의 학대가 반복되고 강화되는 자기강화의 과정으로 나아갈 수 있다. 아이들은 음식 먹는 태도에서 야뇨증에 이르기까지 자신이 통제할 수 없거나 매우 제한된 정도로만 통제할 수 있는 것으로 인해 구타를 당하는데, 이때 부모들은 아이들의 태도변화를 유도하지도 않은 채 점점 더 엄격한 조치를 취한다. 그런데 이런 조치는 아이들에게 새로운 반응을 불러일으키며, 부모는 더욱 실망한 나머지 반복적으로 폭력을 행사한다.[6]

부부 사이의 폭력

친밀한 관계에서 누가 누구에게 폭력을 사용하는가에 대한 질문은 한동안 논란의 여지가 있었다. 남자는 언제나 가해자인가? 여성이 가하는 폭력은 언제나 소극적인 반폭력 내지 방어적 폭력일 뿐인가? 우선 가정폭력의 경우 오랫동안 여성을 피해자로, 남성을 가해자로 지목한 것이 확실하다. 일찍이 1970년대 후반에 페미니스트 연구에 따르면 남편에게 반복적으로 학대를 받은 여성은 "학습된 무력감"이 지배했고, 그에 상응하여 **구타당한 여성 증후군**으로 진단되었다(Walker 1977/78 und 1983). 널리 받아들여진 이 연구는 정치적 논쟁의 대상이 되었고 국가 전반에 걸쳐 여성에 대한 보호 조치의 출발점이 되었다. 이에 반해 동

6 Maden und Wrench (1977); Kempe und Kempe (1980: 44 이하); Collins (2011: 211 이하).

시에 기술된 **구타당한 남편 증후군**(Steinmetz 1977/78)의 존재는 오랫동안 잊혔고, 잠깐의 주의를 끈 이후 무시되었다(Pagelow 1985).

이용 가능한 정량적 결과를 살펴보는 것이 훨씬 더 가치 있을 것이다. 친밀한 파트너 폭력의 영역에서는 독일보다 미국에서 훨씬 더 오래, 더 체계적으로 연구되어왔다.[7] 친밀한 파트너 폭력의 양적인 크기는 오랫동안 부처 당국에 의해서만 추정되었다. 여성에 대한 폭력에 대해서는 2005년에 출판된 뮐러(Ursula Müller)와 슈뢰틀(Monika Schröttle)의 대표적인 연구가 있는데, 이 연구는 가족-노인-여성-청소년부의 위임을 받아 수행되었다. 이 연구는 16세에서 85세 사이의 여성을 대상으로 한 10,000건 이상의 인터뷰를 기반으로 한다. 그 결과에 따르면 응답자의 25%가 현재의 그리고 과거의 부부관계에서 신체적 혹은 성적 폭력을 경험했다. 조사 전 지난 12개월 사이에 여성의 14%는 파트너로부터 폭력을 경험했다. 그중 절반은 여러 번 그러했다(Müller und Schröttle 2005: 222, 233). 그들의 정보에 따르면, 부부 관계에서 폭력의 피해자였던 여성 중 10%는 처음으로 신체적으로 공격했다고 응답했다(같은 책: 237).

남성에 대한 파트너 폭력의 경우 독일의 데이터는 불확실하다. 이러한 사실은 남성에 대한 폭력이라는 현상이 일반적인 젠더 고정관념과 모순된다는 사실과 관계있어 보인다. 2004년에 랄프 푸케트(Ralf Puchert), 루트거 융니츠(Ludger Jungnitz), 빌리 발터(Willi Walter), 한스-요아힘 렌츠(Hans-Joachim Lenz) 및 헨리 푸에(Henry Puhe)는 이와 관련한

7 그사이 동성 파트너 사이의 폭력에 대한 연구도 있는데, 이성애 파트너의 경우보다 폭력이 더 높지 않다고는 해도 결코 더 적다고 할 수도 없다는 데 의견의 일치를 보여준다. 국제적인 논의에 대해서는 Stiles-Shields und Carroll (2015)의 연구와 Barnes und Donovan (2018)의 연구를 보라. 동성 부부의 폭력의 비율은 빈번히 그들의 열악한 환경 및 차별로 특징지어지는 사회적 상황과 이로 인한 스트레스 요인으로 설명된다.

파일럿 연구를 발표했으며, 이 연구 역시 가족-노인-여성-청소년부의 의뢰를 받아 한 것이었다(Jungnitz et al. 2007). 이 연구에서는 32명의 남성이 질적인 질문을 받았고, 무작위로 선택된 남성을 대상으로 1차적으로 266개의 정량적 인터뷰가 수행되었다. 저자는 다소 제한된 이 표본을 바탕으로 남성에 대한 가정폭력이 결코 주변적인 현상이 아니며 파트너에 대한 여성의 폭력을 학대로 확장할 수 있다는 결론을 내렸다. 약 25%의 남성이 이미 파트너로부터 신체적 폭력을 경험했다고 말했으며, 자체 진술에 따르면 5%는 이미 가정폭력으로 부상을 입기도 했다. 그런데 관련된 남자들 중 누구도 경찰에 신고한 적이 없었으며, 스스로 보고한 정보에 따르면, 그들 중 약 절반은 파트너로부터 자신을 물리적으로 방어한 적이 없었다. 따라서 전반적인 비율은 친밀한 파트너 폭력의 여성 피해자와 유사했다. 다만 여성이 겪는 부상과 피해의 심각성이 훨씬 더 크게 나타났다(Puchert und Jungnitz 2005: 32 이하; Walter, Lenz und Puchert 2007). 따라서 남성의 폭력이 대체로 더 심각하고 부상의 정도가 심했다고 할 수 있다.

여성과 남성 파트너 간의 폭력 행사를 두고 서로 집단적 피해자 지위에 대해 경쟁적 주장을 하는 것은 확실히 터무니없는 일이다. 그러나 로비 그룹은 종종 그런 경쟁을 부추기며 때때로 연구자들에 의해 지원을 받기도 한다. 사정이 이러함에도 남성의 경우 어떤 의미에서는 "이중의 희생"이라는 말을 할 수도 있겠다. 말하자면 여성 배우자에 의해 폭력이 이뤄졌다고 말하는 것이 금기시되고 극도로 부끄러운 일로 간주되는 한 도움을 받을 길도 막막하기 때문이다. 구타당한 남성의 고독한 수치심은 그들의 희생을 연장하고 어떤 의미에서는 그들을 두 번째 희생자로 만든다(Puchert und Jungnitz 2005: 37 이하; Walter, Lenz und

Puchert 2007: 175 이하). 여기에서 남성다움에 대한 전통적인 상이 남성 자신에게 파괴적 힘으로 작용한다는 것도 드러난다. 물론 수치심은 남녀 모두의 폭력 피해자에게 중요한 역할을 하며, 이는 결국 주변 사람들이 자주 가정폭력을 오랫동안 알지 못하게 된다는 것을 의미한다. 그런데 수치심을 가리는 방식에서 한 가지 중요한 차이가 있다. 여성 피해자는 자신이 남성 파트너와 폭력적인 관계를 맺으며 살아간다는 것을 아주 부끄러워하기 때문에 자기 파트너의 폭력에 침묵한다. 이에 반해 남성의 수치심은 여성 파트너로부터 폭력을 당한다는 사실이 자신의 유약함과 남성답지 않음을 드러낸 것이라 생각하여 침묵한다(Williamson, Morgan und Hester 2018: 57 이하).

아동에 대한 폭력과 마찬가지로 파트너 간의 폭력을 설명할 때도 구조적인 관점과 상호작용의 역학이라는 관점을 고려하는 것이 중요하다. 즉 한편으로는 성의 질서를, 다른 한편에서는 부부관계에서 그들 사이의 상호작용의 과정과 그 불완전한 소화력을 고려해야 한다.

먼저 **성의 질서**(Geschlechterordnung)를 살펴보자. 여기서는 우선 젠더 관련 가해자-피해자의 구조적 상황과 상관없이 파트너 폭력이 다른 쪽을 통제하는 것임을 확실히 해야 한다. 이것은 질투의 단계와 임박한 이별의 단계에 특히 폭력의 부담이 증가한다는 사실과도 연결되어 있다. 특히 폭력적인 남성의 경우 이 연구에서 "두 신체에 대한 권리"라고 명명한 것과 연관될 만큼 통제주장과 지배주장이 강하다(Brückner 2009: 794). 이것은 또한 "친밀한 테러리즘"이라고도 하는 보다 극단적이고 장기간에 이루어지는 파트너 폭력이 주로 여성에게 영향을 미친다는 사실과도 일치한다(Johnson 2006: 1009 이하). 남성의 헤게모니 유지를 위한 폭력(Meuser 2002)과 여성혐오에 의한 폭력은 '여성은 베푸는 자'라는 문화적으로 뿌리 깊은 여성관(Manne 2017)과도 얽혀 있다. 이 모든 것이 전통적인 성의 질서와 관련되어 있지만 항상 동일한 방식은 아니다. 즉 폭력은 한편으로 기존에 확립된 성 불평등의 파생물이며, 다른 한편으로 평등화의 경향에 대항하는 그리고 성해방적인 삶의 기회에 대항하는 투쟁의 수단으로 기능한다.

종종 장기간에 걸쳐 공고화되는 **상호작용의 역학**을 고려하지 않을 경우 파트너 간의 폭력을 적절하게 이해할 수 없다. 노먼 덴진(Denzin 1984)은 폭력적 부부관계의 역학을 만들어내고 유지해가는 결정적 메커니즘을 모범적으로 분석했다. 사례들을 세밀하게 설명하는 가운데 그는 남성의 폭력이 잃어버린 것, 즉 여성과 이들의 온정에 대한 통제력을 되찾기 위한 시도임을 보여준다. 따라서 남자는 여자의 의지와 자유를 획득하고자 그녀의 몸에 강압을 행사하고자 할 수 있는데, 그가 폭력적일수록 그는 이 문제에서 더 실패하게 된다. 결국에 그의 폭력을 촉발한 것은 더욱 강화된다. 즉 그 실패는 그가 통제하고 싶었던 관계를 더욱 파괴한다. 남자와 그의 파트너는 부정적인 감정에 쌓이게 되고 폭력의 징조 아래 서로를 묶는 상호작용의 역학으로 얽혀 들어간다(같은 책: 488 이하). 일어난 일에 대한 부인, 사과, 불성실, 폭력의 발생에 대한 책임의 전가, 억압, 희망적인 생각 및 새로운 폭력 사건 등은 장기적 관계의 전형이다. 남성 파트너와 여성 파트너는 폭력이 어떤 면에서 실재하지 않으며 다시 발생하지 않을 것이라는 자기기만적인 믿음으로 하나가 된다(같은 책: 507). 이후에 등장한 연구들은 덴진의 분석을 확증해주고 있으며, 폭력이 멈출 것이라는, 심지어 질투하는 남자의 사랑을 증명하는 것으로 이해될 수 있다는 저 거짓된 믿음이 낭만적인 관계의 내러티브와 엮여 있음을 보여준다(Lloyd und Emery 2000: 45 이하).

상호작용의 역학과 정서적 얽힘은—경제적 의존성 외에도—여성이 폭력적인 파트너와 함께 지내는 이유나 여성의 집의 전문 인력의 면전에서 다시 그에게로 돌아가는 이유를 이해하게 하는 데 도움을 준다. 이러한 일은 자주 여러 면에서 파트너 폭력의 희생자인 아이들에게도 발생한다. "폭력의 순환"에 관한 현재 널리 퍼진 문헌(Steinmetz 1977: 98 이하)은 어린 시절의 폭력에 대한 개인적인 경험뿐만 아니라 부모 사이의 폭력 행위를 목격하는 것도 종종 어린이에게 새로운 폭력을 발생시킨다는 것을 보여주었다. 따라서 희생자에서 가해자로 되는 것이다. 그들의 직접적인 경험에서만이 아니라 장기적인 결과의 측면에서 볼 때도, 부모의 폭력을 목격하는 것은 직접적 희생과 비슷하다.[8] 이에 대해서는 부모 간의 폭력, 아동에 대한 폭력 및 아동 간의 폭력이 서로 조건으로 작용하지 않은 경우에도 한 가정 안에서 중첩되어 등장한다는 것을 인식하는 것보다 더 좋은 증거물은 없을 것이다. 서로 다른 이런 폭력 형태들은 가족 안에서의 상호작용을 서로 강화할 뿐 아니라 아이들의 경우 이후의 삶의 단계에서 더 많은 폭력을 초래한다. 이 모든 것은 폭력에 대한 일반적 연구에서 사회화 이론의 중요성을 시사하는데, 최근의 사회화 이론의 탐구에서 이 부분은 아주 소홀하게 다뤄진다(Sutterlüty 2017).

결론

이 글은 폭력을 곧잘 사용하는 가족에 구조적 특징이 있음을 보이고

8 Jaffe, Wolfe und Wilson (1990: 32 이하); Strasser (2001: 120 이하, 185 이하); Kindler (2013: 30 이하).

자 했다. 수세기에 걸쳐 성장해온 성의 질서와 세대의 질서는 여성운동과 아동해방운동으로부터 근본적인 비판을 받았다. 그러나 여성의 법적 평등과 아동의 자기 결정권을 법적으로 인정한 처음의 시도들은 가족 내부의 폭력을 줄이는 데 거의 기여하지 못했다. 한때 남성의 지배, 배우자 간의 상호 소유권 주장, 자녀에 대한 부모의 통제 등을 정착시켰던 사회적, 정신적 구조는 생각보다 훨씬 극복되지 못했다. 물론 이 구조적 특징 홀로 폭력을 불러일으키는 것은 아니다. 구조는 상황적 그리고 상호작용적 역학에서 등장하는 행위들에 대해 아무것도 설명해주지 못한다(Hoebel und Knöbl 2019: 101 이하). 그러나 여기서 설명했던 가정의 구조적 특징은 집에서의 폭력이 장기간의 상호작용의 패턴으로 응고될 수 있는 이유와 규범적-법적 변화가 오늘날까지 폭력의 장소로 남아 있는 가족에 별로 영향을 미치지 못한 이유를 설명해준다.

번역_정대성

참고문헌

Alanen, Leena 2009: Generational Order, in: Jens Qvortrup, William A. Corsaro und Michael-Sebastian Honig (Hg.): The Palgrave Handbook of Childhood Studies. Basingstoke und New York: Palgrave Macmillan, 159–174.

Alhusen, Jeanne L., Grace W. K. Ho, Kamala F. Smith und Jacquelyn C. Campbell 2014: Addressing Intimate Partner Violence and Child Maltreatment. Challenges and Opportunities, in: Jill E. Korbin und Richard D. Krugman (Hg.): Handbook of Child Maltreatment. Dordrecht: Springer, 187–201.

Barnes, Rebecca und Catherine Donovan 2018: Domestic Violence in Lesbian, Gay, Bisexual and/or Transgender Relationships, in: Nancy Lombard (Hg.): The Routledge Handbook of Gender and Violence. London und New York: Routledge, 67–81.

Brückner, Margrit 2009: Gewalt in Paarbeziehungen, in: Karl Lenz und Frank Nestmann (Hg.): Hand- buch Persönliche Beziehungen. Weinheim und München: Juventa, 791–811.

Bussmann, Kai-D. 2005: Report über die Aus wirkungen des Gesetzes zur Ächtung der Gewalt in der Erziehung. Vergleich der Studien von 2001/2002 und 2005: Eltern-, Jugend- und Expertenbefragung. Berlin: Bundesministerium der Justiz.

Collins, Randall 2011: Dynamik der Gewalt. Eine mikrosoziologische Theorie. Übers. von Richard Barth und Gennaro Ghirardelli. Hamburg: Hamburger Edition.

deMause, Lloyd 1980: Evolution der Kindheit. Übers. von Renate Wiggershaus und Rolf Wiggershaus, in: Lloyd deMause (Hg.): Hört ihr die Kinder weinen. Eine psychogenetische Geschichte der Kindheit. Frankfurt a. M.: Suhrkamp, 12–111.

Denzin, Norman K. 1984: Toward a Phenomenol ogy of Domestic, Family Violence, in: American Journal of Sociology 90. 3, 483–513.

Eckert, Roland, Max Kaase, Friedhelm Neidhardt und Helmut Willems 1990: Ursachen, Prävention und Kontrolle von Gewalt aus soziologischer Sicht, in: Hans-Dieter Schwind und Jürgen Baumann (Hg.): Ursachen, Prävention und Kontrolle von Gewalt. Analysen und Vorschläge der Unabhängigen Regierungskommission zur Verhinderung und Bekämpfung von Gewalt. Band II. Berlin: Duncker & Humblot, 293–414.

Engfer, Anette 1986: Kindesmißhandlung. Ursachen, Auswirkungen, Hilfen. Stuttgart: Enke.

Fehlberg, Belinda, Bruce Smyth, Mavis Maclean und Ceridwen Roberts 2011: Legislating for Shared Time Parenting after Separation. A Research Review, in: International Journal of Law, Policy and the Family 25. 3, 318–337.

Häuser, Winfried, Gabriele Schmutzer, Elmar Brähler und Heide Glaesmer 2011: Maltreatment in Childhood and Adolescence. Results from a Survey of a Representative Sample of the German Population, in: Deutsches Ärzteblatt International 108. 17, 287–294 und I–IV.

Herrenkohl, Todd I., Cynthia Sousa, Emiko A. Tajima, Roy C. Herrenkohl und Carrie A. Moylan 2008: Intersection of Child Abuse and Children's Exposure to Domestic Violence, in: Trauma, Violence and Abuse 9. 2, 84–99.

Hoebel, Thomas und Wolfgang Knöbl 2019: Gewalt erklären! Plädoyer für eine entdeckende Prozesssoziologie. Hamburg: Hamburger Edition.

Jaffe, Peter G., David A. Wolfe und Susan Kaye Wilson 1990: Children of Battered Women. Newbury Park: Sage.

Johnson, Michael P. 2006: Conflict and Control. Gender Symmetry and Asymmetry in Domestic Violence, in: Violence Against Women 12. 11, 1003–1018.

Jungnitz, Ludger, Hans-Joachim Lenz, Ralf Puchert, Henry Puhe und Willi Walter (Hg.) 2007: Gewalt gegen Männer. Personale Gewaltwiderfahrnisse von Männern in Deutschland. Opladen: Barbara Budrich.

Katz, Jack 1988: Seductions of Crime. Moral and Sensual Attractions in Doing Evil. New York: Basic Books.

Kaufman, Joan und Edward Zigler 1989: The Intergenerational Transmission of Child Abuse, in: Dante Cicchetti und Vicki Carlson (Hg.): Child Maltreatment. Theory and Research on the Causes and Consequences of Child Abuse and Neglect. Cambridge und New York: Cambridge University Press, 129–150.

Kempe, Ruth S. und C. Henry Kempe 1980: Kindesmißhandlung. Übers. von Thomas M. Höpfner. Stuttgart: Klett-Cotta.

Kindler, Heinz 2013: Partnergewalt und Beeinträchtigungen kindlicher Entwicklung. Ein aktualisierter Forschungsüberblick, in: Barbara Kavemann und Ulrike Kreyssig (Hg.): Handbuch Kinder und häusliche Gewalt. Wiesbaden: VS Springer, 27–47.

Lamnek, Siegfried, Jens Luedtke, Ralf Ottermann und Susanne Vogl 2012: Tatort Familie. Häusliche Gewalt im gesellschaftlichen Kontext. Wiesbaden: VS Verlag für Sozialwissenschaften.

Lewis, Dorothy Otnow, Catherine Mallouh und Victoria Webb 1989: Child Abuse, Delinquency, and Violent Criminality, in: Dante Cicchetti und Vicki Carlson (Hg.): Child Maltreatment. Theory and Research on the Causes and Consequences of Child Abuse and Neglect. Cambridge und New York: Cambridge University Press, 707–721.

Liebsch, Katharina 2017: Gemeinsame elterliche Sorge bei hochstrittigen Sorgerechtsfällen – eine Technologie des Kindeswohls, in: Ferdinand Sutterlüty und Sabine Flick (Hg.): Der Streit ums Kindeswohl. Weinheim und Basel: Beltz Juventa, 189–205.

Lloyd, Sally A. und Beth C. Emery 2000: The Dark Side of Courtship. Physical and Sexual Aggression. Thousand Oaks: Sage.

Macdonald, Gillian S. 2017: Hearing Children's Voices? Including Children's Perspectives on Their Experiences of Domestic Violence in Welfare Reports Prepared for the English Courts in Private Family Law Proceedings, in: Child Abuse and Neglect 65, 1–13.

Maden, Marc F. und David F. Wrench 1977: Significant Findings in Child Abuse Research, in: Victimology 2. 2, 196–224.

Manne, Kate 2017: Down Girl. The Logic of Misogyny. New York: Oxford University Press.

Meuser, Michael 2002: »Doing Masculinity« – Zur Geschlechtslogik männlichen Gewalthandelns, in: Regina-Maria Dackweiler und Reinhild Schäfer (Hg.): Gewalt-Verhältnisse. Feministische Perspektiven auf Geschlecht und Gewalt. Frankfurt a. M. und New York: Campus, 53–78.

Morrison, Fiona 2015: »All Over Now?« The Ongoing Relational Consequences of Domestic Abuse through Children's Contact Arrangements, in: Child Abuse Review 24. 4, 274–284.

Mühlbacher, Sarah und Ferdinand Sutterlüty 2019: The Principle of Child Autonomy. A Rationale for the Normative Agenda of Childhood Studies, in: Global Studies of Childhood 9. 3, 249–260.

Müller, Ursula und Monika Schröttle 2005: Lebenssituation, Sicherheit und Gesundheit von Frauen in Deutschland. Eine repräsentative Untersuchung zu Gewalt gegen Frauen in Deutschland. Berlin: Bundesministerium für Familie, Senioren, Frauen und Jugend.

Pagelow, Mildred Daley 1985: The »Battered Husband Syndrome«. Social Problem or Much Ado About Little?, in: Norman Johnson (Hg.): Marital Violence. London: Routledge & Kegan Paul, 172–195.

Puchert, Ralf und Ludger Jungnitz 2005: Gewalt gegen Männer. Die verborgene Seite der Geschlech terhierarchien, in: Zeitschrift für Frauenforschung und Geschlechterstudien 23. 4, 24–40.

Reuband, Karl-Heinz 1997: Aushandeln statt Gehorsam? Erziehungsziele und Erziehungspraktiken in den alten und neuen Bundesländern im Wandel, in: Lothar Böhnisch und Karl Lenz (Hg.): Familien. Eine interdisziplinäre Einführung. Weinheim und München: Juventa, 129–153.

Roberto, Karen A. 2016: The Complexities of Elder Abuse, in: American Psychologist 71. 4, 302–311.

Rutschky, Katharina (Hg.) 1977: Schwarze Pädagogik. Quellen zur Naturgeschichte der bürgerlichen Erziehung. Frankfurt a. M.: Ullstein.

Schulz, Sonja, Stefanie Eifler und Dirk Baier 2011: Wer Wind sät, wird Sturm ernten. Die Transmission von Gewalt im empirischen Theorienvergleich, in: Kölner Zeitschrift für Soziologie und Sozialpsychologie 63. 1, 111–145.

Steinmetz, Suzanne K. 1977: The Cycle of Violence. Assertive, Aggressive, and Abusive Family Interaction. New York: Praeger.

Steinmetz, Suzanne K. 1977/78: The Battered Husband Syndrome, in: Victimology 2. 3/4, 499–509.

Stiles-Shields, Colleen und Richard A. Carroll 2015: Same-Sex Domestic Violence. Prevalence, Unique Aspects, and Clinical Implications, in: Journal of Sex and Marital Therapy 41. 6, 636–648.

Strasser, Philomena 2001: Kinder legen Zeugnis ab. Gewalt gegen Frauen als Trauma für Kinder. Innsbruck, Wien und München: StudienVerlag.

Straus, Murray A. und Richard J. Gelles 1986: Societal Change in Family Violence from 1975 to 1985 as Revealed by Two National Surveys, in: Journal of Marriage and the Family 48. 3, 465–479.

Straus, Murray A. und Denise A. Donnelly 1994: Beating the Devil Out of Them. Corporal Punishment in American Families. New York: Lexington Books.

Straus, Murray A., Richard J. Gelles und Suzanne K. Steinmetz 1980: Behind Closed Doors. Violence in the American Family. Garden City: Anchor.

Straus, Murray A., Emily M. Douglas und Rose Anne Medeiros 2014: The Primordial Violence. Spanking Children, Psychological Development, Violence, and Crime. New York: Routledge.

Sutterlüty, Ferdinand 2002: Gewaltkarrieren. Jugendliche im Kreislauf von Gewalt und Missachtung. Frankfurter Beiträge zur Soziologie und Sozialphilosophie. Band 2. Frankfurt a. M. und New York: Campus.

Sutterlüty, Ferdinand 2017: Fallstricke situationis tischer Gewaltforschung, in: WestEnd. Neue Zeitschrift für Sozialforschung 14. 2, 139–155.

Sutterlüty, Ferdinand und Sarah Mühlbacher 2018: Wider den Triadismus, in: WestEnd. Neue Zeitschrift für Sozialforschung 15. 2, 119–137.

Tolan, Patrick, Deborah Gorman-Smith und David Henry 2006: Family Violence, in: Annual Review of Psychology 57, 557–583.

Tucker, Corinna Jenkins, David Finkelhor, Heather Turner und Anne M. Shattuck 2014:

Sibling and Peer Victimization in Childhood and Adolescence, in: Child Abuse and Neglect 38. 10, 1599–1606.

Walker, Lenore E. 1977/78: Battered Women and Learned Helplessness, in: Victimology 2. 3/4, 525–534.

Walker, Lenore E. 1983: The Battered Woman Syndrome Study, in: David Finkelhor, Richard J. Gelles, Gerald T. Hotaling und Murray A. Straus (Hg.): The Dark Side of Families. Current Family Violence Research. Newbury Park: Sage, 31–48.

Walter, Willi, Hans-Joachim Lenz und Ralf Puchert 2007: Gewalt in Lebensgemeinschaften, in: Ludger Jungnitz, Hans-Joachim Lenz, Ralf Puchert, Henry Puhe und Willi Walter (Hg.): Gewalt gegen Männer. Personale Gewaltwiderfahrnisse von Männern in Deutschland. Opladen: Barbara Budrich, 139–195.

Wetzels, Peter 1997: Gewalterfahrungen in der Kindheit. Sexueller Mißbrauch, körperliche Mißhandlung und deren langfristige Konsequenzen. Baden-Baden: Nomos.

Wieviorka, Michel 2006: Die Gewalt. Übers. von Michael Bayer. Hamburg: Hamburger Edition.

Wilcox, Paula 2012: Is Parent Abuse a Form of Domestic Violence?, in: Social Policy and Society 11. 2, 277–288.

Williamson, Emma, Karen Morgan und Marianne Hester 2018: Male Victims. Control, Coercion and Fear?, in: Nancy Lombard (Hg.): The Routledge Handbook of Gender and Violence. London und New York: Routledge, 53–66.

Witt, Andreas, Heide Glaesmer, Andreas Jud, Paul L. Plener, Elmar Brähler, Rebecca C. Brown und Jörg M. Fegert 2018: Trends in Child Maltreatment in Germany. Comparison of Two Representative Population-Based Studies, in: Child and Adolescent Psychiatry and Mental Health 12. 24, 1–12.

아동과 청소년에 대한 성폭력의 규명
폭력에 관한 사회과학적 연구를 위한 동력

자비네 안드레젠

서론: 아동기와 폭력

아동기에 겪은 폭력의 영향에 대해 파악한다는 것은 인간으로서의 아이의 보편성과 아이로서의 아이의 특수성을 이해한다는 것을 의미한다. 아동기 이론에 대한 이러한 사고 모델은 다음의 논의를 주도하는 역할을 한다.[1] 아동에 대한 성적 학대의 규명을 위한 독립 위원회에 제출된 한 보고서에서 저자는 어떤 교사의 성폭력 사건을 다음의 한 마디로 요약한다. "모두가 그 일을 알고 있었다."(Unabhängige Kommission 2019b: 16) 이와 마찬가지로 다른 많은 이들도 가족, 친척, 부모의 친구,

1 관련 연구들, 전문가들 그리고 공적 논의에서 아동기와 청소년기를 구분하는 데는 좋은 이유들이 있다. 논의가 복잡해지는 것을 막기 위해서 주로 아동기와 아동이 다루어진다. 청소년은 그에 함께 포함되거나 혹은 명시적으로 별도로 언급된다.

학교, 여러 모임이나 이웃 등의 사회적 주변 환경 속에서 아동에 대한 성적 학대를 알면서도 침묵하는 경우들에 대해 말하고 있다.[2]

사실 가족은 외부의 시선을 비교적 쉽게 피할 수 있는 장소이긴 하다. 그렇지만 이제 성인이 된 아동 성폭력 피해자들에 따르면 개별 가족구성원들이 성적 학대를 목격하거나, 청소년 복지국이 가족과 정기적으로 접촉하거나 혹은 피해자들이 스스로 학교에 있는 누군가에게 피해 사실을 알린 경우에도 성적 학대가 끝나지 않았던 경우들이 많다고 한다.[3] 학교, 모임, 교회 그룹에서 이루어진 성폭력의 범행 상황도 이와 비슷하다. 이 경우에도 성폭력에 대해 아는 사람들이 많이 있었다.

성폭력 피해 아동의 주변 환경에 있는 **타인들의 침묵**은 공적 인식에서 많은 경우 은폐되어왔으며, 그 대신 **희생자의 침묵**이 언급되었다. 이것은 아동들과는 달리 성인들이 아동과 청소년들이 거의 영향력을 가질 수 없는 사회문화적으로 구조화된 세대 질서 안에 있다는 특징을 갖는다는 점을 시야에서 사라지게 한다. 따라서 다음의 논의에서는 아동기와 폭력의 복합체를 분석하기 위해서는 교육 및 좋은 양육이라는 규범적 관념 외에도 무시와 폭력에 대한 사회적 주변 환경의 반응, 그리고 아이들과 그들의 보호를 위한 책임 소재의 해석이 핵심이 된다는 논제를 제시하고자 한다.

특히 아동기의 성폭력에 대한 연구는 다차원적인 관점을 요구한다.

2 이 논문에서 아동에 대한 성적 학대와 성폭력은 동의어로 사용되고 있다. 이는 넓은 폭력 개념에 기초해 있는데, 이 개념은 소위 비접촉(Hands off) 범행(예를 들면 성적 학대의 재현물을 보여주는 것)과 접촉(Hands on) 범행(예를 들면 아동의 생식기를 만지거나 성폭행을 하는 것)을 모두 포함한다(Jud 2014).

3 이후의 논의에서는 **피해당사자**들을, 비록 폭력을 겪은 당사자들은 자신들을 다른 방식으로 표현하기도 하지만, '**희생자**'나 '**생존자**'라고 부르고자 한다.

먼저 필요한 것은 범행 및 범행자에 대한 설명 및 피해당사자가 이후 처하게 된 상황에 대한 설명이다. 더 나아가 이와 관련하여 사회적 담론이 어떤 귀결로 나아갔는지, 예를 들어 성폭력을 사소한 일로 치부하는 방향으로 나아가지는 않았는지, 그리고 사회적 주변 환경의 관계 방식은 어떻게 변했는지에 대한 분석 또한 필요하다(Katsch 2020). 피해 아동이 성장하게 되는 사회적 맥락이 고려되지 않으면 관련된 많은 부분들을 이해할 수 없게 된다.

아동에 대한 성적 학대의 규명을 위한 독립 위원회(줄여서 '위원회')의 경험을 크게 확장시켜준 한 논문의 연구 동기는 '이야기, 그것이 중요하다'는 것이었다. 이 논문은 피해당사자의 관점을 취하는 것의 중요성을 인지하고 있으며, 그 연구 작업은 증언의 진리성을 인정하는 진리 개념에 기초해 있다(Andresen, König und Künstler 2016; Sköld 2016). 그 배경에 있는 고찰의 일차적인 목표는 폭력 및 폭력관계에 대한 사회과학적 연구에 있어 어떠한 관점이 아동과 청소년에 대한 성폭력의 다차원적인 규명을 가능하게 하는지를, 관련 사태를 기술하는 가운데 경험적 증거를 충분히 확보하면서 분석적으로 이해하는 것이다. 이를 위해서는 폭력의 '자행', '감내', '명명'이라는 사건들이 여러 전제조건들을 가지고 있으며 맥락에 의존적이라는 점을 파악하는 방식으로 폭력 연구에 대한 이해가 이루어져야 한다(Hoebel und Koloma Beck 2019).

그러한 연구의 첫 번째 부분은 아동들이 복지국가의 맥락에서 교육과정에서 겪게 되는 폭력 경험에 대한 사회적 인정의 지속적인 과정을 개괄적으로 재구성한다. 여기서 초점은 '위원회' 또한 참가하고 있는 다양한 지역들에서 이루어지는 연구 및 규명의 과정에 있다(Unabhängige Kommission 2019a und 2019b). 이러한 맥락에 있는 분석은 다차원적인,

그리고 보편성을 가지면서도 아동기의 맥락에 민감한 폭력 이해의 특징들을 이끌어내기 위해서 그러한 규명에서 얻어낸 인식으로부터 세 가지 측면을 부각시킨다.

교육 관계들에서 일어나는 폭력을 부정의로 인식하기

아동기와 폭력에 대한 해명은 교육 및 교육 관계들에 대한 인식과 긴밀하게 연관되어 있다(Andresen 2018a). 이와 관련하여 교육 연구, 아동 연구, 청소년 연구, 가족 연구는 중요한 접근 통로를 제공하며 지금까지 폭력 연구에서 거의 고려되지 않았던 물음들 및 연관 관계들을 감지할 수 있게 해준다. 아동의 성적 학대에 대한 연구로부터 시작하면 성폭력의 부인, 부정 혹은 능동적인 은폐의 우세함 및 그 정도를 설명하는 데 있어 교육 관념 및 교육 관계들이 시간 및 공간에 있어 어떠한 의미를 갖는지를 확인할 수 있다. 교육 관계들에 대한 분석은 폭력을 입은 아이들이 도움을 받지 못하게 하는 구조적인 조건들을 감지하도록 한다. 더 나아가 성폭력을 사회적으로 다루는 방식에 있어 세대 질서에서 아동들이 차지하는 사회적 지위의 영향에 대한 조사 결과 또한 시사하는 바가 많다. 어떤 관련자는 '위원회'에서 이루어진 한 보고에서 서면을 통해 당시의 피해 아동을 파악할 수 있었다고 설명하였다(Unabhängige Kommission 2019a; Andresen 2018b). 이러한 종류의 서술들에 대한 분석은 폭력이 이루어지는 일상에 대한 재구성이 아이의 체험에 기초하여 조심스럽게 재구성될 수 있도록 해준다.

가족 외에도 일반적으로 국가 또한 아동들의 성장에, 그리고 교육, 구제 및 부양의 조건들의 확보에 대한 책임을 갖는다. 국가의 역할은

1990년대부터 수많은 국가들, 예컨대 스웨덴, 오스트레일리아, 캐나다, 네덜란드, 아일랜드 등에서 비판받았다. 이러한 국가들에서 피해당사자들은 무엇보다도 국가 기관, 사설 기관 혹은 교회 기관에서 아동과 청소년에 대해 이루어진, 여러 번 증언된 바 있는 폭력에 대한 공개적인 토론을 시작하였다(Sköld und Swain 2015b). 책임자들에게는 소위 구제 수혜자들의 인권 및 개인적인 헌법적 권리 주장들을 알면서도 체계적으로 부인하였다는 비난이 제기되었다(Sköld und Swain 2015b; Kappeler 2011).[4] 범죄학자인 케르스티 에릭손(Kjersti Ericsson)은 노르웨이의 7개의 지역 조사 위원회를 예로 들어 어떻게 폭력 없는 교육이라는 오늘날의 규범이 과거를 판단하기 위한 척도가 되었는지를 보이고 있다.

> 아동 복지 공무원도 그리고 일반 대중도 아이들의 권리라는 개념에 친숙하지 않았던 시절을 기술하고 논의하는 데 있어 아이들의 권리와 3P를 출발점으로 삼는 것이 무슨 의미가 있는가? (Ericsson 2015: 43)[5]

이러한 고찰을 통해 에릭손은 소위 **이행기 정의**(transitional justice)에 대한 근본 물음들에 주의를 환기시킨다. 이러한 접근법은 정의를 실현하고 사회를 민주화하기 위해 인권 유린을 전 지구적으로 규명한다(Mihr, Pickel und Pickel 2018).

독일은 1945년과 1990년의 규명 과정에서 이행기 정의에 대한 다양

4 2006년에 독일 의회의 청원 위원회에 위탁 양육(Heimerziehung)에서의 폭력을 고발하고 피해자에 대한 보상 및 연금에 대한 권리를 요구한 몇 가지 청원이 제기되었다. 1950년대와 60년대의 위탁 양육에 대한 원탁회의가 개최되었으며 2010년에 최종보고서가 제출되었다.

5 국제적으로 보통 3P란 대비(provision), 보호(protection), 참여(participation)를 말한다.

한 경험들을 갖게 되는데, 그중에는 또한 아동기와 관련된 부정의에 대한 것도 있었다. 여기에는 또한 동독과 서독에서 이루어진 위탁 양육(Heimerziehung)의 무법성 및 폭력의 문제가 포함된다.[6] 무엇보다도 청소년 노동 캠프와 같은 특수한 위탁 양육의 폭력 관계들이 동독에서는 1989년에 이르러서야 비로소 끝을 보게 된 반면, 서독의 기관들에서의 상황은 이미 1970년대 위탁 양육의 개혁이 일어나면서 점차적으로 변화하고 있었다(Runder Tisch Heimerziehung der 50er und 60er Jahre 2010; Unabhängige Kommission 2019d).[7] 아동에 대한 부정의를 두고 일어나는 비판적이고 공개적인 토론의 초반부에는 성폭력이 자주 은폐된다는 점은 눈여겨볼 만하다. 이것은 지속적인 침묵과 부정의 가능성이 심지어 오늘날에도 그에 대한 규명의 영역에서 영향력을 행사하고 있음을 보여준다. 동독의 특수 위탁 양육에서 일어난 성폭력 피해당사자들의 체험이 그를 위한 하나의 인상적인 사례를 제공한다. 그들의 호소는 시간적으로 상당히 늦은 뒤에야 진지하게 경청되기 시작하였다.[8]

부정의에 대한 규명, 해명 및 인정은 오늘날 성폭력에 대한 현재의 책임의 중심 요소로 이해되고 있다. 요한나 슈쾰트와 셜리 스웨인(Sköld und Swain 2015b: 3)은 '사과 운동'(apology movement)에 대해 말하고 있다. '위원회'는 이러한 운동에 참여하고 있으며, 특히 초점을 규명의 개념에

6 이러한 맥락에서 국가 간의 비교는 각각의 맥락에 특수한 규명 계획이 어떻게 확립되어야 하는지를 보여준다. 가족 외의 기관들에서 이루어진 아동과 청소년에 대한 폭력에 초점을 맞춘 유럽과 독일의 규명 계획과는 달리 캐나다나 오스트레일리아에서는 특히 식민지적이고 인종주의적인 동기를 갖는 범행들에 초점을 맞추었다. 이 경우 예를 들면 원주민 아동의 강요 입양의 강제가 문제가 되었다(Cradock 2015).

7 그럼에도 불구하고 2019년에 개정되고 입안된 사회적 보상법은 피해당사자들의 보상 및 연금에 대한 권리에 있어 동독과 서독 사이에 불평등한 대우를 확정하였다.

8 토르가우(Torgau) 청소년 노동 캠프 기념 지구의 숨겨진 영혼들의 자조 그룹을 참조(www.jugendwerkhof-torgau.de/SHG/Selbsthilfegruppe-Verbogene-Seelen/4135/).

두고 있다(Adorno 2005; Wright 2017). 규명의 권리와 의무에 대한 한 분석에서 위원회는 그들이 스스로의 작업을 어떻게 이해하는지를 보여주고 있다(Unabhängige Kommission 2019c). 그에 따르면 규명은 어떠한 문화 속에서 성적인 아동 학대가 일어났는지, 주변 환경의 어떠한 구조가 범행자가 아이들에게 폭력을 행사하는 데 기여했는지, 누가 그에 대해 알고 있었는지, 그리고 그럼에도 범행을 막지 않거나 아니면 나중에야 늦게 막았는지를 밝혀내야 한다. 더 나아가 규명은 책임을 져야 할 사람들, 예컨대 기관에 있는 사람들의 경우 학대의 시점에 폭력을 방조하고 아동과 청소년을 평가절하하는 입장을 취하지는 않았는지 분명하게 보이려고 하며, 왜 성적인 아동 학대가 종종 은폐되거나, 억압되거나 혹은 침묵되는지를 해명하고자 한다. 이러한 지식들에 기초하여 규명은 성장한 피해당사자의 고통에 대한 인정 및 그들의 권리를 되찾는 것, 그리고 그들을 지지해주는 것을 목표로 한다. 규명은 아동과 청소년을 좀 더 올바르게 보호하는 것과 그들의 권리를 확립하는 것에 기여하고자 하며, 사회로 하여금 성적인 아동 학대의 차원들에 대해 의식할 수 있도록 하는 것을 목표로 한다. 규명은 공적인 보고 및 제안을 통해 성폭력 방지를 위해 크게 기여를 할 수 있는 결과에 도달하였다(같은 책: 7).

규명위원회, 조사위원회, 혹은 진실위원회의 위와 같이 개괄된 접근법은 사회과학적인 폭력 연구들에서 지금까지 대부분의 경우 고려의 대상이 되지 못했다. 그동안 제시된 광범위한 보고들, 케이스 스터디들, 검토 작업들 및 특히 아동기에 폭력을 겪었던 피해당사자들의 증언 아카이브가 다양한 인식의 가능성을 제공해준다는 점에서 이 점은 언급해둘 만하다(이에 대한 개괄로는 Sköld und Swain 2015a; Andresen, König und Künstler 2016 참조).

다음의 분석은 성적인 아동 학대로부터 보편적이면서도 아동기 이론적으로 정향되어 있는 다차원적 폭력 이해를 이끌어내기 위해 체계적인 앎을 확보하는 것을 목표로 한다. 그를 위해 근본적인 것은 첫째로, 아동을 그 아동이 갖는 보편적인 인간 존엄성과의 관련하에서, 그리고 그와 함께 아동을 아동 권리의 주체로서 인정해야 한다는 전제이다. 둘째로 사회적 규명을 위해서는 피해당사자의 증언의 인정이 핵심을 이룬다는 점이다. 이를 고려할 때 다음의 세 가지 측면이 강조될 필요가 있는데, 즉 폭력의 시간성, 말함과 침묵의 관계 그리고 신뢰와 폭력의 연관성이다.

예증적이면서도 범례적으로 위의 세 가지 측면을 모두 밝혀주는 한 피해당사자의 보고가 제시된 바 있다. 1970년대 동독에서 태어나 자란 이 여성의 증언은 어떻게 한 아이가 이중의 침묵 안에서, 즉 가족과 사회의 침묵 안에서 분열되고 그를 통해 삶의 과정에서 세계에 대한 신뢰가 흔들리게 되었는지를 잘 보여준다. "나의 형제는 15살에 오늘날까지도 해명되지 않은 방식으로 사망하였습니다. 나의 가족은 이러한 운명의 일격 앞에 무너졌습니다. 우리는 모두 이러한 상황에서 도움이 필요할 것입니다. 그러나 도움은 없었습니다. 나의 형제는 단지 사망한 것만이 아니라 가족 안에서 묵살당했습니다. 이러한 상황은 나로 하여금 기부금을 모을 필요를 느끼게 했습니다. 그러나 나는 14살밖에 되지 않았기 때문에, 나의 사촌인 한 남자가 이 기부금을 자신을 위해 써버렸습니다."(Unabhängige Kommission 2019b: 24)

이러한 서술은 정치적 체계 안에서 트라우마를 겪은 가족의, 그리고 가족 및 사회적 주변 환경 안에서 트라우마를 겪은 소녀의 불안감, 확실성의 상실, 지지의 부재를 잘 보여준다. 친족에 의한 지속적인 성폭력은 생활세계에 대한 상당한 정도의 신뢰 상실로 이어질 수 있다. 그럼에도 불구하고 피해당사자인 청소년은 일상의 구조들에 대한 신뢰를 계속해서 가져야 하고, 지지가 없다는 사실에도 불구하고 그들의 도움을 받을 수 있을 것으로 기대할 수 있어야 한다. 아이는 이를 위해 타인의 시선 안에 들어오고, 인지되며, 타인들이 자신들의 이야기를 들어주고, 또 이해할 수 있도록 다양한 시도를 한다. 예를 들면 많은 경우 그러한 청소년은 학교에서 복통이 있는 척한다. "나는 병원에 세 번을 갔습니다. 맹장염, 위장 장애로 진단을 받았습니다. 아무도, 사실상 아무도 그에 대해 물어볼 생각조차 하지 않았습니다."(같은 곳)

이러한 축약된 서술 안에서 이미 아동기의 폭력의 다면성이 드러난다. 점화경 아래 있는 것과 마찬가지로 시간성의 측면은 폭력 경험의 축적되는 과정으로서, 그리고 타인을 신뢰하려는 시도와 타인의 침묵 사이의 동학 및 신뢰 상실이라는 결과로서 나타난다. 이러한 모든 주제들은 '위원회'의 작업에서 제시되었으며, 폭력 규명과 폭력 연구 사이의 체계적인 대화를 위한 지침들을 제시한다.

폭력의 시간성

페르디난트 주터뤼티, 마티아스 융 그리고 앤디 레인은 폭력은 모든 사회적 현상과 마찬가지로 복합적인 시간적 구조를 갖는다는 점을 강조한다(Sutterlüty, Jung und Reynn 2019). 피해당사자의 관점에서 시간의 복합성은 특히 인상적인 방식으로 나타난다. 성적 아동 학대에 대한 분석에서 과거와 현재, 그리고 미래의 관계는 '과거를 통해 작용함'(working through the past)이라는 양태로 나타나며 그를 통해 오늘날의 사회 구조와 연관된다(Adorno 2005). 에릭손은 이미 언급된 것처럼 현재 통용되는 규범을 교육 기관에서 있었던 폭력적인 과거를 판단하기 위한 척도로 삼는 것을 비판적으로 고찰한 바 있다(Ericsson 2015: 43). 지나간 일을 판단하기 위한 기본 방향으로서의 현재의 규범이라는 것은 그럼에도 불구하고 어떤 아동 이론적인 측면을 갖고 있으며, 그것은 기억과 인정 이론적 동기를 통해 특징 지워진다. 마찬가지로 희생자가 아동이었기 때문에, 그리고 그에 대해 이제 성장한 피해당사자가 입을 열고자 하고 그에 대한 경청을 필요로 하기 때문에 오랫동안 은폐되었고, 부정되었으며, 분열되어온 부정의를 해명하고 주제화하는 것이 핵심이 된다. 이를 통해 과거에 대한 서로 다른 재현, 즉 그를 통해 피해당사자의 이야기가 인정을 얻게 되는 그러한 재현들이 등장하게 된다.

비밀이 보장되는 경청회에서 피해당사자는 전형적으로 상실된 아동기 및 그의 전체적인 삶의 과정에서 성적 아동 학대가 가져온 결과들에 대해 말하곤 한다. 그들은 현재로 이어지는 부담들을 주제화하기도 하지만, 또한 미래에 대한 공포를 주제화하기도 한다. 이러한 보고들은 아동기와 연령의 축소라는 현상을 인지하게 해주는데, 왜냐하면 경청회에서는 예를 들면 보살핌이 필요하다는 이유에서 기관에 위탁되는 것에 대한 두려움이 언급되기도 하기 때문이다. 아동에 대한 성폭력을 가능하게 한 구조에 대한 규명은 또한 항상 예나 지금이나 일어나고 있는 성적인 아동 학대에 대한 앎을 건드리게 된다는 점에서 현재는 매우 현재적인 성격을 갖는다(Jud 2014). 과거의 일이 규명되면서 지금 현재에도 성적 아동 학대가 일어나고 있다는 인식이 생겨나게 되는 것이다.

말함과 침묵함

성적 아동 학대에 대한 개인적인, 혹은 학문적인, 그리고 또한 사회적인 토론에서는 말함과 침묵함 사이의 관계가 핵심이 된다. 성적 아동 학대에 대한 차분하면서도 동정적인 주제화는 생각할 수 있고 말할 수 있는 것의 한계에 빠르게 직면하게 된다(Emcke 2013). 이러한 한계는 얀 필리프 렘츠마(Reemtsma 2017)가 사회학적인 폭력 연구에서 '설명에 대한 요구'라고 비판했던 것에서 기인하기도 한다. 규명의 수행인은 스스로 그러한 설명에 대한 요구의 수신인이기도 한데, 이는 '위원회'가 소름 끼치는 범행들을 설명해야 한다는 것을 의미한다. 이것은 질문이 쏟아져 나오게 하는 경악이라는 방식으로 이루어지는데, 그것은 부정, 완곡어법 및 감정적으로 과도한 요구가 결합되어 있다는 특징을 갖는다. 이 경우 전형적인 것은 특정한 언어 표현들이 첨가되는 것인데, 예를 들면 어떻게 '하필이면' 아이들에게 '그런 짓을' 할 수가 있는지, 왜 '모든 범행자가 소아성애자인 것은' 아닌지, 어떻게 엄마가 이를테면 사탄 숭배 컬트에서 일어날 만한 아동들에 대한 제의적인 성폭력과 같은 '그런 짓을' 허용하는 일이 '오늘날 도대체 어떻게 가능한지'를 묻는 식이다. 요한나 슈쾰트는 이를 의심이라는 수행적 양태에서 나타나는 강압적인 캐묻기로 규정한다(Sköld 2016). 성적 아동 학대를 설명하고 그에 대한 공적 인식을 확보해야 한다는 요구는 기존의 믿음들을 변화시키고 부정하려는 시도를 효과적으로 극복하는 것으로 반드시 귀결되지는 않는다. 즉 성적 아동 학대의 주제화는 오늘날의 공적인 관심에도 불구하고 예전과 마찬가지로 생각할 수 있고 말할 수 있는 것의 한계에 부딪치게 된다는 것이다. 여기에는 이러한 종류의 폭력 형식이 사회과학적인 폭력 연구에서도 주변화되는 이유를 파악하기 위한 단초가 놓여 있을 가능성이 있다.

볼프강 크노블(Wolfgang Knöbl)은 예전과 마찬가지로 희생자의 기억을 폭력 연구를 위한 원천으로서 끌어들이려는 요구를 비판하면서 그로부터 새로운 통찰을 획득할 가능성을 회의적으로 바라본다. 이러한 원리적인 문제 제기는 규명을 위해서든 연구를 위해서든 주의 깊게 검토할 필요가 있다.[9] 특히 아동들에게 부정적인 영향을 끼치는 것으로 보이는 말함과 침묵함 사이의 어려운 관계와 관련하여 크노블의 비판은 규범적 차원을 끌어들이고 있다. 이는 특별히 의존성을 갖는 삶의 단계에 있는 아동으로서 성폭력을 경험했다는 사실이 연구에서도 특별한 방식으로 고려되어야 하는가라는 물음과 연관되어 있다. 이에 대한 근거는 아동들이 세대 질서에서 몇 가지 규제들을 받게 된다는 사실에 있다. 어린 아동으로서 그들은 의사소통을 하지 않거나 단지 초보적인 수준에서만 의사소통을 할 수 있기 때문에 문제의 신호를 다른 사람들이 알아차려주는 것이 중요한 것이다. 우세한 쪽의 침묵 명령을 많은 경우 육체적으로 더 약한 아동들이 이겨내기는 매우 어렵다. 그리고 제한된 경험 가능성 및 부족한 지식, 그리고 시야와 통제력이 성장 단계상으로 제약되어 있는 저연령대의 인간으로서 아동은 일상의 구조적 조건들을 변화시킬 능력이 거의 없다. 또한 아동은 신뢰하는 사람 혹은 적어도 아는 사람에 의한 성폭력을 경험한 경우에는[10] 감정적으로 혼란

9 더 나아가 연구의 수행 방법과 인정의 수행 방법 사이의 개념적 구분이 어떻게 이루어질 수 있는지를 해명할 필요가 있다.

10 성적 학대 행위의 작은 일부분만이 일반적으로 아동들이 경계하도록 주의받는 낯선 범행자에 의해서 이루어진다.

을 느끼며 종종 신실성(Loyalität)의 문제를 둘러싼 갈등의 부담을 지게 된다. 범행자는 이러한 두 가지 측면을 전략적으로 이용하여 죄책감, 수치심, 공포, 그리고 양가적 감정을 갖게 한다. 이러한 배경하에서 사후적으로 세대 간의 정의를 가능하게 하려는 시도가 성공하려면 피해당사자의 회고적인 보고를 인정할 필요가 있다.

신뢰와 폭력

성적 아동 학대가 친숙한 주변 환경에서 많이 일어난다는 사실은 신뢰와 폭력 사이의 관계에 대한 주의를 환기시킨다. 그래서 피해당사자들은 이전에 아동이었던 시절의 파괴된 신뢰를 주제화하며, '위원회' 또한 작업 과정에서 다시금 이전에 존재했던 신뢰를 다루게 되고, 경청회에 대한 학문적 분석 및 서면 보고 또한 증언자의 개별적 진리에 기초해 있어야 하며 마지막으로 비밀의 공적 경청회는 확실하고 그를 통해 신뢰를 형성하는 공간으로써 고안되어야 한다.

렘츠마는 신뢰와 폭력에 대한 분석에서 인간이 그 자신에 대한 신뢰를 완전히 잃어버리지 않고도 근대성이 극단적인 폭력과 공존할 수 있음을 지적한다(Reemtsma 2008: 21). 신뢰는 또한 성적 아동 학대의 폭력관계의 해명을 위한 핵심 범주가 될 수 있다. 여기서 다시금 피해당사자의 증언이 시사하는 바가 많은데, 그것은 아이가 실존적으로 의지하는 것, 즉 다른 인간을 믿을 수 있어야 한다는 필요성에 대해 서술하고 있기 때문이다. 한편으로 신뢰라는 범주의 관점에서는 성적 아동 학대를 통한 신뢰 상실 및 그를 통해 생겨나는 수치심이라는 결과가 전면에 부각된다. 다른 한편으로는 피해당사자인 아동이 타인을 신뢰할 수 있어야 한다는 점, 즉 폭력을 행사하는 아버지 옆에 있는 어머니든, 아이가 수영장에서 먼저 트레이너에게 감정적 의존 관계를 맺었다가 성적으로 학대를 받은 경우 아이와 함께 수영장 훈련에 동행하는 삼촌이든, 청소년이 마음을 열고 자신의 폭력 경험에 대해 이야기를 해준 선생님이든 누군가를 신뢰할 수 있어야 한다는 점이 분명해진다. 피해당사자의 보고는 폭력과 신뢰의 관계에 대한 풍부한 통찰을 제공해주며 또한 아동으로서의 특수성과 인간으로서의 보편성이 함께 작용한다는 점을 분명하게 보여준다.

신뢰는 앎과 시야에 의존적이기 때문에, 아동들은 성인들에 대한 신뢰를 필요로 한다. 신뢰와 폭력의 관계에 기초하여 도움으로부터의 외면 혹은 배제가 아동기의 폭력에 대한 기술과 분석 안으로 체계적으로 통합될 수 있다. 최근에 이네스 가이펠(Ines Geipel)은 사회적 부정이라는 제약과 가족의 연루에 의한 심각한 신뢰 상실이 무엇인지를 그녀의 사회일대기적(soziobiografisch) 분석을 통해 보여주었다(Geipel 2019). 가이펠은 규명에 대해 비협조적인 동독의 상황 및 동독인들의 사회 질서에 대한 오늘날까지 지속되는 신뢰의 부재와 연관되어 있다. 이러한 상황은 그녀로 하여금 자신의 주변을 슈타지 요원으로서 오랫동안 속여왔던 아버지에 의한 심각한 가족 폭력의 문제만을 다루도록 제한하였다. 정치적 신뢰 붕괴와 개인적 신뢰 붕괴의 구조적이고 역사적으로 조건 지워진 상호작용이 여기서 예증적으로 나타난다. 아동기의 폭력에 대한 사회적 규명에 대한 요구의 핵심이 여기에 있다.

규명과 폭력 연구 – 아동기 이론에 대한 결과

“아무도, 사실상 아무도 물어볼 생각을 하지 않았다.” 앞 절에서 인용된 피해당사자는 이러한 말을 통해서 청소년으로서의 자신의 상황을 묘사하였다. 그녀는 ‘위원회’에서 두 가지 역할을 맡았다. 개인적으로는 청소년으로서 성폭력을 당한 당사자로서 증언을 하였으며, 동독에서의 성적 아동 학대에 대한 가족 내에서의 배제, 사회적 분리 및 터부화에 대한 시대의 증인으로서 역할을 했다. ‘위원회’에서의 보고에는 범행만 중요한 경우는 많이 없었으며, 도움, 자율, 그리고 지지에 대한 접근성 및 신뢰의 차원들 또한 중요하였다. 이로부터 출발하면 아동과 청소년에 대한 성적 학대를 사회적으로 규명하는 작업은 폭력 연구에 대한 더 나아간 전망을 제시하게 된다. 더 확장된 폭력 개념을 기초로, 그리고 다차원적 폭력 이해 및 아동기 이론의 관점에서 민감한 기본 틀을 바탕으로 해서 규명은 그동안 잘 고려되지 않았던 폭력 현상들에 접근 가능하게 해주고 주변 환경에서의 범행과 그에 대한 반응의 상호작용을 볼 수 있게 하는 데 기여할 수 있다.

이 논문에서는 교육 관계들에서의 폭력을 통한 부정의의 인정이라는 국제적인 과정을 배경으로 하여 세 가지 측면을 상세히 개괄하였다. 폭력의 시간성, 침묵과 말하기, 그리고 신뢰와 폭력은 개별적으로도 그리고 아동기 이론적으로 근거가 있는 상호성의 측면에서도, 아동기의 폭력에 대한 연구 및 규명이 체계적으로 그리고 규범적으로 아동에 대한 이중적 관점을 취해야 한다는 점을 보여준다. 이러한 통찰은 또한 아동에 대한 폭력의 사회적 측면에 대한, 그리고 특히 성적 아동 학대에서 위험한, 사회적 주변 환경에의 의존성에 대한 관찰로부터도 알 수 있다.

그러한 동학을 관찰할 수 있는 것은 본질적으로 피해당사자의 증언 덕분이다.

번역_정태창

참고문헌

Adorno, Theodor W. 2005: The Meaning of Working Through the Past, in: ders.: Critical Models. Interventions and Catchwords. Übers. von Henry W. Pickford. New York: Columbia University Press, 89–104.

Andresen, Sabine 2018a: Gewalt in der Erziehung als Unrecht thematisieren. Perspektiven aus der Aufarbeitung sexuellen Kindesmissbrauchs, in: Zeitschrift für Pädagogik 64. 1, 6–14.

Andresen, Sabine 2018b: Revisiting the Child from Back Then. Reports on Sexual Abuse in Childhood and Systematic Perspectives on Vul nerability, in: Childhood Vulnerability Journal 1. 1, 51–66.

Andresen, Sabine, Julia König und Sophie Künstler 2016: Anhörungen von Zeitzeug_innen und ihre Bedeutung für die Aufarbeitung sexueller Gewalt. Erziehungs- und kindheitstheoretische Perspektiven, in: Zeitschrift für Pädagogik 62. 5, 624–637.

Cradock, Gerald 2015: Canadian Inquiries Stumble Towards Redress, in: Johanna Sköld und Shurlee Swain (Hg.): Apologies and the Legacy of Abuse of Children in »Care«. International Perspectives. Houndmills, Basingstoke, Hampshire: Palgrave Macmillan, 134–146.

Emcke, Carolin 2013: Weil es sagbar ist. Über Zeugenschaft und Gerechtigkeit. Essays. Frankfurt a. M.: S. Fischer.

Ericsson, Kjersti 2015: Children's Agency. The Struggles of the Powerless, in: Johanna Sköld und Shurlee Swain (Hg.): Apologies and the Legacy of Abuse of Children in »Care«. International Perspectives. Houndmills, Basingstoke, Hampshire: Palgrave Macmillan, 42–54.

Geipel, Ines 2019: Umkämpfte Zone. Mein Bruder, der Osten und der Hass. Stuttgart: Klett-Cotta.

Hoebel, Thomas und Teresa Koloma Beck 2019: Gewalt und ihre Indexikalität. Theoretische Potenziale einer kontextsensiblen Heuristik, in: ORDEX Working Paper 04. Bielefeld: Universität Bielefeld. ‹https://pub.uni-bielefeld.de/record/2937026›.

Jud, Andreas 2014: Sexueller Kindesmissbrauch – Begriffe, Definitionen und Häufigkeiten, in: Jörg M. Fegert, Ulrike Hoffmann, Elisa König, Johanna Niehues und Hubert Liebhardt (Hg.): Sexueller Missbrauch von Kindern und Jugendlichen. Ein Handbuch zur Prävention und Intervention für Fachkräfte im medizinischen, psychotherapeutischen und pädagogischen Bereich. Heidelberg: Springer, 41–49.

Kappeler, Manfred 2011: Anvertraut und ausgeliefert. Sexuelle Gewalt in pädagogischen Einrichtungen. Berlin: Nicolai.

Katsch, Matthias 2020: Damit es aufhört. Vom befreienden Kampf der Opfer sexueller Gewalt in der Kirche. Berlin: Nicolai.

Kendrick, Andrew und Moyra Hawthorn 2015: Dilemmas of Care. Social Work and Historic Abuse, in: Johanna Sköld und Shurlee Swain (Hg.): Apologies and the Legacy of Abuse of Children in »Care«. International Perspectives. Houndmills, Basingstoke, Hampshire: Palgrave Macmillan, 172–180.

Knöbl, Wolfgang 2019: Jenseits des situationistischen Paradigmas der Gewaltforschung, in: Ferdinand Sutterlüty, Matthias Jung und Andy Reymann (Hg.): Narrative der Gewalt. Interdisziplinäre Analysen. Frankfurt a. M. und New York: Campus, 31–50.

Mihr, Anja, Gert Pickel und Susanne Pickel (Hg.) 2018: Handbuch Transitional Justice. Aufarbeitung von Unrecht – hin zur Rechtsstaatlichkeit und Demokratie. Wiesbaden: Springer VS.

Reemtsma, Jan Philipp 2008: Vertrauen und Gewalt. Versuch über eine besondere Konstellation der Moderne. Hamburg: Hamburger Edition.

Reemtsma, Jan Philipp 2017: Erklärungsbegehren, in: Mittelweg 36 26. 3, 74–103.

Romeike, Sanya 2016: Transitional Justice in Deutschland nach 1945 und 1990, in: Occasional Paper der Internationalen Akademie Nürnberger Prinzipien. 17. Dezember. ‹https://www.nuremberg academy.org/fileadmin/media/pdf/publications/Transitional_Justice_in_Deutschland_1_.pdf›.

Runder Tisch Heimerziehung in den 50er und 60er Jahren 2010: Abschlussbericht. Arbeitsgemeinschaft für Kinder- und Jugendhilfe. Berlin.

Sköld, Johanna 2016: The Truth About Abuse? A Comparative Approach to Inquiry Narratives on Historical Institutional Child Abuse, in: History of Education 45. 4, 492–509.

Sköld, Johanna und Shurlee Swain 2015a: Apologies and the Legacy of Abuse of Children in »Care«. International Perspectives. Houndmills, Basingstoke, Hampshire: Palgrave Macmillan.

Sköld, Johanna und Shurlee Swain 2015b: Introduction, in: Johanna Sköld und Shurlee Swain (Hg.): Apologies and the Legacy of Abuse of Children in »Care«. International Perspectives. Houndmills, Basingstoke, Hampshire: Palgrave Macmillan, 1–12.

Sutterlüty, Ferdinand, Matthias Jung und Andy Reymann (Hg.) 2019: Narrative der Gewalt. Interdisziplinäre Analysen. Frankfurt a. M. und New York: Campus.

Swain, Shurlee 2015a: Transitional Justice Workers and Vicarious Trauma, in: Johanna Sköld und Shurlee Swain (Hg.): Apologies and the Legacy of Abuse of Children in »Care«. International Perspectives. Houndmills, Basingstoke, Hampshire: Palgrave

Macmillan, 181–190.

Swain, Shurlee 2015b: Why Sexual Abuse? Why Now?, in: Johanna Sköld und Shurlee Swain (Hg.): Apologies and the Legacy of Abuse of Children in »Care«. International Perspectives. Houndmills, Basingstoke, Hampshire: Palgrave Macmillan, 83–96.

Unabhängige Kommission zur Aufarbeitung sexuellen Kindesmissbrauchs 2019a: Bilanzbericht. Band 1. 20. Dezember. ‹https://www.aufarbeitungskommission.de/wp-content/uploads/2019/05/Bilanzbericht_2019_Band-I.pdf›.

Unabhängige Kommission zur Aufarbeitung sexuellen Kindesmissbrauchs 2019b: Bilanzbericht. Band 2. 20. Dezember. ‹https://www.aufarbeitungskommission.de/wp-content/uploads/2019/05/Bilanzbericht_2019_Band-II.pdf›.

Unabhängige Kommission zur Aufarbeitung sexuellen Kindesmissbrauchs 2019c: Geschichten, die zählen. Band 1: Fallstudien zu sexuellem Kindesmissbrauch in der evangelischen und katholischen Kirche und in der DDR. Wiesbaden: Springer.

Unabhängige Kommission zur Aufarbeitung sexuellen Kindesmissbrauchs 2019d: Rechte und Pflichten: Aufarbeitungsprozesse in Institutionen. Empfehlungen zur Aufarbeitung sexuellen Kindesmissbrauchs. 20. Dezember. ‹https://www.aufarbeitungskommission.de/wp-content/uploads/2019/12/Empfehlungen-Aufarbeitung-sexuellenKindesmissbauchs_Aufarbeitungskommission-2019.pdf›.

Wright, Katie 2017: Remaking Collective Knowledge. An Analysis of the Complex and Multiple Effects of Inquiries into Historical Institutional Child Abuse, in: Child Abuse & Neglect 74, 10–22.

설명 방식에서 나타나는 폭력연구

라우라 볼터스

“어떻게 이런 일이 일어날 수 있단 말인가?”

제목에서 표출된 모종의 당혹감[≒이해불가, Fassungslosigkeit]과 함께 남독일신문(Süddeutsche Zeitung)은 2019년 9월 5일 데트몰트 지방법원의 판결을 보도했다(Lottritz 2019). 기사는 노르트라인 베스트팔렌의 도시 뤼히테의 캠핑장에서 벌어진 성폭행 사건과 관련된 것인데, 이 사건은 2018년에 알려진 이후 공적 경악과 관심을 동시에 불러일으켰다. 두 명의 피고인은 수십 년에 걸쳐 반복적으로 아이들을 성적으로 학대하고 성폭행했으며 그들의 행위를 사진 촬영 및 비디오물로 제작했다는 혐의로 기소되었다. 법원은 200건 넘는 혐의를 입증된 것으로 보았고 범인들에게 구류형과 보안감호를 선고했다.

주지하다시피 매체적 주목도는 균등하게 분포되는 것이 아니다. 수많은 성적 학대를 포함해 일상적 폭력의 무수한 사건들은 통상적으로

기사화되지 않는다. 이와 달리 성적 학대의 실제 범위, 오랜 존속기간, 피해자의 어린 나이, 수사 이전과 수사 과정에서 발생한 행정오류, 특히 유력협의자가 추정 피해자의 양아버지였고 당시 여섯 살이었던 소녀를 다른 아이들과의 접촉을 위해 이용했다는 사실은 "뤼히테"를 이와 같은 사건들의 각별한 설명 필요성을 암시하는 상징으로 만들었다.

"도대체 이런 일이 어떻게 일어날 수 있단 말인가?" 폭력사건들이 공적으로 스캔들화되는 지점에는 얀 필리프 렘츠마(Reemtsma 2017)가 "설명의 열망"이라 부르는 이유 대기가 늘 따라붙는다. 말하자면 체득되고 수행적으로 개진되는 과학에 대한 요구로서, 이렇게 끔찍한 폭력범죄의 발생이 도대체 어떻게 가능한지, 이런 일을 저지른 인간이란 도대체 뭔지, 이를 어떻게 이해할 수 있는지가 훌륭하게 설명되길 바라는 것이다(같은 책: 74 이하). 그리고 보통 설명의 제공이 부족한 경우는 드물며, 최초로 코멘트하는 "여성 전문가들"은 이따금 몇 분 내로 실시간 라이브 방송이나 트위터를 통해 이미 발언을 한다. 이 잘 알려진 각본이 명백하게 불쾌감으로 다가온 렘츠마는 이 놀라움에 대해 차라리 놀라움을 표명한다. 그는 현대로 이해되는 사회들이 폭력과 맺게 되는 "노이로제적" 관계를 진단하고 있다. 왜냐하면 이와 같은 사회는 폭력혐오를 확약했기 때문에, 폭력은 단순하게 정상적이라거나—다른 사회적 현상들과 마찬가지로—자명한 것으로 이해될 수 없다. 그 대신 항상 계속해서 폭력 뒤에 **실제** 숨어 있는 것이 무엇인지를 찾는 일이 중요해진다. 여기에서 렘츠마는 도덕적이고 지성적인 당혹감의 혼재를 추측하는데, "도덕적 당황"은 오직 각별하게 잘 짜인 설명으로만 고려의 대상이 될 수 있고, 혼란은 "자, 마침내 그것은-체험-설명되었다!"라는 것으로 누그러뜨릴 수 있는 것처럼 말이다. 렘츠마가 보기에 이러한 선의의 바람은 가망이 없다. 설명의 열망은 끊임없이 부추겨지는데, 그 이유는 지속적인 당혹감은 당연히 가라앉지 않기 때문이다.

아동 성학대의 규명을 위한 독립 위원회의 경험들은 표본적이다. 자신들의 일에서 뤼히테의 경우처럼 폭력사건 이후 전형적인 주목의 호황을 겪는 가운데 위원회 의장 자비네 안드레젠은 "폭죽처럼 터지는 놀라움의 방식"을 언급하고 있는데, 이 연속적인 놀라움의 폭발은 사건과 관련하여 설득력 있는 설명의 정식화에 대한 기대를 표출하고 있다(이 책의 자비네 안드레젠의 글을 참조할 것). 저마다 조심스럽게 접근하는 설명의 시도는 선입견의 검증이 아니라, 도덕적 분개를 **노골적으로 과시하는 데** 쓰이는 계속되는 질문으로 흘러간다고 한다. 말하자면 폭죽이 끝나면 본래의 의문은 필연적으로 풀리지 않은 채로 남아 있을 수밖에 없다는 것이다. "어떻게 이런 일을 하필 아이들이 당할 수 있는가"가 문제라면—위원회에 제기된 물음들이 모두 이것으로 귀결된다—잘 짜인 어떤 대답도 수용 불가해 보이는데, 그 까닭은 바로 수행적으로 이루어지는 당혹감 속의 지체(遲滯)가 문제이기 때문이다.

설명의 끝에는 이해하는 일, 말하자면 추체험(≒공감)이 있기 때문에 그 최종심급의 설명 불가능성은 폭력의 성공적 방어에 해당한다. 렘츠마가 정확하게 열망으로 특징지은 폭력 설명에 대해 계속해서 깊이 더 파고드는 일은 궁극적으로 항상 새로운 입증**에도** 활용되기에 폭력은 설명 가능성의 한계에 도달한다. 뤼히테 사건의 의장 여성판사조차도, 직업상 무대 뒤를 실제 들여다보고 판결에서 범행을 진짜 꿰뚫어볼 수밖에 없었을 것임에도 불구하고, 선고에서 "열흘간의 공판 후에도 당혹스러움은 여전하다"(Lottritz 2019에서 재인용)고 고백하고 있다. 뤼히테의 경우처럼 우리는 범행을 결코 **실제로** 이해할 수는 없을 것이다.

여성판사의 에피소드는 렘츠마와 안드레젠, 이들과 더불어 폭력연구 전체도 제기할 수밖에 없는 문제를 하나 던진다. 한편으로 설명의 열망, 또 다른 한편으로 당혹감 속의 지체, 이 둘 사이에서 다음과 같은 정당한 물음이 제기된다. 도대체 **좋은** 폭력연구는 어떻게 성취될 수 있을까? 우리는 엄밀하게 말해 가망 없는 설명의 열망에 억매이지 않으면서 어떻게 폭력에 대해 법률적, 과학적 또는 저널리즘적 방식으로 뭔가 말할 수 있을까?

렘츠마는 특히 1990년대 이래 독일어권 폭력사회학을 특징짓는 방식을 제안하고 있는데, 폭력을 **설명하는** 대신 **기술하는 것**이 바로 그것이다. 이는 본래 트루츠 폰 트로타(Trotha 1997: 16 이하)에 의해 정식화된 것으로서, 폭력의 **원인**을 찾는 일이 그 대상의 분석과 오히려 멀어지게 만든다는 통찰에서 시작해, 좋은 폭력사회학은 가능한 한 사건 자체에 근접하게 접근해야 한다는 주장이 광범위하게 관철되었다. 트로타는 클리포드 기어츠(같은 책: 20 이하)에 기반을 두고 밀도 있는 기술을 방법론적으로 옹호했는데, 이와 유사한 방식으로 렘츠마는 "해석"과 "이야기"로서의 기술을 말하고 있고, 그와 더불어 이야기의 우발성과 어떨 때는 이 관점을 또 어떨 때는 다른 관점을 더 강하게 부각시키는 상이한 해석의 가능성을 강조한다(Reemtsma 2017: 81 이하). 이에 반해 설명하는 일은 일종의 "군주주의적 권리주장"(같은 책: 101)을 갖는 것이고, 하나가 유효하다면 다른 것은 반박되는 서로 간의 배타적 경쟁에 놓일 것이다.

이제 폭력을 설명하는 대신 기술한다는 이념은 신(新)폭력사회학이라 불리는 것의 전형적 레퍼토리로 확고하게 자리 잡았다.[1] 렘츠마와 트로타뿐만 아니라, 무엇보다도 미국 미시사회학자 랜들 콜린스의 폭력론에 의해서도 영향을 받아, 이 연구방향의 범죄자들은 점점 더 사건에 근접해 기술되었고 신체적 가해행위가 일어나는 세부적 사항도 재구성되었다. 폭력의 이유에 대한 물음이 불가피하게 사회적 합의과정으로 흐르고 본래 대상으로부터 멀어지게 만든다면, 폭력방식의 기술은 어쩌면 새로운 통찰을 약속하는 것인지도 모른다. 말하자면 콜린스의 접근법의 영향으로, 해석적, 해석학적 사회학 작업에 확실하게 등을 돌리는 전향이 일어난 것이다(Wolters 2019: 198, 201). 그럼에도 불구하고 설명 열망의 문제에 대한 독일적 의식은 존재한다. 그렇지 아니한가?

폭력 자체를 폭력사회학적 분석의 중심에 옮겨놓은 이념은 1990년대, 또 2010년대 10년에 걸쳐 **과학적** 폭력연구에서 의심할 나위 없이 혁신적이었다. 폭력**원인**연구가 상호성시론(試論)과 너무나도 단순한 일탈이론으로 연구대상을 사실상 완전히 놓쳐버렸다는 비난을 받았다는 점에서 이 연구와의 결별은 괜한 시도가 아니었다(Trotha 1997: 19 이하; Koloma Beck und Schlichte 2014: 124 이하; Knöbl 2017: 5 이하). 그러나 아카데미 논쟁의 주변부까지 확장해서 들여다본다면, 폭력사건에 근접한 접근과 많은 다른 장르 속에서 구현되는 그 세밀한 재구성은 줄곧 통속화되었고, 그래서 설명의 열망과 당혹감 속의 지체가 동시적으로 일어

1 얼마나 많은 연구자들이 이와 같은 명칭에 의해 적절하게 대변되고 있다고 느끼는지 명확하지는 않다. 여기에서는 명백하게 협의의 폭력 개념과 현상학적 혹은 상황적 접근방식을 지닌 "순수 폭력사회학"의 찬반 논쟁이 이루어진 여러 부류의 커뮤니티를 가리킨다. 지난 몇 년간 핵심적으로 출간된 것으로는 Koloma Beck und Schlichte 2014; Paul und Schwalb 2015; Equit, Groenemeyer und Schmidt 2016; Nassauer 2019; die Themenhefte 26. 3. 2017 und 28. 1/2. 2019 des *Mittelweg* 36; "Theorizing Violence" in Heft 8. 1. 2019 der *Zeitschrift für Theoretische Soziologie*가 있다.

나 양산되는 양가성에 대해서도 **또한** 반응이 나오게 된다. 케르슈틴 로트리츠는 앞서 인용한 글(Lottritz 2019)에서 도대체 어떻게 "이런 일"이 일어날 수 있었는가라는 물음에 답하기 위해 연대기 방법을 택하고 있다. 그녀는 재앙적인 결말에 이르는 개별적 진전단계들을 보여주고, 왜라는 질문에 명확한 대답을 제시하길 꺼린다.

폭력사건에 대한 공적 언술은 점점 더 **범죄 실화** 장르에 의해 규정되고 있다.[2] 다큐멘터리로 구상되었지만 긴장감 넘치게 연출된 실제 범죄사건의 재구성이 전적으로 노리는 것은 관중이 몇몇 **반전**에 따라 결국 진실에 맞닥뜨리게 되는 수사관의 역할을 해보는 것이다. 따라서 시청자는 가능한 한 적확한 재구성만을 제공받는 것이 아니라, 발견의 방식 속에서 신빙성 있는 인식과정에 참여해도 되는 것이다. 이를 넘어서 **신빙성 있는** 기술의 요구는 픽션 장르에도 진입하고 있다. 그 사례로 노르웨이 영화 〈우퇴위아(Utøya) 7월 22일〉을 꼽을 수 있는데, 이 영화는 실제 테러사건을 배경에 두고 허구 캐릭터의 이야기를 하고 있지만, 그 포맷을 통해 신빙성과 사고의 근접성에 대한 각별한 요구를 하고 있다. 영화는 대부분 테러기간의 희생자중 한 사람을 따라가는 실제 시간에서 72분짜리 컷 없는 시퀀스로 이루어져 있다.

간단하게 말해, 대중문화는 폭력 이야기(혹은 폭력 기술)로 가득하다. 이러한 이야기는 분명 사회학적으로 충족되거나 성찰되는 건 아니지만, 그럼에도 폭력의 신빙성 있는 근접성에 대한 요구를 하고 있고, 그

2 팟캐스트 〈시리얼〉(Serial)이나 넷플릭스 다큐멘터리 〈살인자 만들기〉(Making a Murderer)는 국제적으로 성공을 거두었다. 디 차이트(Die Zeit)는 '차이트 범죄'를 통해, 우선은 팟캐스트로, 이제는 시사해설방송용으로 이와 유사한 콘셉트를 시도했다. 독일에서는 이미 1960년대 이후부터 '서류 XY … 미해결 범죄'로 실화범죄포맷이 방영되고 있다.

것은 명시적 **설명의 요구** 없이도 충분하다. 그리고 그것은 렘츠마가 문제시한, 곧 설명 열망에 바탕을 둔 욕망을 그저 계속해서 부채질할 뿐인 것으로 보인다. 궁극적으로 이 이야기들은 최종 근거지음을 목표로 삼을 필요도 없이 강도 높게 폭력에 몰두하는 것을 허용한다.

어쩌면 현대 오락문화는 그 주창자들이 기꺼이 수긍했을 것 이상으로 폭력사회학과 공통점이 있는지도 모른다. 적어도 의미심장한 유사점 하나가 있는데, 폭력연구와 기술하는 오락포맷이 폭력의 재구성적 기술을 수단으로 서로 근접하게 되고, 그리하여 조금씩 그때마다의 사회적, 정치적 맥락에서 분리된다는 점이 바로 그것이다. 공격자의 행위를 세세하게 좇는 사람은 예컨대 어떻게 우익이나 인종주의적 이념들이 그때그때 사회적 맥락에서 통용 가능했는지에 대해서는 말이 없거나 아니면 말하는 정도가 미미할 뿐이며, 범인이 나치였거나 유색인 희생자였을 때조차도 그러하다. 그는 어떻게 특정 사회적 지위가 폭력과 마주하게 될 위험과 상관관계를 이루는지 침묵한다. 마찬가지로 그는 소(小)가족, 젠더, 유년기와 관련해 일반적으로 공유된 생각들이 폭력을 친밀한 구조 안에 고착시킨다는 사실도 보여주지 않는다(Sutterlüty und Mühlbacher 2018). 이러한 방식으로 이루어지는 폭력연구가 탈정치화라는 비난에 노출될 수밖에 없다는 것은 더 이상 놀라운 일이 아니다. 그러한 연구는 탈맥락화하는 분석을 방조하는 관점에서 대상을 분석한다. 또한 오로지 이러한 관점에서 특히 잘 기술될 수 있는 현상만을 보는 경향이 있다.[3]

3 그렇지 않고서는 신폭력사회학이 다루는 다수의 경험적 사례들에서 돌발적 사건과 일상에서 벗어난 것들로 기술되는 '불연속적' 현상들(폭동, 습격, 전쟁, 광기 살인 등)이 주요 논점이라는 사실이 설명되지 않는다. 그와는 반대로 『베스텐트』 본 호에서 내세운 표어들

분명 기술하는 관점이 발전한 것은 나름 이유가 있어서임을 잊어서는 안 될 것이다. 지나치게 폭력과 거리가 먼 거시 관점에 대한 비판은 당연히 유효하며, 단순한 방법으로 되돌아가는 것은 교각살우의 우를 범하는 일일 것이다. 하지만 콜린스적 상황주의 프로젝트의 비호와 기술하는 것의 과장된 강조 아래에서는 트로타와 렘츠마에서 여전히 찾아볼 수 있는 숙고들, 말하자면 폭력 자체뿐 아니라 폭력에 대한 언술이 만들어내는 "구조와 질서의 수립 효과"(Koloma Beck und Schlichte 2014: 124)에 대한 숙고는 전반적으로 시야에서 사라진다.

설명의 세 가지 방식

아마도 폭력의 설명은 높은 기준을, 가능한 한 다른 사회적 현상의 경우보다 더 높은 기준을 충족해야 할 것이다. 왜 폭력의 설명이 특히나 정당화의 압박에 놓이는지, 그 이유는 설명을 사회적인 것의 해석이나 이야기로 본다면 분명해진다. 이러한 해석과 이야기에서는 내러티브적 계기와 모종의 우발성, "**이야기된 것**의 우발성"뿐만 아니라, "**이야기**의 우발성"(Reemtsma 2017: 84 이하)이 특징적이다. 폭력이 어떻게 설명되는지는 오해의 여지없는 객관적 팩트에 달린 것이 결코 아니라, **누가 누구에게** 원래 **무엇을** 설명하려 하는지에 일정 부분 달렸다. 이는 사안의 측면에서 보면 이미 상대적으로 시시한 통찰이기도 하다. 뤼히테의 성폭행 사건에서는 명백히 몇 가지 설명이 필요한데, 범인의 행동, 범행의 경과, 성폭행이 오랫동안 알려지지 않은 이유, 관청이 어떤 위치에선가 성

과 같은 폭력의 관계들은 거의 나오질 않는다.

폭행을 막을 수 있었는지의 여부다. 누가 말하는가도 역시 영향을 미치는데, 왜냐하면 수사관, 법률관 혹은 과학자의 폭력 기술은 각각 사정을 고려해 설명하고 시의 적절하게 식별하기 때문이다. 결국 설명의 예상 가능한 여성 수용자도 중요해지는데, 정확하게 말하자면 소통의 행위 자체, 그러니까 어떤 의도로 어떤 방향에서 설명이 소통되는가가 중요하다.

따라서 설명은 적어도 설명 열망과 당혹 속 지체의 역동성에 대해 새로운 해명을 제공할 수 있는 세 가지 방식으로 구분할 수 있다. 여기에서 내게 중요한 것은 일종의 설명 유형학, 상이한 폭력 이야기들을 편입시킬 수 있는 배타적 범주들이 아니라, **무엇을, 누가, 누구에게**가 만들어내는 그때마다 각각 다른 형세들의 중점사항들, 그로부터 이루어지는 폭력 이야기들의 조합이다.

(1) **인과성**. 과학 자체에 기인하는 것으로 가장 쉽게 떠오르는 설명방식은 인과성 문제로 보인다. 폭력이 이 방식으로 설명되어야 한다면, 좁은 의미에서 원인 혹은 이유가 중요하다. 렘츠마가 설명을 군주주의적 권리주장이라고 말할 때 이 방식을 뜻하는 것이다. 인과성은 적어도 연역-법칙적 이해에서 해석의 문제는 아니다. 무언가 해당 폭력현상에 원인**이든**지—아니면 아닌 것이다. 그런데 설명을 하고자 한다면 어디에서 시작하고 폭력에 어떤 원인이 있는 것인가? 이 문제에 대해서는 어떤 학문분과에 따라 살펴보느냐에 따라 상이한 답을 얻게 될 것이다. 신경과학자는 뇌 속의 생화학적 과정을 참조하도록 지시할 것이며, 진화생물학의 동료는 적응기제를 언급하고, 사회학자와 정신인문학자는 사회적 과정, 사회화 혹은 합리적 행위이론과도 연관 지을 것이다. 또한 폭력연구 내에서도 어떤 인과기제가 과연 폭력을 유발하는지에 대해서

는 명백히 의견이 분분하다. 오늘날에는 상황, 동기, 형세, 과정이 타이틀을 얻으려고 서로 경쟁한다(Hoebel und Knöbl 2019: 61 이하, 157 이하). 올바른 답을 둘러싼 싸움은 가장 좋은 의미에서 과학적 논쟁이며, 문제가 되는 인과기제라면 어떤 것이든 그 자체가 어떤 원인에 의해 다시 초래될 수밖에 없는 것이라는 사실을 생각해본다면, 과학자들의 다수는 여전히 오랫동안 생산적인 연구를 찾게 되길 바란다.

폭력을 연구하는 사회학 내에서뿐만 아니라 무엇보다도 질적으로 작업하는 연구자들은 강력한 인과진술과는 거리를 두고서(같은 책: 41), "설명 대신 기술"이라는 슬로건을 충실하게 따랐다. 그러나 이제 인과성 문제의 돛을 내리는 대신, 토마스 회벨과 볼프강 크뇌블은 인과성의 폭넓은 이해를 옹호하며, 의미를 부여하고, 이해하며 분석적으로 이득을 가져오는 기술에서 인과적 가정으로 수행될 수밖에 없는 이야기가 숨어 있다고 논증한다(같은 책: 41 이하, 44 이하). 이 두 사람은 말하자면 렘츠마 모델과 매우 가깝고, 포스터(E. M. Forster)에 따라 "우화" 내지 "플롯"으로 이해될 수 있는 비(非)-군주주의적 인과성 모델을 논변하고 있다.

> 우리는 역사를 연대순의 사건들에 대한 이야기로 정의했는데, 이때 강세점은 인과관계에 놓여 있다. '왕은 죽었고, 그리고 그다음 왕비가 죽었다'는 단순한 역사다. '왕은 죽었고, 그리고 왕비는 슬픔에 빠져 죽었다'는 우화다. 시간적 순서는 지켜지지만, 인과관계는 시간적 순서를 은폐한다.(Forster 1962: 92 이하)

인과성의 가정 없이 역사는 완전히 내용이 없거나 아니면 날조되기까지 한다. 실제로 "역사" 내지 "스토리"의 의미에서 인과성의 가정 없이 꾸려진 "그저 단순한 기술"은 방법론적 접근으로서 과학적 정당성을 지닐 수 있지만, 연구자가 해석의 성과를 가져올 때에만 비로소 현상은 유의미해진다.

(2) **책임**. 우리는 인과설명의 문제를 플래시몹이건 습관적 양치질이나 민주적 절차이건 간에 임의적인 사회현상과 유사하게 이렇게 또는 저렇게 반복할 수 있을 것이다. 이러한 것들과 폭력의 설명은 신폭력사회학이 헛되이 벗어나려 하지만, 규범적으로 함축된 이유 대기의 부담이라는 측면에서는 구별된다. 그래서 설명의 두 번째 방식은 책임귀속의 방식이다. 만약 도대체 어떻게 그런 일이 일어날 수 있었던 것인지를 묻는다면, 우리는 문제가 되는 현상이 사건의 일상적 흐름을 차단한다는 것만이 아니라, **누군가** 그것을 행했거나 적어도 막지 않았다는 것도 포함하게 된다. 폭력의 설명이 다른 사회적 사실에는 적용되지 않는 특별한 규칙을 따르는 것이 바로 이 상황이다. 폭력의 모든 인과설명은 그것이 동시에 책임귀속(경우에 따라서는 책임면제)의 행위인 점에 준거를 둔다. 고전적으로 이것은 법학의 영역이며, 설명 열망과 당혹감의 양가성을 통해 기능하는 길을 제공한다. 왜에 대한 최종심급의 답은 방어하는 폭력에 대한 진지한 이해를 산출할 위험을 무릅쓰지만, 그와 반대로 누가에 대한 최종 해명은 명확한 윤곽을 그린 규범적 귀속을 제공한다.

책임귀속은 폭력에 대한 언술의 핵심 기능이고, 그렇기 때문에 이와 같은 귀속을 회피하려는 폭력연구는 불쾌감이나 심지어는 분노를 불러일으킨다. 이는 폭력범에게 죄책감 감수무능을 진단하는 정신의학적 감정이나, 또는 가해자와 피해자의 이분법적 범주뿐 아니라 너무나도 단순한 죄책감의 귀속에도 벗어나는 아네 케르슈텐 방식[4]에서 나타나는 친족폭력의 상대적 분석처럼 신폭력사회학의 특정 논쟁갈래들에 해당된다. 폭력에 대한 우리의 평범한 이해는 한 사람이 다른 사람에게 뭔가 가하는 것이다. 이것을 핵심에 두지 않는 설명은 책임 없이 폭력이 이야기될 수 없다는 직감에 어긋난다. "행위자의 탈주체화"라는 위험은 트로타에 의해 이미 폭력원인사회학에 대해 제기된 이론적·정치적 항변이지만(Trotha 1997: 19), 편협하게 재구성적으로 수행하는 폭력 연구에도 맞설 수 있도록 한다.

(3) **정치적 자기이야기**. 폭력에 대해 언술되는 설명의 마지막 방식은 내가 정치적 자기이야기라고 부르는 것이다. 책임 및 인과성 문제와 연결하여, 정치적 자기이야기는 어쩌면 렘츠마가 겨냥한 "도대체 그런 일이 어떻게 가능하단 말인가"(Reemtsma 2017: 75)에 대한 답을 가장 강력하게 요구하는 것인지도 모른다. 정치적 자기이야기에서 사회적 공공성은 어떤 부류의 사회적 관계가 특정 폭력사건을 허용하고 심지어는 초래하는 것인지에 몰두한다. 폭력의 설명과 동시에 어떤 사회에서 이러한 폭력이 일어나는지, 폭력은 사회 변두리에서 아니면 중심부에서 일어나는지에 대한 이야기가 이루어진다. 가장 흔하게 마주하게 되는 정치적 자기이야기는 "사회적 특수사례"로서의 폭력에 대한 것이다(Koloma Beck und Schlichte 2014: 125). 2015년 섣달 그믐날 폭행사건[5] 후 가

4 이 책에 실려 있는 아네 케르슈텐의 글을 참조할 것.

5 [역주] 2015년 12월 31일~2016년 1월 1일 사이, 새해맞이 시기에 독일 쾰른에서 발생한 집단 성폭행 사건을 가리킨다. 약 1,000여 명의 난민 신청자들이 일반 행인 등을 대상으로 강도, 절도, 폭행 등의 범죄를 일으켰는데, 특히 여성들을 겨냥해 성범죄와 함께 자행되었다. 독일 연방 내무부는 32명의 용의자 대다수가 북아프리카 출신이며 이 중 18명이 난민 신청자라고 밝혔다.

담자들을 염두에 두고 정치적 중도에서 우파 언저리까지 국가로의 이민이 이러한 폭력을 가져왔다고 공표했을 때, 그것은—이 이야기 속에 숨어 있는 그 밖의 다른 모든 것들 외에도—타자와의 대립 속에서 맘껏 활용된 자기 고유의 문명성을 확신시키는 시도인 것이다. 성폭행은 유럽대서양 젠더관계에 이미 핵심적으로 자리한 것이라는 정반대 테제도 역시, 물론 그와 대립된 내용이라 해도, 정치적 자기이야기이긴 마찬가지다. 이는 내전, 제노사이드 또는 지구 남단에서의 '인종적 분규'에 대해, 축구팬들 안에 내재한 대기성의 폭력이나 또는 아동 성학대에 대해서도 같은 정도로 언술되는 방식에 해당한다. 이 설명방식도 역시 인과성의 가정과 책임귀속성으로 수행되지만, 젠더, 소속, 문명, 섹슈얼리티, 가족과 폭력과 같은 구상들이 보다 커다란 척도로 심리되는 소통의 세 번째 층위가 훨씬 더 명확하게 강조된다. 폭력의 설명이 현상 그 자체에 유리되면 유리될수록, 폭력의 설명에서 이러한 방식을 알아보기는 더더욱 쉬워진다. 그럼에도 불구하고 '기술하는 것'으로 구상된 해석의 제공이 이와 같은 자기이야기에 끄떡없으리라는 오류를 범하거나 믿어서는 안 될 것이다. 왜냐하면 바로 여기에 신폭력사회학 일부를 향한 탈정치화 비난의 핵심(그리고 일말의 진실)이 있기 때문이다. 정치적 관계에 대해 **아무런 말**도 하지 않는 것은 정치적 관계에 대해, 또 폭력과 맺고 있는 정치적 관계에 대해 **뭔가** 이야기하는 것을 뜻하기도 한다.

설명의 알맞은 방향

폭력을 설명하는 것은 어려운 일이다. 이는 좋은 설명이 힘든 작업이라서만이 아니라, 설명 대상으로서 폭력에 각별한 어려움이 따르기 때문이기도 하다. 렘츠마는 설명 열망을 문제화함으로써 모든 폭력설명에서도 내가 여기에서 정치적 자기이야기로 부른 것이 숨어 있다는 점, 또한 그렇기 때문에 폭력설명이 자아도취적 사안이 될 불쾌한 경향이 있다는 점에 주의를 환기시켰다. 이러한 인식에는 폭력연구를 바로 그 자기이야기의 육신을 찌르는 가시로 운영할 잠재성이 숨어 있다. 이것은 전적으로 1990년대 이래 신폭력사회학이라는 슬로건 하에 너무나 거대한 사회적 이야기와 결별을 선언하고 폭력 자체로 시선을 돌리면서 시도되었던 점이다. 다만 기술하는 폭력연구도 현대적 폭력방어에서 발생하고 심지어는 그 폭력방어가 독차지한 특정 격정에 휘둘리지 않은 건 아니라는 사실이다.

이러한 사실은—새로운 연구든 아니든 간에—폭력연구에 있어서는 일단 연구가 이와 같은 양가성을 성찰적으로 다루고, 자신의 대상을 설명하는 방식들을 숙고해야만 한다는 것을 의미한다. 어떤 **해결책**, 여기서 제기된 어려움을 모두 피할 방법론적, 이론적 왕도가 제시되는 건 아니며, 궁극적으로 그렇게 되는 것도 불가능하다. 최상의 전략이란 단지 학문의 전형적 호경기에 **특정** 문제들을 숙고의 중심에 놓고 이를 위해 다른 것은 등한시하는 것인데, 이로써 학문 다음 세대는 이러한 축소를 자신들의 편에서 새로 작업할 수가 있다. 그럼에도 불구하고 우리가 설명 위기와 **상황적 전회**와 관련하여 최근 폭력연구에 연구의 향방에 대해 제안을 하고자 한다면, 이미 1990년대에 토론되었으나 실제로는 전혀 실행되지 않았던 길이 하나 있다. 일반적으로 우리는 사회이론의 잘 알려진 레퍼토리(어린 시절, 섹슈얼리티, 행위 등등)를 활용하고 결핍을 이야기하면서 폭력사회학을 수행하는데, 이때 폭력은 정상적인 것의 차단으로 이해된다. 이러한 '설명의 알맞은 방향'을 돌리고 폭력사건에서 얻은 인식으로 우리 사회이론적 가정을 숙고하고 그것을 사회적인 것의 정상사례에 대한 우리의 관념으로 통합하는 것은 아마도 유용한 시도일 것이다. 아동 성폭력의 경우 예를 들어 그저 단순하게 폭력에 대해서뿐만 아니라, 어린 시절과 섹슈얼리티에 대해서도 뭔가 배울 것이 있을 것이다. 폭력을 다시 '사회학 계열'과 일반 이론형성에 확고한 자리를 부여하는 것은 어떤 면에서는 폭력 **자체**의 탐구에 대한 반테제일 수 있겠지만, 설명 열망과 당혹감의 양가성을 통한 하나의 길을 제공할 것이다.

번역_고지현

참고문헌

Andresen, Sabine 2020: Aufarbeitung sexueller Gewalt gegen Kinder und Jugendliche. Potentiale für die sozialwissenschaftliche Gewaltforschung, in: WestEnd. Neue Zeitschrift für Sozialforschung 17. 1, 103–113.

Collins, Randall 2011 [2008]: Dynamik der Gewalt. Eine mikrosoziologische Theorie. Übers. von Richard Barth und Gennaro Ghirardelli. Hamburg: Hamburger Edition.

Equit, Claudia, Axel Groenemeyer und Holger Schmidt (Hg.) 2016: Situationen der Gewalt. Weinheim und Basel: Beltz Juventa.

Forster, Edward Morgan 1962 [1927]: Ansichten des Romans. Übers. von Walter Schürenberg. Frankfurt a. M.: Suhrkamp.

Hoebel, Thomas und Wolfgang Knöbl 2019: Gewalt erklären! Plädoyer für eine entdeckende Prozesssoziologie. Hamburg: Hamburger Edition.

Knöbl, Wolfgang 2017: Perspektiven der Gewaltforschung, in: Mittelweg 36 26. 3, 4–27.

Koloma Beck, Teresa und Klaus Schlichte 2014: Theorien der Gewalt zur Einführung. Hamburg: Junius.

Lottritz, Kerstin 2019: Wie konnte das passieren?, in: Süddeutsche Zeitung online, 5. September. ‹https://www.sueddeutsche.de/panorama/luegde-missbrauch-chonologie-1.4587660›.

Nassauer, Anne 2019: Situational Breakdowns. Understanding Protest Violence and Other Surprising Outcomes. Oxford: Oxford University Press.

Paul, Axel T. und Benjamin Schwalb (Hg.) 2015: Gewaltmassen. Über Eigendynamik und Selbstorganisation kollektiver Gewalt. Hamburg: Hamburger Edition.

Reemtsma, Jan Philipp 2017: Erklärungsbegehren, in: Mittelweg 36 26. 3, 74–103.

Sutterlüty, Ferdinand und Sarah Mühlbacher 2018: Wider den Triadismus, in: WestEnd. Neue Zeitschrift für Sozialforschung 15. 2, 119–137.

Trotha, Trutz von 1997: Zur Soziologie der Gewalt, in: Kölner Zeitschrift für Soziologie und Sozialpsychologie. Sonderheft 37, 9–56.

Wolters, Laura 2019: Vorwärtspanik am Wickeltisch? Zum Verhältnis von Emotionen und Gewalt, in: Mittelweg 36 28. 1/2, 177–204.

2부

This Korean special edition is independently edited by Korean editorial staff irrespectively of German edition.

'한국판 특집'은 독일판 베스텐트와 별도로 한국 편집진이 독립적으로 편집하였습니다.

2부 한국판 특집 / 포퓰리즘

사나워진 정치가 꼭 포퓰리즘 때문일까?

최근 전 세계적으로 정치가 매우 사나워졌다. 민주주의가 제도적으로 공고화되지 못하고 민주주의의 문화와 문법에 익숙하지 못한 국가들만의 이야기가 아니다. 잘 다듬어진 제도, 참여의식을 갖춘 민주시민, 격조 있는 토론을 통한 합의 등으로 민주주의의 현실적 지향점이 되어주던 서구 민주주의 선진국들에도 해당하는 말이다. 현실 사회주의 몰락 이후 민주주의는 경쟁자 없는 독보적인 정치체제로 자리매김했지만 오늘날 자신이 가장 수준 높게 발전한 곳에서도 주춤거리고 있다.

민주주의의 위기를 말하면서 많은 이들이 포퓰리즘을 언급한다. 포퓰리스트 특유의 거친 언사와 의도적 도발, 상대를 인정하지 않는 독단적 태도와 기만적인 대중 선동 때문에 정치가 거칠어지고 민주주의의 기반이 무너진다는 것이다. 아주 틀린 진단은 아니다. 우리에게 익숙한 전형적인 포퓰리스트에게서 바람직한 민주주의자의 모습을 기대하기란 분명 쉽지 않은 일이다. 특히 이방인에게 쏟아내는 우익 포퓰리스트들의 끔찍한 혐오 발언을 듣고 있노라면 민주주의의 앞날을 비관하게 된다.

하지만 사나워진 정치가, 민주주의의 위기가 꼭 포퓰리즘 때문일까? 일견 이상한 정치인이 갑자기 나타나 교묘한 말을 던지고 우둔한 유권자들이 그 말에 현혹되면서 포퓰리즘이 만들어지는 것처럼 보인다. 물론 그런 면이 있다. 분명 도널드 트럼프(Donald Trump)는 거친 말을 쏟아냈고, 분노한 러스트벨트는 이에 호응했다. 하지만 이런 식으로 접근하면, 오늘날 세계 곳곳에서 부상하는 포퓰리즘을 으레 비정상적이고 이례적인 현상으로 치부하고 만다. 현상을 달리 진단할 필요가 있다. 트럼프의 말 덕분에 러스트벨트가 분노한 것이 아니라 러스트벨트의 분노 덕분에 트럼프가 말을 할 수 있었다. 포퓰리즘을 있게 한 것은 바로 이 분노이다.

무엇에 대한 분노일까? 일차적으로는 곤궁해진 경제적 처지에 대한 분노일 것이다. 러스트벨트의 노동자는 산업구조의 변화와 신자유주의적 세계화 속에서 일자리를 잃고 경제적으로 주변화되었다. 하지만 누군가 이들의 처지를 이해하고 이들의 이해관계를 대변했다면 분노가 지금처럼 삐뚤어진 형태로 표출되지는 않았을 것이다. 이들은 기존 정치 엘리트들의 무관심 속에서 정치적으로도 주변화되어 있었고, 자신들을 대변하지 않는 기존의 민주주의 정치에 분노하고 있었다. 유럽의 경우도 마찬가지다. 프랑스의 마린 르펜(Marine Le Pen)을 비롯한 유럽 우익 포퓰리스트들의 성공은 가속화된 유럽 통합과 이민자의 유입에 맞서 정치적 목소리를 내지 못했던 이들의 전폭적 지지 없이는 제대로 설명되지 않는다. 좌파 포퓰리즘에서도 크게 다르지 않다. 그 대표적 예인 스페인의 포데모스는 글로벌 금융위기 이후 가혹한 신자유주의적 구조조정에 시달리며 기존 정치에 분노한 이들을 대변하면서 급부상했다. 포데모스를 가능케 한 '인디그나도스'(indignados)가 '분노한 사람들'을 뜻하고 이들이 "아무도 우리를 대표하지 않는다"를 운동의 핵심 구호로 삼았다는 점은 시사하는 바가 많다. 이처럼 포퓰리즘은 '민주주의의 주인은 우리인데 왜 우리의 목소리가 대변되지 않는가?'라는 주변화된 이들의 물음에 민주주의 정치가 제대로 응답하지 못함에 따라 생겨난다. 포퓰리즘이 민주주의 위기의 한 원인으로 꼽히지만 보다 중요한 것은 포퓰리즘이 민주주의 위기의 결과라는 점이다.

일각에서 보이는 포퓰리즘의 민주주의적 가능성에 대한 기대도 이런 맥락에서 이해될 수 있을 것이다. 포퓰리스트는 보통 사람들이 기존 정치 엘리트에 의해 대변되지 않고 민주주의 정치의 바깥으로 밀려나 있을 때 그것에 문제제기를 하고 민주주의의 이름으로 이들을 다시 정치의 중심에 세우려고 한다. 민주주의의 역사에서 보았던 수많은 사회운동처럼 말이다. 포퓰리스트의 언어에서 '인민'(people)을 자주 듣게 되는 것은 결코 우연이 아니다.

하지만 포퓰리즘의 이런 민주주의적 면모에도 불구하고 포퓰리즘은 결코 위기에 빠진 민주주의의 해결책이 될 수 없다. 인민을 내세우기는 하나 그 미명하에 너무나 쉽게 개인의 자유와 다양성을 무시하기 때문이다. 이는 오늘날의 민주주의에서 결코 용납될 수 없는 부분이다. 포퓰리즘이 정치적으로 소외된 일군의 사람들을 포섭해 낼지는 모르나 그 과정에서 늘 권위주의로 나아간다. 누군가의 말처럼 '민주화의 약속과 권위주의적 실행'이 포퓰리즘의 본질이다.

그렇다면 우리는 이러한 포퓰리즘의 모순을 어떻게 이해할 수 있을까? 포퓰리즘 속에 담긴 민주주의적 열망을 포착하면서도 그 권위주의적 성격에 어떻게 거리를 둘 수 있을까? 오늘날 민주주의가 처한 위기를 어떻게 극복하고 이 과정에서 포퓰리즘을 어떻게 바라봐야 할까?

이러한 물음에 단초를 제공할 세 편의 글을 여기에 싣는다. 먼저 김주호는 「포퓰리즘과 민주주의: 양가적 관계 이해하기」에서 포퓰리즘을 반민주주의적 또는 민주주의적으로만 보는 기존의 일면적 접근방식과 거리를 두고 두 상반된 성격의 병존이 포퓰리즘의 본질적 특성이며 그것에 대한 이해가 포퓰리즘 분석에 선행되어야 함을 강조한다. 그에 따르면 포퓰리즘은 민주주의와 마찬가지로 인민이 정치적 권력과 정당성의 기원이고 정치는 인민의 의지를 구현해야 한다는 믿음에 기초하지만, 이 믿음에 대한 근본주의적 태도와 그로 인한 반다원주의적 성격 때문에 오늘날 민주주의 정치를 위협한다. 글의 후반부에서는 민주주의에 대한 포퓰리즘의 양가성을 이해하는 세 가지 참조점을 제시하는데, 이것들은 각각 포퓰리즘, 민주주의, 그리고 이것들의 공통 기반으로서 인민에 대한 이해와 관계한다.

김만권은 「'좌파 포퓰리즘' 전략은 '민주적' 대안인가: '무세계적'인 자들의 민주주의?」에서 신자유주의의 병폐를 극복하고 민주주의를 재활성화하는 전략으로 주목받는 좌파 포퓰리즘을 다룬다. 그는 포퓰리즘이 민주주의적일 수 있다는 점을 부정하지 않는다. 다만 일부 진보적 좌파가 말하는 것처럼 포퓰리즘이 정말 신자유주의 시대에 주변화된 이들을 다시 정치의 장으로 불러내어 민주주의를 더 민주주의답게 만들 수 있는 전략인가에 대해 회의적인 입장을 보인다. 그가 보았을 때 라클라우와 무페로 대변되는 좌파 포퓰리즘의 이론적 토대는 적잖은 결함을 가지고 있으며 포퓰리즘의 현실적 국면도 그리 녹록치 않다. 진태원의 '을의 민주주의'에 기대어 살펴본 한국 좌파 포퓰리즘의 가능성에 대해서도 비관적으로 평가하는데, 무엇보다도 '몫 없는 자들'로서 다양한 '을'들이 그 내부의 이질성을 극복하고 기존 질서에 대항하는 새로운 정치적 주체로 응집되는 것이 결코 간단한 일이 아니기 때문이다. 덧붙여 진보적 좌파가 도모하고자 하는 바는 굳이 (좌파) 포퓰리즘의 이름으로 진행될 필요도 없으며 가능하지도 않다는 점을 지적하며 보다 중요한 것은 민주주의임을 강조한다.

마지막으로 국내 사회운동 연구의 대표적 신진연구자인 홍성태는 「포퓰리즘 정치와 사회운동의 도전」에서 그간 연구의 공백으로 남아 있던 포퓰리즘과 사회운동의 관계를 본격적으로 고찰한다. 이 글의 강점은 무엇보다도 포퓰리즘에 대한 균형 잡힌 시각에 있다. 사회운동의 시각에서 포퓰리즘을 다룬 기존의 연구들은 보통 지나치게 우려를 표하거나 반대로 과도한 기대를 투영하는 경향이 있었다. 하지만 홍성태는 포퓰리즘이 민주적 사회운동처럼 사회경제적으로 주변화된 이들을 인민의 이름으로 결집·대변함으로써 민주주의에 기여한다는 점을 인정하면서도, 다른 한편으로는 반자유주의적이고 반다원주의적이며 선거 승리를 위해 인민을 정치적 동원의 대상으로 전락시킨다는 점에서 바람직한 사회운동과 거리가 있음을 지적한다. 그는 민주주의의 위기에 대한 포퓰리즘의 문제제기를 수용하되 포퓰리즘의 결함을 공유하지 않기 위한 방향으로 '인민주권운동'을 제안한다.

포퓰리즘에서 우리가 주목해야 하는 것은 그 표면에 나타난 사나워진 정치의 모습만이 아니다. 보다 중요한 것은 오늘날의 민주주의에서 적잖은 이들이 정치적으로 주변화되어 있고 민주주의에 대한 이들의 불만이 포퓰리즘으로 발현된다는 데 있다. 현 민주주의의 위기는 결국 민주주의 그 자신으로부터 기인한 것이며, 이 위기는 주변화된 이들을 다시 민주주의 정치로 포섭해 내지 않는 한 쉽게 끝나지 않을 것이다.

포퓰리즘을 단순히 증오하기만 한다면 이 문제를 제대로 이해할 수 없을 것이다. 포퓰리즘을 경계하되 그것이 제기한 문제에 귀를 기울일 필요가 있다. 포퓰리즘이 아니라 민주주의를 위해서.

김주호

베스텐트 한국판 특집 책임편집자

포퓰리즘과 민주주의
양가적 관계 이해하기*

김주호

1. 들어가며

유럽의 대표적 우익 포퓰리스트인 프랑스의 르펜(Marine Le Pen)은 결선투표를 앞둔 2017년 4월 쇠락한 공업지대인 북부의 소도시 아미앵에 위치한 미국계 가전업체 월풀의 공장을 전격 방문했다. 그는 이곳에서 폴란드로의 공장 이전에 반대하며 파업 중인 노동자들을 직접 만나 이들의 환대 속에서 자신이야말로 실업의 위협에 고통받는 노동자들의 대표라고 공언했다. 같은 시각 상공회의소에서 노조 대표들을 만나고 있다가 르펜의 행보에 놀라 뒤늦게 파업 노동자들을 찾았지만 야유를 받은 마크롱(Emmanuel Macron)과 대조적이었다. 르펜과 그의 정당 민족

* 이 글은 『시민과세계』(2019년 하반기호, 통권 35호)에 발표된 논문으로서 『시민과세계』의 동의하에 게재합니다.

전선(Front Nationale)은 이미 오래전부터 기득권 정치 엘리트들이 신자유주의적 세계화 시대에 주변으로 밀린 이들을 존중하지 않는다고 비판하고 보호무역과 복지 확대를 주장해 왔었다. 적어도 주변화된 이들의 요구를 직접 듣고 그것을 정치적으로 대변하려 한다는 점에서만큼은 르펜이 마크롱보다, 나아가 상당수 정치인들보다 '인민'의 목소리에 더 귀 기울이고 더 민주주의적 면모를 띤다고 말할 수도 있을 것이다.

하지만 르펜의 이러한 면모는 반민주주의적 면모와 결합되어 있다. "백만 명의 실업자는 백만 명의 과도한 이민 때문"(김용우 2017, 129 재인용)이라는 민족전선의 전통적 구호는 단순히 국내 노동자 보호를 위한 이민 제한의 필요성을 피력하는 데 그치지 않는다. 그 이면에는 이민과 난민에 극렬히 반대하고 프랑스의 이슬람화에 대한 공포를 조장하며 '진짜 프랑스인'만을 위한 나라를 만들겠다는 르펜의 시대착오적 기획과 배타적 민족주의가 자리 잡고 있다. 그는 실업에 대한 공포를 교묘하게 무슬림에 대한 공포로 둔갑시키면서 단일한 민족 정체성을 가진 인민을 호명하고 그에 부합하지 않는 국민들을 정치적으로 배제하려 한다. 이 반다원주의적 성격이 민주주의에 배치된다는 데에는 의심의 여지가 없다.

민주주의와의 연관 속에서 포퓰리즘이 지닌 양가적 성격은 라틴아메리카에서도 발견된다. 물론 이곳의 좌익 포퓰리즘은 이민, 난민, 무슬림에 대한 조악한 혐오를 조장하지 않고 사회경제적 불평등의 개선에 주력한다는 점에서 유럽의 우익 포퓰리즘보다 더 많은 민주주의적 가능성을 내포한다고 볼 수 있다. 실제로 2000년대에 이 지역에서 정권을 잡은 베네수엘라의 차베스(Hugo Chavez), 볼리비아의 모랄레스(Evo Morales), 에콰도르의 코레아(Rafael Correa) 등은 기존 대의 정치에서 소외된 사회경제적 취약 계층의 이해관계를 대변하고, 민주적 참여 가능성을 높이고자 집권 후 새로운 헌법을 통한 시민권의 강화를 주장했다. 하지만 다른 한편으로 이들은 행정부로의 권력 집중, 언론 통제, 반정부운동 탄압 등을 추진하면서 권위주의적 성격을 더해가고 있다(김은중 2014; 2017; De la Torre 2018[2017]).

포퓰리즘은 민주주의적인가 아니면 반민주주의적인가? 앞서 언급된 사례들은 이 물음의 답이 어느 하나일 수 없음을 보여준다. 이는 본 연구의 출발점이기도 하다. 포퓰리즘은 인민을 중심에 세운 정치를 구현하고자 한다는 점에서 민주주의적 성격을 띠지만 (자유)민주주의에 반하는 수단을 통해서라도 그러한 정치를 구현하고자 한다는 점에서 민주주의를 위협한다.[1] 데 라 토레(De la Torre 2018[2017])의 간명한 표현대로, 포퓰리즘은 "민주화의 약속과 권위주의적 실행"으로 특징지어진다. 본 연구는 포퓰리즘의 이 양가성을 밝히고 그것을 이해해 보려는 시도이다.

국제 학계에서 포퓰리즘에 대한 이론적 논의는 2000년을 전후로 그것과 민주주의의 관계를 새로운 시각에서 조망하는 일련의 연구들이

1 3장 2절에 기술되어 있듯이, 포퓰리즘과 민주주의의 양가적 관계를 이해하기 위해서는 포퓰리즘이 민주주의 그 자체가 아닌 현 민주주의의 지배적 형태인 자유민주주의와 갈등한다고 볼 필요가 있다. 포퓰리즘은 자유민주주의의 민주주의적 토대와는 조응하나 자유주의적 토대와는 충돌하는 편이며, 따라서 비자유주의적 민주주의의 일종으로 이해될 수 있다. 하지만 본고는 필요한 경우가 아니라면 민주주의와 자유민주주의를 엄격히 구분해서 사용하지 않았다. 오늘날 민주주의가 대개 자유민주주의의 의미로 통용되고 있고, 포퓰리즘과 민주주의의 양가적 관계를 다루는 선행연구들도 이러한 용법에 기반하고 있기 때문이다. 심지어 이 관계를 이해하기 위해서는 민주주의와 자유민주주의를 구분할 필요가 있다고 말하는 무데와 칼트바서(Mudde and Kaltwasser 2017)의 연구에서도 민주주의는 대부분 자유민주주의의 의미로 사용되고 있다. 민주주의와 자유민주주의의 엄격한 구분은 오히려 선행연구 검토와 논지 전개에서 불필요한 혼동을 야기했을 것이다. 독자께 세심한 독해를 부탁드린다.

등장하면서 상당히 풍부해졌다(Canovan 1999; 2002; Mény and Surel 2002; Arditi 2003; 2004; Mudde 2004; Laclau 2005). 서로 적잖은 입장 차가 존재하지만 이 연구들은 공통적으로 포퓰리즘을 민주주의에 해악적인 것으로만 보는 기존 연구들과 거리를 두고 오히려 포퓰리즘 내부의 민주주의적 요소에 주목한다. 이는 서구 민주주의 선진국들에서 포퓰리즘 정당들이 민족주의 정체성을 내세우면서 부상하고 여러 라틴아메리카 국가들에서 재분배 경제정책에 토대를 둔 새로운 포퓰리즘 정치 세력이 영향력을 확대해 가는 정세 속에서 그것을 이해하기 위한 자구적 노력의 결과였을 것이다. "시대정신"(Mudde 2004)으로 떠오른 포퓰리즘을 더 이상 우연적이고 일시적인 현상으로 치부할 수 없는 상황에서 포퓰리즘과 민주주의의 내적 연관성이 조명되었다.

이에 비해 국내에서 포퓰리즘에 대한 이론적 논의는 최근 들어서야 다소 활발해졌다. 유럽이나 라틴아메리카에 비해 포퓰리즘 현상이 명확히 존재하지 않는다는 점이 그 한 원인이었을 것이다. 물론 포퓰리즘이라는 용어가 2000년대부터 언론을 중심으로 상당히 빈번히 쓰이긴 했다. 하지만 이는 실제 포퓰리즘 현상을 지칭하기 위한 것이라기보다는 특정 정파의 정략적 목적을 위해 왜곡된 의미로 활용된 결과였고(홍윤기 2006; 김주호 2019a), 따라서 학술적 분석의 대상이 되기에는 한계가 있었다. 이런 점을 고려한다면 국내에 발표된 포퓰리즘과 민주주의에 관한 소수의 연구 성과들은 특히 높게 평가받을 만하다. 서병훈(2008)은 선행 연구들을 충실히 종합하면서 포퓰리즘의 특성과 역사를 국내에 선구적으로 소개했을 뿐만 아니라 그것의 개념 규정을 위해서는 필요조건과 충분조건을 차등적으로 고려할 필요가 있다는 상당히 생산적인 제언을 했다. 그는 이후의 논문에서 특히 캐노번(Margaret Canovan)과 아르디티(Benjamin Arditi)의 논의를 비교하며 포퓰리즘과 민주주의의 양가적 관계와 모호한 경계를 조명하기도 했다(서병훈 2012). 역시 상대적으로 이른 시기에 포퓰리즘을 연구한 주정립(2006)은 핵심 특성을 중심으로 그것에 접근하면서 포퓰리즘의 부상을 의회민주주의의 한계와 결부지어 고찰했다. 문강형준(2012)은 분석 대상으로 삼은 2000년대 이후의 급진적 문화행동을 포퓰리즘이라고 볼 수 있는지에 대해서는 의구심을 남기지만, 핵심 개념인 인민을 중심으로 포퓰리즘에 접근하면서 그것과 민주주의와의 양가적 관계를 다루었다는 점에서 주목할 만하다. 진태원(2017a)은 아르디티, 캐노번, 그리고 특히 라클라우(Ernesto Laclau)의 연구를 비판적으로 검토하면서 포퓰리즘과 민주주의의 관계에 대한 다양한 관점들을 소개했다. 보다 최근에는 포퓰리즘의 민주주의적 가능성을 강조한 연구들도 제출되었다. 이승원(2018)은 라클라우에 기대어 포퓰리즘과 직접민주주의의 내적 연관성에 주목하고 포퓰리즘을 통한 대의민주주의 한계의 극복 가능성을 탐색했다. 장석준(2019)은 신자유주의적 병폐를 안고 있는 현 한국 사회가—무페(Chantal Mouffe)의 용어로—'포퓰리즘 국면'에 있다고 진단하고 좌파가 포퓰리즘 전략을 기반으로 대중정치에 적극 개입하여 민주주의의 확대를 이끌어야 한다고 주장했다. 한편 홍철기(2019)는 포퓰리즘을 반헌정주의적, 반자유민주주의적이라고 보는 견해에 이의를 제기하면서 포퓰리즘에 대한 일면적 시각의 맹점을 지적했다.

본 연구는 국내외 선행연구를 충분히 검토 · 수용하되, 다른 한편으로 포퓰리즘과 민주주의의 양가적 관계를 집중 조명함으로써 선행연구를 보완하고자 한다. 특히 다수의 국내 선행연구들이 포퓰리즘의 민주주의적 요소에 주목한 국외 연구를 소개하는 데 치중하거나 이 요소를 강조한 나머지 포퓰리즘의 양가성을 균형 있게 다루지 못한 측면이 있는데, 본 연구는 이를 미약하나마 보완하고자 한다.

이를 위해 우선 연구의 전제인 포퓰리즘과 민주주의의 양가적 관계를 살핀다. 포퓰리즘과 민주주의를 이분법적으로 구분하거나 동일시하는 입장을 비판적으로 검토하여 포퓰리즘의 민주주의적 성격과 반민주주의적 성격을 동시에 논의할 수 있는 이론적 공간을 확보한다. 이어서 포퓰리즘의 핵심 개념인 인민을 중심으로 포퓰리즘의 민주주의적 성격과 반민주주의적 성격이 생겨나는 지점을 밝힌다. 마지막으로 포퓰리즘의 양가성을 이해하는 세 가지 참조점을 제시한다. 이것들은 각각 포퓰리즘, 민주주의, 그리고 이것들의 공통 기반으로서 인민에 대한 이해와 관계한다.

2. 이분법과 동일시를 넘어: 양가적 관계로부터 출발하기

포퓰리즘과 민주주의의 양가적 관계를 이해하기 위해서는 우선 이 관계를 일면적으로 보는 대립적인 두 가지 접근방식과 거리를 둘 필요가 있다. 첫 번째는 포퓰리즘을 민주주의와 이분법적으로 구분하고 그것을 민주주의에 위협을 가하는 병리적 현상으로 이해하는 통상적 접근방식이다. 많은 연구자들이 지적하듯(Canovan 1999; Mény and Surel 2002; Mudde 2004; 2010; Kaltwasser 2012), 이런 접근방식은 포퓰리즘을 근대화, 경제 변동, 세계화, 대규모 이민 유입과 같은 거시적인 외부 요인에 의해 발생한 예외적이고 비정상적인 현상으로 이해하는 경향이 있다. 물론 포퓰리즘 현상을 구체적으로 분석하는 데 있어 거시적 사회 맥락은 반드시 고려되어야 하며, 포퓰리즘이 민주주의에 미치는 해악 역시 결코 간과될 수 없다. 하지만 '정상적인 민주주의'와 '비정상적인 포퓰리즘'이라는 이분법적 구분에 기초한 통상적인 접근방식은 다음 세 가지 점에서 포퓰리즘에 대한 심도 있는 이해를 저해한다(김주호 2019b, 106). 첫째, 포퓰리즘과 민주주의가 상호배타적인 개념으로 상정됨에 따라 이 둘의 중첩 가능성이 완전히 배제되어 있다. 민주주의의 병리 현상으로서 포퓰리즘은 반민주주의적으로 여겨질 뿐, 그것이 민주주의적일 수 있는 가능성은 존재하지 않는다. 둘째, 포퓰리즘의 발생 가능성이 민주주의에 내재되어 있다는 점이 포착되지 않는다. 포퓰리즘은 단순히 민주주의와 무관한 외부 요인에 의해 발생한 현상으로 이해된다. 셋째, 포퓰리즘이 민주주의에 미치는 긍정적 영향이 간과된다. 민주주의는 그저 포퓰리즘에 의해 위태로워질 뿐이다.

포퓰리즘에 대한 통상적 접근방식을 가장 급진적으로 전복한 이는 아마도 라클라우일 것이다. 그는 『포퓰리즘적 이성에 대하여』(Laclau 2005)에서 포퓰리즘에서 표출되는 내용이 아닌 포퓰리즘의 형식에 주목하고 그 안에 내재되어 있는 어떤 합리성(이성)을 살필 것을 제안한다. 그렇다면 '포퓰리즘적 이성'이란 무엇인가? 단적으로 말해, 라클라우에게 그것은 정치적인 것의 본질이다. 그에 따르면 기존 체제 하에서 수용되지 않은 특수한 사회적 요구는 비슷한 처지의 다른 요구들과 연쇄적으로 결합하게 되는데, 이 과정에서 필연적으로 요구들 간의 차이점이 희석되는 대신 공통점이 부각된다. 그 결과 사회는 점차 기존 체제를 유지하려는 진영과 그것에 저항하는 진영으로 양분되며, 후자의 구성원들은 '그들(적)'에 맞선 '우리'로 동원되고 인민이라는 이름으로 새로운 집단적 정체성을 공유한다. 라클라우는 이 일련의 과정을 포퓰리즘만의 고유한 특성으로 보지 않는다. 그는 '우리'와 '그들(적)'을 이분법적으로 구분하여 복잡한 정치 구도를 단순화하고 모호한 용어를 활용하여 다양한 정치적 입장과 이해관계들을 양 진영의 한쪽에 묶어내는 것이, 즉 우리가 흔히 포퓰리즘의 부정적 특성이라고 언급하는 것들이 과연 포퓰리즘만의 특성인지 반문한다. 오히려 그는 모든 정치가 그러하고 또 그래야만 정치라는 것이 존재할 수 있다고 단언한다. 더욱이 배제되어 있던 사회적 요구들을 정치화한다는 점에서 라클라우가 이해하는 포퓰리즘은 "진정한 민주주의의 유일한 형태"이자 "민주주의의 민주화"(Mudde and Kaltwasser 2017, 79)를 추동하는 동력으로까지 이해된다. 라클라우의 접근방식은 포퓰리즘과 민주주의의 이분법을 극복하고 전자가 후자에 미치는 긍정적 영향을 조명한다는 점에서 기존 연구에서 볼 수 없었던 상당히 놀라운 통찰을 담고 있다.

하지만 이 놀라움의 근원은 동시에 한계의 근원이기도 하다. 포퓰리즘이 곧 정치 일반의 논리라면 하나의 독특한 정치 현상으로서 포퓰리즘이란 도대체 무엇인가? 그리고 그것이 오늘날 문제시되는 이유는 무엇인가? 포퓰리즘을 민주주의의 위협 요소로 보는 일반적 인식은 전적으로 그릇된 것인가? 라클라우는 포퓰리즘에 내재되어 있는 합리성에 주목함으로써 포퓰리즘과 민주주의의 이분법적 구분을 극복하고 전자의 민주주의적 가능성을 포착할 수 있었다. 하지만 바로 그 이유로 인해 포퓰리즘과 민주주의를 구분 짓는 경계와 전자의 반민주주의적 성격이 라클라우의 시야에서 완전히 사라지고 말았다.[2] 포퓰리즘과 민주주의의 이분법적 구분이 반드시 이 둘의 경계를 제거함으로써 극복되는 것은 아니며, 포퓰리즘의 민주주의적 성격에 대한 인식이 반드시 그

2 데 라 토레에 따르면 이러한 라클라우의 "주장은 포퓰리즘적 권위주의를 정당화하거나 촉진할 수 있는 위험성을 내포하고 있"(De la Torre 2018[2017], 140)기까지 하다.

것의 반민주주의적 성격을 도외시함으로써 확보되는 것도 아니다. 결과적으로 라클라우의 접근방식에서 포퓰리즘 이해는 통상적인 접근방식에서의 그것과 마찬가지로 일면적이다.

포퓰리즘은 민주주의와 이분법적으로 구분될 수도 동일시될 수도 없다. 또한 민주주의의 적일 수만도 그것의 최고 형태일 수만도 없다. 중요한 것은 포퓰리즘이 민주주의적인가 또는 반민주주의적인가가 아니라 포퓰리즘에 두 성격이 병존하고 있음을 인지하는 것이다. 이는 포퓰리즘에 양면적으로 접근해야 하는 이유이다(Mény and Surel 2002; Mudde 2004; Panizza 2005; Kaltwasser 2012; Mudde and Kaltwasser 2017, 79-96). 포퓰리즘은 민주주의와 명확히 구분되지 않지만 상이하고, 민주주의를 위협하면서 동시에 그것의 문제점을 바로잡는 데 기여하는 민주주의 정치의 일부로 이해될 필요가 있다.

이와 관련하여 우선 포퓰리즘을 "민주주의 그 자체에 의해 드리워진 그림자"(Canovan 1999, 3)로 이해하는 캐노번에 주목할 필요가 있다. 그에게 포퓰리즘은 거시적인 사회 맥락의 결과이기도 하지만 보다 본질적으로는 민주주의 그 자체에 의해 발생한 결과이며, 예외적이고 일시적인 병리 현상이 아닌 민주주의가 존재하는 곳이라면 어디서든 생겨날 수 있는 정상적인 현상이다. 캐노번은 포퓰리즘의 핵심에 인민의 이름으로 기존 권력구조를 비판하는 민주주의적 경향이 있음을 포착하고, 포퓰리즘의 발생 가능성을 민주주의의 내재적 특성과 결부지어 설명한다. 이는 상보적이면서 상충적인 두 면모가 민주주의에 공존하고 있다는 그의 인식으로부터 출발한다. 캐노번에 따르면 근대 민주주의에는 인민의 정치 활동을 통해 더 나은 세계를 만들고 삶을 구원할 수 있다고 약속하는 구원적 면모(redemptive face)와 사회 내 갈등을 평화적으로 조정하는 제도로서의 실용적 면모(pragmatic face)가 존재하는데, 후자가 전자를 압도할 때 포퓰리즘의 발생 가능성이 생긴다. 즉, 포퓰리즘은 인민의 정치라는 민주주의의 약속이 실현되지 않을 때 대두한다. 캐노번은 라클라우와 마찬가지로 포퓰리즘을 민주주의의 본질적 요소로 이해하지만(Kaltwasser 2012, 192), 그와 달리 이 둘을 동일시하지 않는다. 캐노번에게 포퓰리즘은—그림자의 은유가 잘 시사하듯—민주주의와 동일시될 수 없는, 하지만 민주주의의 내재적 요인에서 발생한 그것의 어두운 부산물이다.

아르디티는 포퓰리즘이 민주주의의 내재적 속성에서 기인했다는 캐노번의 입장을 수용하면서도 그림자가 아닌 '(내적) 주변부'라는 표현으로 포퓰리즘과 민주주의의 미묘한 관계를 더욱 강조한다(Arditi 2003; 2004; 서병훈 2012). 또한 캐노번에게는 자칫 포퓰리즘이 민주주의의 쇄신 동력으로 오해될 수 있는 여지가 존재하는 데 반해, 아르디티는 민주주의의 좋지 않은 '밑면'(underside) 또는 '유령'(spectre)이라는 표현으로 민주주의에 대한 포퓰리즘의 부정적 영향을 뚜렷이 부각시킨다. 그에 따르면 포퓰리즘은 민주주의의 내부에, 하지만 그것의 중심이 아닌 가장자리에 위치하면서 언제든 민주주의를 위협할 수 있는 '증상'이다(Arditi 2003, 25-27).[3] 달리 말해, 포퓰리즘은 아르디티의 절묘한 표현대로 민주주의라는 "저녁 모임 자리에서 시끄럽게 떠드는 손님"(앞의 글,

3 진태원은 프로이트에 기대어 증상을 "내부에 속한 어떤 것이되, 고유하게 내부에 속하지 않는, '외국의/이질적인'(foreign) 영토"(진태원 2017a, 34)로 이해하고, 아르디티가 "포퓰리즘은 민주주의에 대한 적대적인 타자이거나 그것과 전혀 무관한, 이질적인 어떤 것이 아니라, 민주주의에 속하면서 동시에 민주주의에 대해 불안과 소요를 불러일으키는 어떤 것"(앞의 글, 34-35)이라는 의미에서 증상이라는 개념을 사용했다고 파악한다. 상당히 적절한 해석이다.

26)과 같다. 초대를 받긴 받았으나 어느 순간부터 모임의 흥을 돋우는 것이 아니라 분위기를 망쳐버리는 달갑지 않은 손님처럼, 포퓰리즘은 본디 민주주의적 성격을 띠지만 일정 선을 넘어설 경우 민주주의에 위해를 가하는 존재로 이해되어야 한다. 포퓰리즘과 민주주의 사이에 경계선을 명확히 긋기는 어렵지만 그것은 분명히 존재하며, 포퓰리즘은 민주주의의 일부이고 그것에 경종을 울리기도 하지만 민주주의를 위태롭게 만들기도 한다. 포퓰리즘에 대한 이해는 이로부터 출발해야 한다.

3. 결합 지점과 충돌 지점

1) 결합 지점: 정치적 권력과 정당성의 기원으로서 인민

그렇다면 포퓰리즘은 어떤 면에서 민주주의적 성격을 띠며, 어떤 면에서 반민주주의적 성격을 띠는가? 아르디티의 용어로 하자면, 포퓰리즘이 민주주의 정치의 일부로 포함될 수 있는 이유는 무엇이고, 중심부에서 동떨어진 주변부에 머무를 수밖에 없는 이유는 무엇인가? 이는 포퓰리즘과 민주주의의 결합 지점과 충돌 지점에 대한 물음으로 환원된다.

우선 포퓰리즘은 민주주의와 마찬가지로 정치적 권력과 정당성의 기원을 인민에게서 찾는다. 적잖은 입장 차에도 불구하고 거의 모든 포퓰리즘 연구는 포퓰리즘의 핵심 특성이 인민에 대한 호소에 있다는 점에 이견을 보이지 않는다(Urbinati 1998; Mény and Surel 2002; Arditi 2003; 2004; Laclau 2005; Panizza 2005; Abts and Rummens 2007; 문강형준 2012; Aslanidis 2016; Moffit 2016; 진태원 2017a; Müller 2017[2016]; Taggart 2017[2000]). 일찍이 워슬리(Peter Worsley)는 미국과 러시아의 고전적 포퓰리즘과 1960년대 제3세계 국가들의 포퓰리즘을 살펴본 후 '포퓰리즘적'(populist)이라는 용어는 아주 느슨하게 보아 "인민의 이름을 들먹이는 어떤 운동"(Worsley 1969, 242)을 가리켜 왔음을 밝히고, 이념형으로서 포퓰리즘은 '인민의 의지'와 '인민과 지도자 간의 직접적 접촉'을 그 핵심으로 한다고 주장했다. 포퓰리즘 개념 연구에 가장 큰 공헌을 한 무데(Cas Mudde)는 포퓰리즘을 구성하는 핵심 개념으로 인민, 엘리트, 일반의지를 제시하면서도 "포퓰리즘의 핵심 개념은 분명히 '인민'"(Mudde 2004, 544)임을 강조했다. 인민에 대한 가장 체계적인 연구를 수행한 캐노번(Canovan 2015[2005])의 입장도 크게 다르지 않다. 그에 따르면 포퓰리즘의 가장 가시적 특성은 "기성 권력구조와 사회의 지배적 사상과 가치에 맞서는 '인민'에 대한 호소"(Canovan 1999, 3)에 있다. 국내 포퓰리즘 연구의 선구자인 서병훈(2008)은 '인민주권 회복론'을 '감성 자극적 단순정치'와 함께 포퓰리즘이라면 반드시 충족시켜야 할 조건 중의 하나로 제시한다. 포퓰리즘이라 불리는 현상들이 상당히 이질적이고 심지어 상반되기까지 하여 이것들을 하나의 틀로 묶어내는 것이 사실상 불가능한 일이지만(Wiles 1969; Canovan 1982; 서병훈 2008, 46-91; Taggart 2017[2000], 30-153), 적어도 "'주권자 인민'은 상이한 포퓰리즘 전통들에 공통적으로 담겨 있는 주제"(Mudde and Kaltwasser 2017, 10)임은 분명하다. '포퓰리즘'의 어원이 인민을 뜻하는 라틴어 '포풀루스'(populus)에 있다는 것은 단순한 우연이 아니다.

주지하듯 주권자 인민에 대한 호소는 민주주의의 핵심 특성이기도 하다. 민주주의는 그리스어로 인민을 뜻하는 '데모스'(demos)와 지배를 뜻하는 '크라토스'(kratos)의 합성어로서 문자 그대로 다수 인민의 지배를 뜻한다. 기원전 6세기 그리스 아테네에서 기원한 이후 민주주의라고 불린 다양한 정치체제들이 그 적잖은 차이에도 불구하고 하나의 범주로 묶일 수 있었던 것은 그것들 모두 일인 또는 소수가 아닌 주권자로서 동등한 권리를 가진 다수 인민의 지배에 근간했기 때문이다(Dahl 1999[1998]; Held 2010[2006]; Osborne 2012[2011]; Dunn 2015[2005]). 근대 민주주의가 상당히 다른 형태로 제도화되었지만 고대 아테네의 민주주의와 연속성을 가질 수 있는 것도 정치권력의 행사 방식에 변화가 있었을 뿐 그것의 궁극적 담지자로서 인민이라는 사실에는 변함이 없기 때문이다(Bobbio 1992[1990], 37).

요컨대, 정치권력이 궁극적으로 인민에게 있으며, 따라서 정치 행위는 원칙적으로 인민의 의지에 부합해야 한다는 믿음은 모든 포퓰리즘과 모든 민주주의의 출발점이다. 적어도 이 점에 있어 포퓰리즘은 "그 자체로 반민주주의적이지 않고"(Mény and Surel 2002, 5) 오히려 민주주의적이다. 포퓰리스트가 민주주의를 내세울 수 있는 것도 바로 이 때문이다. 예컨대 프랑스의 르펜이 2017년 대선에서 내건 '국민(인민)의 이름으로'라는 구호는 단순히 의례적 정치 수사로 치부될 수 없다(Mouck 2018[2018], 58). 베네수엘라의 차베스 역시 민중(인민)이 주체적으로 참여하는 민주주의를 제시하고 적잖은 성취를 이뤘다(김은중 2014). 1989년 구동독의 민주화 투쟁 과정에서 등장한 '우리가 인민이다'라는 구호가 2014년 우익 포퓰리즘 정당과의 연계 의혹이 짙은 페기다(PEGIDA) 시위에 재등장한 것도 단순한 우연으로 볼 수 없다. 이 현상들은 오히려 포퓰리즘의 포풀루스와 민주주의의 데모스가 본질적으로 다른 존재가 아님을, 따라서 포풀루스를 정치의 중심에 세우려는 운동과 데모스를 정치의 중심에 세우려는 운동이 필연적으로 중첩될 수밖에 없음을 시사한다.

포퓰리즘이 민주주의의 발전에 긍정적 영향을 미칠 수 있는 가능성도 바로 이 지점에 존재한다. 구체적으로 포퓰리즘은 첫째, '심화된 민주주의'에 이바지할 수 있다. 포퓰리즘은 응답하지 않는 기성 정치에 대한 반작용 속에서 등장한다(Hardmeier 2008; Kitschelt 2002; Mair 2002; Bornschier 2015; 김주호 2019b). "실망한 민주주의자"(Vehrkamp and Wratil 2017, 24)로서 포퓰리스트는 민주주의 정치의 본래 목적이 인민 의지의 표현임을 환기시키면서 그렇지 못한 기존 정치에 쇄신의 계기를 제공한다. 둘째, '을의 민주주의'의 실현에 도움될 수 있다. 특히 라클라우가 잘 보여주었듯이, 포퓰리즘적 전략과 운동은 주변화된 사회집단들을 새로운 정치 주체로 조직하고 이들의 요구를 실현하는 데 공헌하기도 한다(Laclau 2005; 진태원 2017a; 2017b). 실제로 이런 경향은 기성 체제에서 소외된 농민 또는 노동자를 중심으로 한 19세기 후반 미국의 포퓰리즘과 라틴아메리카의 다양한 포퓰리즘들에서 특히 잘 발견된다(서병훈 2008, 46-91; Taggart 2017[2000], 53-84; 106-11; 박구병 2017). 포퓰리즘 운동이 신자유주의를 넘어서는 급진민주주의의 가능성을 내포하고 있다고 기대받는 것도 이런 맥락에서 이해될 수 있다(Mouffe 2019[2018]; 장석준 2019). 셋째, '쉬운 민주주의'를 가능케 한다. 기본적으로 반엘리트주의적 성향을 띠는 포퓰리즘은 보통 사람들의 언어로 정치를 풀어내어 이들의 정치적 접근을 용이하게 만든다(Moffit 2016, 142).

2) 충돌 지점: 절대적이고 단일한 것으로서 인민의 의지

포퓰리즘은 민주주의와 마찬가지로 인민을 정치적 권력과 정당성의 근원으로 인식하지만 결코 민주주의 정치의 중심부에 위치할 수 없다. 인민에 대한 독특한 해석으로 말미암아 현 민주주의와의 충돌을 피할 수 없기 때문이다. 이는 크게 두 가지 측면에서 살필 수 있다. 첫째, 포퓰리즘은 인민의 의지를 절대시한다. 이는 특히 근대 민주주의를 가능케 하는 두 가지 토대와 충돌한다. 하나는 헌정주의이다. 주지하듯 근대 민주주의는 합법성과 법치를 원칙으로 하는 헌정주의의 토대 위에서 제도화되었는데, 이를 뒷받침하는 헌법의 절대적 권위는 인민주권에서 기원한다. 왜냐하면 이전과 달리 종교 또는 혈통 등에 근거하여 권력을 정당화할 수 없었던 근대의 정치공동체는 사회계약론에 근거하여 주권인민(sovereign people)의 존재를 선험적으로 가정하고 그로부터 권력의 정당성을 새로이 도출해 냈기 때문이다(김성호 2007; 2008; Schmidt 2008, 49-65; 80-97). 인민은 주권의 담지자이기 때문에 헌법을 제정하는 권력인 제헌권력(constituent power)의 담지자이기도 하다는 논리다. 하지만 역설적으로 헌정주의가 제대로 작동하기 위해서는 국가의 모든 구성원이 예외 없이 헌법에 복종하고 모든 권력이 헌법에 근거하여 행사되어야 한다. 달리 말해, "제헌권력으로서 인민주권이 갖는 정당성은 절대적인 동시에 제한적이다"(김성호 2008, 24). 그렇지 않고서는 인민의 의지라는 미명 하에 무소불위의 권력이 행사되고 종국에는 민주주의마저 붕괴시키는 위험성이 제거되지 않기 때문이다(Müller 2011). 인민은 헌법을 제정하는 권력의 궁극적 담지자이지만 동시에 역설적으로 그 헌법에 구속되는 존재이며, 근대 민주주의는 그 본원적 성격을 제약하는 헌정주의의 토대 위에서만 작동한다.

하지만 포퓰리스트들은 인민의 의지에 근거하여 헌법이 제정되었다는 점은 수용하면서도 그것과 필연적으로 결합되어 있는 또 다른 측면, 즉 인민의 의지가 헌법에 의해 제약된다는 점은 거부한다(Corrias 2016; Walker 2019). 이들은 인민의 의지가 항상 헌법에 우선해야 한다는 믿음을 고수한다. "헌법보다 더 강력한 것이 하나 있다. (…) 그것은 인민의 의지다. 도대체 헌법이란 게 무엇이란 말인가? 그것은 인민들이 만들어 낸 것이다. 인민들이 권력의 첫 번째 원천이다. 원하기만 한다면, 인민은 헌법을 폐지할 수 있다"(Canovan 2015[2005], 158 재인용)는 월러스의 말은 인민과 헌법에 대한 포퓰리스트들의 시각을 정확히 반영하고 있다. 이들은 기존의 헌정질서와 그에 근거한 제도들을 인민 의지의 온전한 실현을 가로막는 장애물로 여기는 경향이 있다. 포퓰리스트가 일단 집권하면 인민의 이름으로 기존의 헌정질서를 무력화하고 새로운 헌법을 제정하는 경우가 잦은 것도 바로 이 때문이다(Müller 2017[2016], 59-98). 포퓰리즘적 헌정주의는 한편으로는 인민헌정주의(popular constitutionalism)와, 하지만 다른 한편으로는 권위주의적 헌정주의(authoritarian constitutionalism)와 맞닿아 있다(Walker 2019, 524-528).

인민의 의지를 절대시하는 포퓰리즘은 근대 민주주의의 대의제 원칙과도 충돌한다. 고대 아테네에서 짧게 존재했던 민주주의가 근대 초 인류사에 새로이 도래했을 때, 민주주의는 그 핵심인 인민주권을 최대한도로 실현하기 위해서라도 역설적이지만 인민주권을 제약하는 대의제와 결합하지 않을 수 없었다(Bobbio 1988, 35-63; 1992[1990], 36-42; Dahl 1999[1998], 115-187). 폴리스인 고대 아테네와 비교할 수 없을 정도로 광대한 영토와 상당한 인구를 보유한 국민국가가 근대 정치의 현실적 조건으로 주어졌기 때문이다. 또한—더 중요하게는—대의제는 근대 초 민주주의가 고대 아테네에서와 같이 다수 인민에 의한 직접 통치로 여겨지고 인민이 직접 공동체를 통치한다고 도무지 생각하기 어려운 상황에서 고안된 하나의 타협책이었다. 민주주의는 통치를 소수의 양식 있는 시민에게 위임하고 나머지에게 대표를 선출할 수 있는 권리를 부여하는 식으로 변모함으로써만, 즉 다수정으로서 '순수한' 민주주의를 포기하고 귀족정과 혼합됨으로써만 수용될 수 있었다(Manin 2004[1997]; Dunn 2015[2005]). 하지만 이는 대표하는 자와 대표되는 자의 간극 때문에 대의하는 과정에서 인민의 의지가 축소, 변형, 왜곡되어 주권자 인민의 지배라는 민주주의의 본질이 훼손될 위험성이 태생적으로 대의제에 내재되어 있음을 뜻한다. 인민주권 실현의 수단으로 도입된 대의제가 도리어 인민주권의 실현을 저해할 수 있는 것이다.

이런 점에서 대의제는 인민 의지의 온전한 실현을 강조하는 포퓰리즘과 상충하기 쉽다. 실제로 대의제에 대한 불신은 포퓰리즘의 전형적인 특성 중 하나이며(Mény and Surel 2002; 주정립 2006; 서병훈 2008, 115-118; Taggart 2017[2000], 157-198), 대의제 하에서 결여된 응답성은 포퓰리즘 등장의 주요 배경이다(Hardmeier 2008; Bornshire 2015; Mudde and Kaltwasser 2017, 99-104; 김주호 2019b). 포퓰리스트는 인민의 선호에 귀 기울이지 않고 인민의 이해관계를 제대로 대변하지 않는다는 이유로 기존 정치와 정치 엘리트들을 비판하고 직접민주주의에 대한 향수를 불러일으키며 등장한다. 물론 포퓰리스트가 대의제 그 자체를 거부한다고 볼 수는 없다(Müller 2017[2016], 17-58; Taggart 2017[2000], 157-198). 포퓰리스트는 현실 정치에서 영향력을 확보하기 위해서라도 대의제를 수용하고 선거에 참여할 수밖에 없다는 것을 알고 있으며, 선거를 인민의 의지를 확인하고 정치적 정당성을 확보하는 유일한 방법으로 여기기도 한다. 하지만 포퓰리스트는 대의제를 인민의 의지가 표현되는 단순한 수단 정도로 치부하고 선출된 자는 인민이 원한다면 무엇이든—설사 그것이 개인의 기본권과 자유를 침해한다 하더라도—따라야 한다고 보는 경향이 있다(Mounk 2018[2018], 64-70). 즉, 포퓰리즘 정치에서는 자유위임(free mandate)이 아닌 기속위임(imperative mandate)이 전제되어 있다(Müller 2017[2016], 39-48). 이는 전자에 기초한 오늘날의 대의 민주주의에 조응하지 않는다(Bobbio 1988, 35-63).

둘째, 일반적인 민주주의자와 달리 포퓰리스트는 단일한 인민의 의지에 집착한다. 포퓰리즘에서 반헌정주의와 대의제에 대한 불신이 인민의 의지를 절대시한 결과라면, 반다원주의는 인민의 의지가 오직 하나로 존재한다는 허황된 믿음의 결과이다. 개인이나 집단이 상이한 가치관과 이해관계를 가지고 있다는 데서 출발하는 다원주의는 이견의 공존과 타협의 가능성을 전제하는 민주주의와 친화성을 띤다(설한 2009). 민주주의는 특정한 가치에 기초하여 선험적으로 규정된 선, 정의, 옳음 위에 구축되어 있는 것이 아니라 무엇이 선한지, 정의로운지, 옳은지를 구성원들이 합의를 통해 구축해 감을 전제하기 때문이다. 따라서 민주주의는 "누구의 의견도 틀릴 수 있다고 가정하지 않으면 존립하기 어려운 체제다"(박상훈 2015, 19). 특히 근대 민주주의는 그 핵심인 개인의 기본권, 권력 분립, 정당 정치 등이 다원주의와 불가분의 관계에 있다는 점에서 더욱 그러하다. 물론 민주주의와 다원주의 간의 필연적 연관성이 존재한다고 상정할 근거는 없다(Bobbio 1988, 56). 다수결 원칙에 근간하는 민주주의는 소수의견을 질식시킬 수 있다는 점에서 오히려 다원주의와 상충하기도 하며, 실제로 이는 민주주의 태생 이후 지금까지 그것에 가해진 가장 오래된 비판이기도 하다. 하지만 현대 사회에 다양한 가치관과 이해관계가 존재하고 오늘날의 민주주의 정치가 그것들을 대변하는 다양한 정치 세력에 의해 이루어진다는 점은 엄연한 사실이다.

하지만 포퓰리스트들은 대체로 이 사실을 인정하지 않는다. 오히려 이들은 인민의 단일한 의지가 존재하며 그것이 오직 자신들에 의해서만 대변될 수 있다고 믿는다. 뮐러(Jan-Werner Müller, 2017[2016])는 누구보다도 이 점을 정확히 포착하고 있다. 그에 따르면 반다원주의는 포퓰리즘의 핵심 특성일 뿐만 아니라 그것과 민주주의를 구분 짓는 가장 결정적인 특성이다. 포퓰리스트는 인민 의지에 대한 배타적 대표성을 내세우면서 인민의 이름으로 이견을 제거하고 기존의 헌법과 민주적 절차를 무시하며 권력을 독점하기 때문이다. 이 지점에서 포퓰리즘은 다시금 권위주의와 맞닿아 있다. 포퓰리스트에게 인민과 같은 민주주의의 언어는 권위주의로부터 민주주의를 지키는 도구가 아니라 반대로 민주주의를 권위주의로, 심지어 전체주의로 타락시킬 수 있는 도구이다.

4. 양가성 이해를 위한 세 가지 참조점

1) 포퓰리즘의 이데올로기적 측면에 주목

포퓰리즘이 민주주의에 미치는 양가적 영향을 이해하기 위해서는 우선 그것을 인민에 대한 독특한 이해에 기초한 이데올로기로 볼 필요가 있다. 이런 입장은 누구보다도 무데에 의해 대변되어 왔다. 그는 2004년 발표한 자신의 논문에서 포퓰리즘을 대중 선동 또는 기회주의 정도로 치부하는 통념과 거리를 두고, 그것을 "사회가 궁극적으로 '순수한 인민' 대 '부패한 엘리트'라는 두 개의 동질적이고 적대적인 집단으로 분리되어 있다고 여기며 정치는 인민의 일반의지의 표현이어야 한다고 주장하는 [중심이 얇은(thin-centred)] 이데올로기"(Mudde 2004, 543)라고 간명하게 정의한 바 있다. 사회주의나 자유주의처럼 지적으로 잘 정제되고 일관성을 갖추지는 못했다는 점에서 중심이 얇다는 조건을 붙이긴 했지만, 무데에게 포퓰리즘은 인민, 반엘리트주의, 일반의지라는 세 개념 위에서 구축된—하지만 특히 인민 개념이 결정적 역할을 하는—“분명한 이데올로기”(앞의 글, 544)이다.

포퓰리즘을 이데올로기로 본다는 점에서 캐노번의 입장은 무데의 그것과 상당히 유사하다(Canovan 2002). 그에게도 포퓰리즘은 정교한 개념 구조 위에 있다기보다는 인민을 중심으로 민주주의, 주권, 다수지배와 같은 몇몇 개념들 위에 구축된, 따라서 정치 세계 전반에 대한 이해를 도울 수 있을 정도로 포괄적이지는 않은 ‘중심이 얇은 이데올로기’이다. 다만 무데에 비해 캐노번은 복잡한 정치 현상에 대한 간명한 해석을 제공하여 정치적 행위를 이끌어 내는 이데올로기의 특성에 보다 주목한다. 그에 따르면 인민에게 권력을 돌려주어 더 나은 세계를 만들겠다는 약속을 통해 사람들을 정치적으로 동기 부여하는 민주주의의 이데올로기적 측면이 포퓰리즘에서도 발견된다. 하지만 인민을 공통의 이해관계와 의지를 가진 단일한 총체로 상정하여 ‘우리(인민)’와 ‘그들’을 이분법적으로 구분하고 다수지배에 절대적인 정당성을 부여하는 포퓰리스트의 민주주의 이데올로기는 자유민주주의 이데올로기와 양립할 수 없다고 한다.

물론 포퓰리즘을 이데올로기로 보는 것이 적절한가에 대해서는 이견도 적지 않다. 모피트(Moffitt 2016)는 이데올로기라는 용어가 포퓰리즘 연구에서 남용됨에 따라 너무 두루뭉술한 용어로 변질되었다는 점, 그리고 포퓰리즘은 중심이 얇다고 하기에도 어려울 정도로 이데올로기적으로 보잘 것 없다는 점을 이유로 그것을 이데올로기로 보는 입장을 비판한다. 대신—또한 포퓰리즘을 동원 전략, 담론 또는 정치의 논리로 보는 입장까지 논박한 후—포퓰리즘을 인민에 대한 호소, 나쁜 매너, 위기·파국·위협의 강조를 그 핵심 특성으로 하는 정치 스타일로 이해할 것을 제안한다. 백영민(2016) 역시 포퓰리즘은 이데올로기라 불릴 수 있을 정도로 충분한 내용을 담고 있는 개념이 아니므로 커뮤니케이션이라는 형식적 측면에서 포퓰리즘을 이해할 필요가 있다고 주장한다. 그에게 "포퓰리즘은 어떤 특정한 방식의 주의(主義)나 주장을 의미하는 것이 아니라, 특정 방식으로 포퓰리즘 운동에 대한 시민들의 참여를 이끌어 내는 설득과정", 달리 말하면 "'국민'을 담론적으로 구성하고 '타락한 엘리트를 비판'하며 새로운 체제에 대한 비전을 제시하는 정치 커뮤니케이션 레토릭"(앞의 글, 19)으로 여겨진다. 애슬라니디스(Aslanidis 2016)는 「포퓰리즘은 이데올로기인가?」라는 논문에서 포퓰리즘을 이데올로기로 보는 입장의 개념적, 방법론적 결함을 지적하고 포퓰리즘을 담론 프레임으로 봐야 한다고 단언한다.

포퓰리즘이 이데올로기인지 아닌지, 아니라면 무엇으로 규정해야 하는지를 쫓는 것은 본고의 목적에서 벗어난다. 추측컨대 포퓰리즘은 그 구체적 현상들 간의 높은 이질성으로 말미암아 이데올로기 또는 정치 스타일, 레토릭, 담론, 동원 전략 따위 중 어느 하나로 만족스럽게 규정될 수 없을 것이다. 때문에 포퓰리즘은 오히려 상호보완적으로 다양한 측면에서 분석될 필요가 있다.

하지만 포퓰리즘과 민주주의의 양가적 관계를 이해하기 위해서는 포퓰리즘의 이데올로기적 측면, 또는 적어도 인민에 대한 포퓰리스트의 독특한 믿음에 주목하고 그것을 출발점으로 삼아야 한다. 왜냐하면 포퓰리즘의 민주주의적 성격과 반민주주의적 성격이 바로 이 믿음에서 기인하기 때문이다. 전술했듯, 포퓰리즘은 인민을 정치적 권력과 정당성의 근원으로 여긴다는 점에서 민주주의와 결합하지만, 이 인민에 대한 맹목적 믿음 때문에 민주주의와 충돌한다. 민주주의를 위해서라도 인민의 의지에 제한이 가해질 수밖에 없다고 보는 근대 민주주의자와 달리 "민주주의가 인민의 권력, **오로지** 인민의 권력만을 의미하는 것처럼 말하고 행동"(Mény and Surel 2002, 9 원서 강조)하는 포퓰리스트는 단일화된 인민의 의지를 추구하고 그것을 절대시하기 때문이다. 이 근본주의적 태도는 근대 민주주의의 토대인 헌정주의, 대의제 원칙, 다원주의 등과 양립할 수 없다.

물론 포퓰리즘을 이데올로기로 보지 않는 연구자들도 그것의 핵심 특성 중 하나가 인민에 대한 호소라는 점을 부정하지는 않는다. 가령 모피트(Moffit 2016)에게 그것은 정치 스타일로서 포퓰리즘의 첫 번째 특성이다. 더욱이 그는 포퓰리즘에 민주주의적 성격과 반민주주의적 성격이 병존하고 있다는 점도 인지하고 있다(앞의 책, 133-151). 하지만 모피트에게—그리고 포퓰리즘의 이데올로기적 측면을 간과하는 대부분의 이들에게—인민에 대한 호소는 여러 포퓰리즘 현상들에서 공통적으로 발견되는 한 가지 특성일 뿐이다. 이들은 인민에 대한 호소와 포퓰리즘의 양가성 간에 내적 연관성이 존재한다는 사실을 포착하지 못한다. 더욱이 인민에 대한 호소가 포퓰리즘에서 왜 그토록 중요한지, 그리고 그것이 다양한 형태의 포퓰리즘에서 공통적으로 발견되는 본질적 이유가 무엇인지에 대해 답할 수 없다. 그 대답은 인민이 정치의 중심에 있어야 한다는 포퓰리스트의 맹목적 믿음을 고려해야만 주어질 수 있기 때문이다. 이 믿음은 단순히 포퓰리즘의 한 가지 특성이 아니라 오히려 포퓰리즘을 만들어 내는 동력이며(Abts and Rummens 2007, 407-409), 민주주의에 대한 포퓰리즘의 양가성이 발원하는 지점이다.

2) 자유민주주의의 두 토대에 대한 고려

포퓰리즘과 민주주의의 양가적 관계를 이해하기 위한 두 번째 참조점은 자유민주주의의 두 토대를 고려하는 데 있다. 주지하듯, "통치 형식의 하나로서, 통치의 힘, 즉 통치권이 한 개인이나 몇몇 소수의 수중에 장악되어서는 안 된다고 믿는 신조"인 민주주의는 근대 초에 일인 또는 소수의 권력 독점을 무너뜨리고 다수의 정치 참여를 제도화하는 과정에서 "국가에 대한 어떤 독특한 태도를 일컫는 개념으로서, 국가의 권력과 기능은 제한적이라고 보는 신조"(Bobbio 1992[1990], 11)인 자유주의와 긴밀히 결합했다. 양자가 충돌 없이 결합한 것도 양자 간의 충돌 가능성이 완전히 해소된 것도 아니지만(Beetham 1992; Arblaster 2007[1984], 381-458; 509-545; Osborne 2012[2011], 271-305), 자유민주주의는 오늘날 민주주의의 일반적 형태로 굳건히 자리 잡고 있다. 때문에 이제는 사상, 양심, 언론, 표현, 결사의 자유와 같은 개인의 기본적 자유와 법치주의를 보장하는 자유주의적 제도 없이 작동하는 민주주의를 상상하기란 쉽지 않다. 이는 오늘날 민주주의가 일반적으로 자유민주주의의 의미로 통용되는 이유이자, 동시에 포퓰리즘과 민주주의의 관계에 관한 논의에서 불필요한 혼동이 발생하는 이유이다. 포퓰리즘의 반민주주의적 성격을 강조하는 이들은 민주주의를 자유민주주의로 상정하는 경향이 있고(Taguieff 1995; Abts and Rummens 2007; Müller 2017[2016]), 반대로 포퓰리즘의 민주주의적 성격을 부각시키는 이들은 포퓰리즘과 민주주의 원형의 유사성에만 주목하는 경향이 있다(Laclau 2005; Mouffe 2019[2018]).

이 혼동을 피하기 위해서는 전략적으로라도 우선 민주주의를 최소한으로 정의하고 자유민주주의와 구분할 필요가 있다. 무데와 칼트바서(Christóbal Rovira Kaltwasser)는 이 점을 인지하고 있다. 이들은 민주주의의 핵심 특성을 인민주권과 다수지배로, 자유민주주의는 여기에 '기본권 보장'이 추가된 형태로 규정하고, 이 토대 위에서 "포퓰리즘은 본질적으로 민주주의적이지만 자유민주주의와는 갈등한다"(Mudde and Kaltwasser 2017, 81)고 보았다. 달리 말하자면, 이들은 포퓰리즘을 민주주의와 마찬가지로 인민주권과 다수지배를 토대로 하지만 자유주의의 핵심인 기본권 보장을 갖추지는 않은 비자유주의적 민주주의의 일종으로 간주한다. 어비나티(Urbinati 1998)의 입장도 크게 다르지 않다. 그에게 포퓰리즘을 둘러싼 논쟁은 민주주의에 대한 상이한 해석의 문제이며, '포퓰리즘적 민주주의'는 자유민주주의—그리고 대의민주주의 및 입헌민주주의—와 가장 대척점에 있는 민주주의의 한 형태이다. 이런 맥락에서 "민주주의가 꼭 자유주의는 아니다. 자유주의가 아니어도 민주주의일 수 있다"(Krastev 2017[2017], 130 재인용)는 헝가리 총리 오르반(Orbán Viktor)의 발언은 포퓰리즘적 민주주의의 핵심 특성이 무엇인지를 명확히 보여준다.

포퓰리즘을 비자유주의적 민주주의로 보는 입장의 기저에는 자유민주주의가 민주주의와 자유주의라는 두 토대 위에 존재하고 포퓰리즘은 전자와 조응하나 후자와는 충돌한다는 인식이 깔려 있다(Urbinati 1998; Mair 2002; Mény and Surel 2002; Panizza 2005; Kaltwasser 2013; Mudde and Kaltwasser 2017, 79-96). 이는 최근 뭉크(Mounk 2018[2018])의 연구에서 가장 명시적으로 나타난다. 그에 따르면 현 자유민주주의의 위기는 그것의 자유주의적 토대와 민주주의적 토대가 약화되면서 각각 '권리 보장 없는 민주주의'와 '민주주의 없는 권리 보장'의 형태로 발현한다. 포퓰리즘은 이 중 전자와 관련한다. 뭉크는 포퓰리스트들이 각국에서 개인의 기본권을 보장하는 자유주의 제도들을 인민과 민주주의의 이름으로 무너뜨린다는 점을 포착하고, 포퓰리즘의 본질이 일반적 통념처럼 비자유주의적이면서 반민주주의적이지 않고 오히려 비자유주의적이지만 민주주의적임을 강조한다. 그가 권리 보장 없는 민주주의를 '비자유주의적 민주주의'(illiberal democracy)와 혼용하는 것도 이 때문이다. 포퓰리즘을 바라보는 정진영(2018)의 시각은 뭉크의 그것과 상당히 유사하다. 그 역시 자유민주주의의 위기가 민주주의로부터 분리된 자유주의의 극단화된 형태로서 신자유주의, 그리고 자유주의로부터 분리된 민주주의의 극단화된 형태로서 포퓰리즘이라는 두 양상으로 발현한다고 본다. 그에 따르면 "포퓰리즘은 인민주권의 원칙에 지나치게 집착하면서 자유주의의 제도적 장치들을 허물어 민주주의의 존립 자체를 위협한다"(정진영 2018, 81).

앱츠와 루멘스(Abts and Rummens 2007)는 자유민주주의(입헌민주주의)를 상충 관계에 있는 민주주의적 토대와 자유주의적(헌정주의적) 토대의 모순적 결합물로 전제하고 포퓰리즘이 전자와 조응하나 후자와 충돌한다고 보는 소위 '두 입장 모델'(two-strand model)에 이의를 제기한다.[4] 이런 식의 접근방식은 두 토대의 상충성을 과장하고 포퓰리즘과 민주주의적 토대의 연관성을 과대평가함으로써 포퓰리즘과 자유민주주의의 긴장 관계를 두 토대의 긴장 관계로 환원하기 때문이다. 뭘러도 자칫 포퓰리즘에 민주주의적 정당성이 있다는 생각을 불러일으킬 수 있다

4 두 입장 모델(이론)에 대한 캐노번의 입장은 다소 모호하다. 그는 『인민』에서 앱츠 및 루멘스와 비슷한 논거로 두 입장 모델을 비판하지만(Canovan 2015[2005], 146-157), 포퓰리즘을 민주주의의 구원적 면모와 실용적 면모 간의 내재적 긴장의 결과로 보는 그의 시각은 두 입장 모델에 가깝기 때문이다(Canovan 1999; 2002). 실제로 앱츠와 루멘스는 캐노번이 두 입장 모델에 기초하고 있다고 판단한다(Abs and Rummens 2007, 411).

는 점에서 그것을 비자유주의적 민주주의로 보는 것에 우려를 표한다(Müller 2017[2016], 70-83).

이런 비판들은 물론 경청할 만하다. 실제로 자유민주주의의 두 토대는 상충할 뿐만 아니라 상보적이며 쉽게 분리되어 생각될 수 없다. 하지만 두 입장 모델의 대변자들이 이 점을 부정한다고 보기는 어렵다. 이들은 포퓰리즘과 민주주의의 양가적 관계를 이해하기 위한 하나의 분석틀로서 자유민주주의의 두 토대를 구분하고 그것들의 상충성에 주목할 뿐이다. 오히려 두 토대가 상보적 관계에 있다는 것을, 따라서 어느 한 토대의 문제가 곧이어 다른 토대의 문제로 이어질 것임을 인지하고 있기 때문에 포퓰리즘에 의한 자유주의적 토대의 침식을 우려한다(Mounk 2018[2018], 14). 더욱이 이 비판들을 따를 경우 포퓰리즘과 민주주의의 내적 연관성이 쉽게 포착되지 않으며, 따라서 포퓰리즘의 부상이 어떤 민주주의적 열정에 기반하고 있음을 간과하게 된다(앞의 책, 70-72). 뮐러 스스로도 말했듯이, 오늘날 민주주의의 위험 요소는 "민주주의 사상을 체계적으로 부인하는 어떤 종합적인 이데올로기"가 아니라 포퓰리즘이며, "포퓰리즘은 민주주의 최고의 이상('국민이 직접 통치하게 하자!')을 실현해주겠다고 약속하는 타락한 형태의 민주주의다. 위험은 민주주의 안에 내재해 있고, 정치행위자들은 민주주의 가치의 언어를 구사하면서 위험을 야기한다"(Müller 2017[2016], 15-16). 포퓰리즘이 민주주의이긴 하되 타락한 이유를 설명하기 위해서라도 그것의 민주주의적 성격과 비자유주의적 성격을 동시에 고려해야 한다. 자유민주주의의 두 토대에 대한 인식은 이를 가능케 한다.

3) 부분이자 전체인 인민의 이중성 인식

포퓰리즘에 민주주의적 성격과 반민주주의적 성격이 병존하고 있다는 사실을 이해하기 위해서는 또한 그것의 핵심 개념인 인민에 내포된 이중적 의미를 살펴봐야 한다. 인민은 정치공동체 전체를 의미하면서 동시에 그 일부를 의미한다(Laclau 2005, 67-128; Canovan 2015[2005], 117-157). 포퓰리즘의 어원인 인민이라는 뜻의 라틴어 '포풀루스'는 이미 고대 로마에서 한편으로는 공화정을 구성하는 모든 계급을, 다른 한편으로는 그중 한 계급인 평민(plebs), 즉 귀족은 아니지만 노예와 달리 정치적 권리를 가지고 있는 시민을 지시했다. 고대 그리스의 '데모스' 역시 이러한 이중성을 띠기는 마찬가지였다. '인민'은 이후 여러 언어 속에서 다양한 의미로 발전해 왔지만(앞의 책, 28-76), 그것이 전체이자 동시에 부분일 수 있다는 점에는 변함이 없었다.

하지만 그렇다고 해서 포퓰리즘에서 말하는 부분으로서의 인민이 특정 사회집단으로 고정되어 있는 것은 아니다. 오히려 부분으로서의 인민은 포퓰리즘의 역사에서 상이한 사회집단들과 결부되어 왔다. 예컨대 그것은 19세기 후반 러시아와 미국의 포퓰리즘에서 농민을, 20세기 이후 라틴아메리카에서 노동자와 빈민을, 유럽의 우익 포퓰리즘에서 이민자가 아닌 '진짜 국민'을 지시했다(서병훈 2008, 46-91; Judis 2017[2016], 133-162; 197-233; Taggart 2017[2000], 51-153). 또한 최근의 좌익 포퓰리즘에서는 세계화된 신자유주의 시대에 주변으로 밀려난 자들을 의미하기도 한다(Judis 2017[2016], 163-195; 장석준 2019; Mouffe 2019[2018]).

부분이자 전체로서 존재하는 인민의 이중성은 독특한 방식으로 민주주의의 확장·심화에 기여해 왔다. 정치적으로 배제되어 있던 이들은 이 이중성 덕분에 사회의 일부인 자신들을 인민이라는 이름으로 묶어내고, 다른 한편으로 주권이 전체로서 인민에게 주어져 있다는 점을 내세우면서 정치적 권리를 요구할 수 있었다. 실제로 근대 초 서구에서 정치적 권리의 확대 과정은 주권이 전체 인민에게 주어져 있다는 인민주권에 대한 신념과 부분으로서 여러 인민'들'이 여전히 정치적으로 배제되어 있던 현실 간의 괴리를 메워 가는 과정이었다. 우선 왕과 귀족에 맞서 자유주의 성향의 백인 남성 부르주아지가, 그 이후에는 이 새로운 지배계급에 맞서 프롤레타리아트, 여성, 비백인 등이 주권이 전체 인민으로부터 기인하며 자신들 역시 전체로서의 인민을, 심지어 많은 경우에는 인민의 다수를 구성한다는 점을 내세워 정치적 권리를 요구하고 실제로 그것을 쟁취해 왔다(Osborne 2012[2011]; Canovan 2015[2005], 121-131).

배제된 부분으로서의 인민을 전체 인민의 이름으로 동원하는 것은 포퓰리즘 운동에서도 발견된다. 물론 보통선거권이 확립된 오늘날 이 운동의 목적이 정치적으로 배제된 사회집단에 정치적 권리를 부여하자는 데 맞춰져 있지는 않다. 대신 포퓰리스트는 사회경제적으로 주변화된 사회집단, 또는 정치적 권리는 가지고 있으나 기존 정치질서 하에서 실질적으로 정치적 발언권이 결여된 사회집단을 대변하고 이들을 위한 정치가 구현되어야 함을 역설한다. 이 과정에서 포퓰리스트가 대변하고자 하는 '인민'은 분명 전체의 일부이지만, 정치가 이들을 대변해야 한다는 주장의 기저에는 전체 인민이 궁극적으로 주권의 담지자라는 생각이 깔려 있다. 캐노번이 지적했듯이, 포퓰리즘에서 볼 수 있는 "'인민에게 정치를 되돌려 주자'는 요구는, 우선 '인민'이 권력을 쥔 자들과는 대조적인 세력으로 이해되면서도(이렇게 이해할 때 인민은 전체 주민 일반보다 작은 것이다), 다음으론 (상반되게) 인민이 전체로서 주권 인민의 권위를 행사하는 존재로 확대되는 모호함을 이용하고 있다"(Canovan 2015[2005], 21). 인민의 이중적 의미에 기대어 주변화된 이들을 정치의 영역으로 끌어오고 대표성이 결여된 기존 정치에 이의를 제기한다는 점에서 포퓰리즘은 민주주의적 성격을 띤다.

하지만 인민의 이중성은 포퓰리즘의 반민주주의적 성격을 분명하게 포착할 수 있는 지점이기도 하다. 포퓰리즘에서는 부분으로서의 인민과 전체로서의 인민이 모호하게 결합되어 있는 것이 아니라 이 둘이 아예 등치되어 있고, 따라서 인민으로 규정된 일부만이 정치적 권력과 정당성을 가진 것으로 이해되기 때문이다. "국민[인민] 가운데 일부만 진정한 국민[인민]이라는 이 같은 주장이 바로 포퓰리즘의 핵심이다"(Müller 2017[2016], 35). 포퓰리스트가 인민의 단일한 의지를 상정하고 그것에 대한 배타적 대표성을 주장할 수 있는 것도 전체로서의 인민을 오직—실제로 부분으로서의 인민임에도 불구하고—자신들이 대변하는 이들로 국한하기 때문이다. 이 '인민'에 포함되지 않는 나머지 사회구성원들은 권력을 공유할 수도 공유해서도 안 된다. 일찍이 르포르(Lefort 2015[1986], 18-35)는 근대 민주주의의 혁명적 특성을 권력의 장소가 특정 개인이나 집단에 의해 전유되지 않는 '빈 장소'로 존재한다는 점에서 찾았는데, 이 기준으로 볼 때 포퓰리즘은 결코 민주주의적일 수 없다. 포퓰리즘은 주변화된 이들을 포섭하기도 하지만, 다른 한편으로는 필연적으로 누군가를—대개는 더 주변화된 이들을—배제한다.

더욱이 일부 포퓰리즘은 노골적으로 특정 사회집단을 정치공동체에서 배제하는 것을 목표로 하고 있다. 특히 유럽의 우익 포퓰리즘이 이에 해당된다. 반이민, 반난민, 그리고 반이슬람 성향을 강하게 띠는 이 포퓰리즘은 단순히 이민·난민 유입의 제한을 주장하고 자국의 이슬람화를 우려하는 것이 아니라, 이미 시민권을 획득하고 정치공동체의 일원으로 존재하는 이들마저 이민 배경과 종교적 차이를 빌미로 배제하려고 한다. 이는 오늘날의 민주주의에서 결코 용납될 수 없는 주장이다. 민주주의 역사에서 볼 수 있는 것은 배제되어 있던 특정 사회집단도 주권인민의 일부라는 인식 하에 정치적으로 또는 사회경제적으로 포괄하려는 노력인 데 반해, 포퓰리즘은 인민의 일부만을 전체로 호도하면서 그 안에 속하지 못한 이들을 인민의 이름으로 배제한다. "우리도 국민[인민]"이라는 주장과 "오로지 우리만 국민[인민]"(Müller 2017[2016], 93)이라는 주장 간에는 중대한 차이가 존재한다. 전자가 후자로 변질될수록—비록 배제 또는 주변화된 사회집단을 대변한다고 하더라도—포퓰리즘의 민주주의적 성격은 엷어지고 반민주주의적 성격은 짙어진다.

5. 나가며

포퓰리즘은 민주주의와 양가적 관계에 있다. 이는 포퓰리즘이 민주주의적인가 또는 반민주주의적인가라는 질문에 어느 하나로 대답할 수 없음을 의미한다. 포퓰리즘은 오랫동안 거시적 사회변동 속에서 야기된 예외적이고 비정상적인 민주주의의 병리 현상으로 간주되어 왔으며, 반대로 최근에는 일부 학자들에 의해 (민주주의) 정치의 본질로서 민주주의를 더 민주주의답게 만드는 동력으로 여겨지기도 했다. 하지만 포퓰리즘이 민주주의에 미치는 영향은 일면적이지 않다. 포퓰리즘이 민주주의 정치의 일부로 존재하고 민주주의에 긍정적 영향을 미칠 수 있는 근본적 이유는 그것이 인민주권에 토대를 두고 있기 때문이다. 포퓰리즘은 민주주의와 마찬가지로 인민이 정치적 권력과 정당성의 기원이고 정치는 인민의 의지를 구현해야 한다는 믿음에 기초하며, 인민의 정치라는 민주주의의 약속이 흐릿해질 때 그것에 이의를 제기하면서 등장한다. 하지만 그럼에도 불구하고 포퓰리즘이 민주주의의 위협 요인으로서 민주주의 정치의 주변부에 머무를 수밖에 없는 이유는 인민의 의지를 절대적이고 단일한 것으로 상정하여 근대 민주주의의 주요 요소인 헌정주의, 대의제 원칙, 다원주의 등과 충돌하기 때문이다.

포퓰리즘과 민주주의의 이 양가적 관계를 보다 명확히 이해하기 위해서는 첫째, 포퓰리즘의 이데올로기적 측면에 주목할 필요가 있다. 포퓰리즘을 인민에 대한 독특한 이해에 기초한 이데올로기로 접근해야만 그 민주주의적 성격과 반민주주의적 성격이 하나의 틀 속에서 이해된다. 둘째, 오늘날 민주주의의 일반적 형태인 자유민주주의가 다소 상충하는 민주주의적 토대와 자유주의적 토대 위에서 작동한다는 점을 고려해야 한다. 포퓰리즘은 전자와 조응하지만 후자와는 충돌하는 편이다. 포퓰리즘이 일부 학자들에 의해 비자유주의적 민주주의로 이해되는 것도 바로 이 때문이다. 셋째, 포퓰리즘의 핵심 개념인 인민이 정치공동체 전체를 지시하면서 동시에 그 일부를 지시하는 이중성을 내포하고 있음을 인식할 필요가 있다. 포퓰리즘은 배제된 부분으로서의 인민을 전체 인민의 이름으로 동원하여 정치 영역으로 포섭한다는 점에서 민주주의적 성격을 띠지만, 전체 인민의 일부만을 진정한 인민으로 상정하고 나머지는 배제한다는 점에서 반민주주의적 성격을 띤다.

포퓰리즘과 민주주의의 양가적 관계에 대한 이해는 오늘날 전 세계에서 벌어지고 있는 포퓰리즘의 대두와 확산을 명확히 파악하고 그것에 올바로 대처하는 출발점이다. 이 현상을 단순히 포퓰리스트 특유의 감성 자극적 정치, 도발적 언행, 거짓 선동 또는 우둔한 유권자의 선택에 따른 결과로 치부한다면 포퓰리즘의 성공을 정확히 진단할 수 없을 것이다. 적어도 부분적으로 그것은 결함 있는 기존 민주주의 정치에 대한 반작용의 결과로 이해되어야 한다. 이를 위해서는 포퓰리즘에 내재된 민주주의적 성격을 들여다볼 수밖에 없다. 그렇지 않고서는 포퓰리스트들이 왜 민주주의의 언어를 사용하면서 유권자들에게 다가서는지, 기존 민주주의 정치에 실망한 이들이 왜 포퓰리스트의 주장에 매혹되는지를 제대로 설명할 수 없기 때문이다. 하지만 이와 동시에 포퓰리즘의 민주주의적 가능성을 과대평가해서는 안 된다. 포퓰리즘에 내재된 반민주주의적 성격이 민주주의를 침식하고 언제든 권위주의를 불러올 수 있기 때문이다. 아무리 포퓰리즘이 기존 민주주의 정치의 결함을 노정시키고 그것을 개선하는 데 기여한다 하더라도 이 위험성은 사라지지 않는다. 우리가 필요로 하는 것은 더 많은 민주주의이지 결코 포퓰리즘이 아니다.

참고문헌

김성호. 2007.「입헌주의와 민주주의: 그 '모순적 정합성'에 관한 소고」. 헌법재판소 엮음,『헌법실무연구』. 서울: 박영사.

김성호. 2008.「헌법제정의 정치철학: 주권인민의 정체성과 인민주권의 정당성」.『한국정치학회보』 42(3).

김용우. 2017.「프랑스 민족전선(FN)과 포퓰리즘 그리고 파시즘」. 진태원 엮음,『포퓰리즘과 민주주의』. 서울: 소명출판.

김은중. 2014.「차베스의 베네수엘라, 베네수엘라의 차베스」.『라틴아메리카이슈』 6.

김은중. 2017.「라틴아메리카 포퓰리즘을 다시 생각한다: 민중 개념의 재구성과 급진민주주의」. 진태원 엮음,『포퓰리즘과 민주주의』. 서울: 소명출판.

김주호. 2019a.「포퓰리즘의 오용과 복지포퓰리즘 담론의 구축」.『사회이론』 55.

김주호. 2019b.「포퓰리즘 부상의 배경으로서 민주주의의 응답성 결여: 2010년대 독일을 사례로」.『현상과인식』 43(2).

문강형준. 2012.「양날의칼: 포퓰리즘, 민주주의, 문화행동」.『문화과학』 71.

박구병. 2017.「라틴아메리카 포퓰리즘의 세 가지 유형과 민주주의의 연관성」.『역사비평』 120.

박상훈. 2015.『정당의 발견』. 서울: 후마니타스.

백영민. 2016.「커뮤니케이션 관점으로 본 포퓰리즘의 등장과 대의 민주주의 위기」.『커뮤니케이션 이론』 12(4).

서병훈. 2008.『포퓰리즘』. 서울: 책세상.

서병훈. 2012.「포퓰리즘과 민주주의」.『이베로아메리카연구』 23(2).

설한. 2009.「자유주의, 다원주의, 그리고 타협의 정치」.『21세기정치학회보』 19(1).

이승원. 2018.「직접민주주의의 정치철학적 기반에 관한 연구: 포퓰리즘인가 민주주의인가?」.『시민과세계』 32.

장석준. 2019.「오늘의 대한민국에서 포퓰리즘에 주목해야 하는 이유」.『시민과세계』 34.

정진영. 2018.「세계화와 자유민주주의 위기의 두 얼굴: 신자유주의와 포퓰리즘의 정치적 동학」.『한국정치학회보』 52(4).

진태원. 2017a「포퓰리즘, 민주주의, 민중」. 진태원 엮음,『포퓰리즘과 민주주의』. 서울: 소명출판.

진태원. 2017b.「을의 민주주의를 위한 정치철학적 단상」.『황해문화』 가을호.

홍윤기. 2006.「한국 '포퓰리즘' 담론의 철학적 검토: 현실능력 있는 포퓰리즘의 작동편제와 작동문법 탐색」.『시민사회와 NGO』 4(1).

홍철기. 2019.「포퓰리즘-반포퓰리즘 논쟁에 던지는 두 가지 질문: 포퓰리즘은 정말로 반-헌정주의적이고 반-자유민주주의적인가?」.『시민과세계』 34.

Abts, K. and S. Rummens. 2007. "Populism versus Democracy." *Political Studies* 55.

Arblaster, A. 1984. *The Rise and Decline of Western Liberalism*. Oxford: Blackwell. 조기제 옮김, 『서구 자유주의의 융성과 쇠퇴』. 파주: 나남, 2007.

Arditi, B. 2003. "Populism, or, Politics at the Edges of Democracy." *Contemporary Politics* 9(1).

Arditi, B. 2004. "Populism as a Spectre of Democracy: A Response to Canovan." *Political Studies* 15.

Aslanidis, P. 2016. "Is Populism an Ideology?: A Refutation and a New Perspective." *Political Studies* 64(IS).

Beetham, D. 1992. "Liberal Democracy and the Limits of Democratization." *Political Studies*, XL, Special Issue.

Bobbio, N. 1988. *Die Zukunft der Demokratie*. Berlin: Rotbuch Verlag.

Bobbio, N. 1990. *Liberalism and Democracy*. London; New York: Verso. 황주홍 옮김, 『자유주의와 민주주의』. 서울: 문학과지성사, 1992.

Bornschier, S. 2015. "The Impact of Party System Responsiveness on Successful Populist Mobilization Strategies in Western Europe and Latin America." https://www.zora.uzh.ch/id/eprint/117055/1/Bornschier_Populism_APSA.pdf (검색일: 2019. 10. 29)

Canovan, M. 1982. "Two Strategies for the Study of Populism," *Political Studies* 30(3).

Canovan, M. 1999. "Trust the People! Populism and the Two Faces of Democracy." *Political Studies* 47.

Canovan, M. 2002. "Taking Politics to the People: Populism as the Ideology of Democracy." Y. Mény and Y. Surel (ed.). *Democracies and the Populist Challenge*. Basingstoke; New York: Palgrave Macmillan.

Canovan, M. 2005. *The People*. Cambridge: Polity. 김만권 옮김, 『인민』. 서울: 그린비, 2015.

Corrias, L. 2016. "Populism in a Constitutional Key: Constituent Power, Popular Sovereignty and Constitutional Identity." *European Constitutional Law Review* 12.

Dahl, R. A. 1998. *On Democracy*. New Haven: Yale University Press. 김왕식 외 옮김, 『민주주의』. 서울: 동명사, 1999.

De la Torre, C. 2017. "Los populismos refundadores: Promesas democratizadoras, prácticas autoritarias." *Nueva Sociedad* 267. 정동희 옮김, 「포퓰리즘의 재건: 민주화의 약속과 권위주의적 실행」. 『라틴아메리카이슈』 2018.

Diehl, P. 2016. "Demokratische Repräsentation und ihre Krise." *Aus Politik und Zeitgeschichte* 40-42.

Dunn, John. 2005. *Setting the People Free*. London: Atlantic Books. 강철웅 · 문지영 옮

김, 『민주주의의 수수께끼』. 서울: 후마니타스, 2015.
Hardmeier, S. 2008. "Populism and Responsiveness." W. Donsbach (ed.). *The international Encyclopedia of Communication*. Malden: Blackwell.
Held, D. 2006. *Models of Democracy*. Cambridge: Polity. 박찬표 옮김, 『민주주의의 모델들』. 서울: 후마니타스, 2010.
Judis, J. 2016. *The Populist Explosion: How the Great Recession Transformed American and European Politics*. New York: Columbia Global Reports. 오공훈 옮김, 『포퓰리즘의 세계화』. 서울: 메디치, 2017.
Kaltwasser, C. R. 2013. "The Ambivalence of Populism: Threat and Corrective for Democracy." *Democratization* 19(2).
Kitschelt, H. 2002. "Popular Dissatisfaction with Democracy: Populism and Party System." Y. Mény and Y. Surel (ed.). *Democracies and the Populist Challenge*. Basingstoke; New York: Palgrave Macmillan.
Krastev, I. 2017. "Auf dem Weg in die Mehrheitsdiktatur." H. Geiselberger (ed.). *Die große Regression: Eine internationale Debatte über die geistige Situation der Zeit*. Berlin: Suhrkamp. 「다수결주의의 미래」. 박지영 외 옮김. 『민주주의의 수수께끼』. 파주: 살림, 2017.
Laclau, E. 2005. *On Populist Reason*. London; New York: Verso.
Lefort, C. 1986. *Essais sur le politique, XIXe-XXe siècles*. Paris: Éd. du Seuil. 홍태영 옮김, 『19-20세기 정치적인 것에 대한 시론』. 서울: 그린비, 2015.
Mair P. 2002. "Populist Democracy vs. Party Democracy." Y. Mény and Y. Surel (ed.). *Democracies and the Populist Challenge*. Basingstoke; New York: Palgrave Macmillan.
Manin, B. 1997. *The Principles of Representative Government*. Cambridge: Cambridge University Press. 곽준혁 옮김, 『선거는 민주적인가』. 서울: 후마니타스, 2004.
Mény, Y. and Y. Surel. 2002. "The Constitutive Ambiguity of Populism." Y. Mény and Y. Surel (ed.). *Democracies and the Populist Challenge*. Basingstoke; New York: Palgrave Macmillan.
Moffitt, B. 2016. *The Global Rise of Populism: Performance, Political Style, and Representation*. Stanford: Stanford University Press.
Mouffe, C. 2018. *For a Left Populism*. London; New York: Verso. 이승원 옮김, 『좌파 포퓰리즘을 위하여』. 서울: 문학세계사, 2019.
Mounk, Y. 2018. *The People vs. Democracy: Why Our Freedom Is in Danger and How to Save it*. Cambridge: Harvard University Press. 함규진 옮김, 『위험한 민주주의: 새로운 위기, 무엇이 민주주의를 파괴하는가』. 서울: 와이즈베리, 2018.
Mudde, C. 2004. "The Populist Zeitgeist." *Government and Opposition* 39(4).

Mudde, C. 2010. "The Populist Radical Right: A Pathological Normalcy." *West European Politics* 33(6).

Mudde, C. and C. R. Kaltwasser 2017. *Populism: A Very Short Introduction*. Oxford: Oxford University Press.

Müller, J.-W. 2011. *Contesting Democracy: Political Ideas in Twentieth-century Europe*. New Haven; London: Yale University Press.

Müller, J.-W. 2016. *What is Populism?*. Philadelphia: University of Pennsylvania Press. 노시내 옮김, 『누가 포퓰리스트인가: 그가 말하는 '국민'에 내가 들어갈까』. 서울: 마티, 2017.

Osborne, R. 2011. *On the People, by the People*. London: Bodley Head, 최완규 옮김, 『처음 만나는 민주주의 역사』. 서울: 시공사, 2012.

Panizza, F. 2005. "Introduction: Populism and the Mirror of Democracy." F. Panizza (ed.). *Populism and the Mirror of Democracy*. London; New York: Verso.

Schmidt, M. G. 2008. *Demokratietheorien. Eine Einführung*. 4th ed. Wiesbaden: VS.

Taggart, P. 2000. *Populism*. Buckingham: Open University Press. 백영빈 옮김, 『포퓰리즘: 기원과 사례, 그리고 대의민주주의와의 관계』. 파주: 한울, 2017.

Taguieff, P.-A. 1995. "Political Science Confronts Populism: From a Conceptual Mirage to a Real Problem." *Télos* 103.

Urbinati, N. 1998. "Democracy and Populism." *Constellations* 5(1).

Vehrkamp, R. and C. Wratil. 2017. *Die Stunde der Populisten?* Gütersloch: Bertelsmann Stiftung.

Walker, N. 2019. "Populism and Constitutional Tension." *International Journal of Constitutional Law* 17(2).

Wiles, P. 1969. "A Syndrome, not a Doctrine: Some Elementary Theses on Populism." G. Ionescu and E. Gellner (ed.). *Populism: Its Meaning and National Characteristics*. London: Weidenfeld and Nicolson.

Worsley, P. 1969. "The Concept of Populism." G. Ionescu and E. Gellner (ed.). *Populism: Its Meaning and National Characteristics*. London: Weidenfeld and Nicolson.

'좌파 포퓰리즘' 전략은 '민주적' 대안인가

'무세계적'인 자들의 민주주의?*

김 만 권

Ⅰ. 좌파들의 기회로서 포퓰리즘의 국면?

2010년대 들어 포퓰리즘 운동이 세계 각지에서 부상하고 전파되는 현상이 일어나고 있다. 이를 두고 샹탈 무페(Chantal Mouffe)와 같은 학자들은 '포퓰리즘의 국면(혹은 계기)'(populist moment)이라고 부르며 이를 좌파들이 기회로 삼아야 한다고 주장한다. 소위 '좌파 포퓰리즘'이라 명명된 이 전략엔, 제대로 작동하지 않는 제도권 대의제 민주주의를 소생시키자는 희망뿐만 아니라 신자유주의 아래 무기력해진 진보적 좌파들이 활력을 되찾는 탈출구를 찾을 수 있으리라는 또 다른 희망이 깃들어

* 이 논문은 2018년 대한민국 교육부와 한국연구재단의 지원을 받아 수행된 연구임(NRF-2018S1A5B8068919).

* 이 논문은 『비교문화연구』 vol. 60 (2020), pp. 53-82에 발표되었으며, 『비교문화연구』의 허락을 얻어 게재합니다.

있는 것처럼 보인다. '민주주의의 병리학적 현상'으로 여겨지던 포퓰리즘이 마치 신자유주의 아래 신음하고 있는 민주주의와 좌파를 동시에 되살릴 수 있는 묘약처럼 여겨지고 있는 것이다.

특히 마키아벨리를 본받아 '국면 안에서'(in the conjuncture)[1] 전략을 형성해야 한다고 강조하는 무페의 '좌파 포퓰리즘'은, 평등주의와 다원주의를 중심에 두고 '계급'을 넘어서 다양한 집단의 요구와의 접합을 통해 신자유주의뿐만 아니라 역설적으로 신자유주의에 가장 적대적인 태도를 취하고 있는 '우파 포퓰리즘'에 맞서고자 한다. 이런 의도 아래서 '좌파 포퓰리즘'을 표면적으로 이해하면, 어느 정도는 '도덕적인 원칙'을 지키고자 하는 마키아벨리주의자들의 욕망이 반영된 용어처럼 들린다. 그렇다면 다소 모순적으로 들리는 도덕주의적 마키아벨리주의자들의 '좌파 포퓰리즘' 전략은 이론적으로, 더불어 실천적으로 얼마나 정당하고도 유효한 것일까? 그리고 이런 전망이 대한민국의 진보 좌파들 사이에도 퍼져나가고 있다면, 그것은 또 얼마나 정당하고도 유효한 것일까?[2]

1 Chantal Mouffe, *For a Left Populism* (London: Verso, 2018), p. 9. 우리말로 많은 이들이 "conjuncture"를 '국면'이라는 용어로 옮기고 있으나 좀 더 의미를 명확히 할 필요가 있다. 이는 앞으로의 논의에도 도움이 되기 때문이다. 이 책에서 무페 역시 언급하고 있는 루이 알튀세(Louis Althusser)의 설명은 이 용어의 의미를 파악하는 데 있어 매우 유용하다. 알튀세에 따르면, '마키아벨리가 국면 속에서 사고한다'고 했을 때 이는 "[다루는 사건과 관련된] 모든 결정요인들, 모든 존재하는 구체적 주변상황들을 고려하고, 이 요인들과 상황들을 아주 세세하게 나누고 비교하는 목록을 만드는 것… 그 사건이 야기하고 부여하는 문제를 진술하는 것"을 의미한다. 보다 자세한 내용은 Louis Althusser, *Machiavelli and US* (London: Verso, 1999), pp. 17-18을 보라.

2 샹탈 무페와 어네스토 라클라우가 진보정치의 미래를 논의하며 포퓰리즘을 끌어안아야 한다고 제안한 이후 이 주장은 국내외 진보정치세력의 주목을 받아왔다. 특히 무페가 스페인 정당 포데모스(Podemos)와 결합하며 '좌파 포퓰리즘'(left populism)이란 용어를 제시한 이후 우리나라에서도 관련 논문 혹은 대담집이 나왔다. (금민, 「포데모스, 좌파 포퓰리즘의 가능성과 한계」, 『마르크스주의 연구』 12(4) (2015): 268-313과 샹탈 무페, 히로

이런 질문에 답하는 것은 정치적으로 유의미한데, 정치가 힘을 발휘하는 시기는 변화가 없는 일상적 시기가 아니라, 2010년대 이후 세계 곳곳에서 목격되고 있는 바와 같이 많은 이들이 변화를 원하는 국면, 더하여 변화를 이끌어내기 위한 결정과 그 결정을 실현하는 실제적 권력이 작동하는 순간이기 때문이다.[3] 이런 맥락에서 '좌파' 포퓰리즘이 효과적인 전략인지, 더 나아가 정당한 전략인지를 다음의 순서로 차례로 살펴보려 한다. 첫째, '좌파' 포퓰리즘의 이론적 내용을 살펴볼 것이다. 둘째, 세계적 차원에서 일어나고 있는 포퓰리즘의 현실을 살펴볼 것이다. 셋째, (무페가 인용하고 있는 마키아벨리의 표현을 빌리자면) '국면 안에서' '좌파' 포퓰리즘의 적절성을 살피기 위해 우리사회 현실의 맥락에서 정당하고도 효율적인 전략인지 살펴볼 것이다. 이런 논의를 거쳐 결론에서 좌파 포퓰리즘이, 한나 아렌트(Hannah Arendt)의 용어를 빌리자면, '무세계적'(worldless)인 자들의 민주주의로 전락할 수 있음을 주장할 것이다.

II. '좌파' 포퓰리즘의 이론적 내용

제II절에선 논의의 첫 단계로서 '좌파' 포퓰리즘의 이론적 내용을 살펴

세 준, 「포데모스 혹은 좌파포퓰리즘에 대한 두 개의 시선」, 『진보평론』 68호(2016): 127-138 등이 있다.) 특히 무페의 *For a Left Populism*이 우리말로 번역된 이후(샹탈 무페, 이승원 역, 『좌파 포퓰리즘을 위하여』 서울: 문학세계사, 2019) 좌파 포퓰리즘이 다양한 언론매체, 학술지, 발표문에서 본격적으로 주목받기 시작했다. 이 중에서도 장석준, 「오늘의 대한민국에서 포퓰리즘에 주목해야 하는 이유」, 『시민과 세계』 통권 34호(2019)는 좌파 포퓰리즘을 정치적 전략으로 옮겨가야 하는 이유를 가장 체계적이고 설득력 있게 제시하고 있다.

3 이와 관련해서 정치의 구성행위를 강조한 Sheldon, S. Wolin, "Fugitive Democracy," *Constellation* (Vol. 1, No. 1) (1994): 11-25를 보라.

보려 한다. 그 어떤 정치이론도 정당성의 기반이 없다면 이론으로서 정립될 수 없기에 이론적 내용은 정당성의 차원에 초점이 맞추어질 것이다. 특히 **민주주의와 포퓰리즘 간 논쟁이 결국 '자발적으로 동원된 집단에 민주적 규범을 부여할 수 있느냐'를 두고 벌어지고 있는 만큼, '좌파 포퓰리즘' 이론이 동원된 집단에 규범성을 부여할 수 있는지에 대해 초점을 맞춰 점검해 볼 것**이다.[4] 이를 위해 다음 세 항목을 점검해보려 한다. 첫째, 포퓰리즘과 민주주의의 경계를 허물려는 포퓰리즘 이론가들의 시도. 둘째, '적'과 '동지'에서 '우리'와 '그들'이란 구분으로의 전환. 셋째, (죽은 자의 이름이라도) 지도자가 필요한 포퓰리즘.

1. 포퓰리즘과 민주주의의 경계 허물기

이론적인 입장에서 볼 때 소위 '좌파' 포퓰리즘을 내세우는 이들이 가장 역점을 두고 있는 부분은 포퓰리즘과 민주주의의 경계를 무너뜨리는 일이다. 어네스토 라클라우(Ernesto Laclau)와 샹탈 무페가 대표적이다. 라클라우는 사회주의가 '계급갈등에 기반을 둔다.'는 가장 기본적인 전제를 거부한다. 더 나아가 포퓰리즘이 인종차별적이며, 이민 배척적이며, 프로토 파시즘에 가까운 극우들의 이데올로기라는 관점도 부정한다. 라클라우에게 포퓰리즘이란 하나의 정치적 논리(political logic)로서 좌파, 우파, 중도 모두가 쓸 수 있는 일종의 정치적 담론의 형식이다. 포퓰리즘은 '권력자들'(those in power)에게 맞서 '언더독들'(underdogs)을

4 이와 관련해선 Andreas Kalyvas. *Democracy and the Politics of the Extraordinary* (Cambridge: Cambridge University Press, 2008)의 서문 및 Margaret Canovan. *The People* (London: Polity, 2005)의 1장을 보라. 플라톤부터 볼 수 있듯이 '인민'(people)과 민주주의의 역사에서 가장 중요한 주제가 동원된 집단에 규범을 불어넣는 일이다.

동원하기 위한 담론 전략일 뿐 계급이나 지향하는 사회의 모델 같은 것은 핵심적인 고려사항이 아니다.[5] 라클라우에겐 오히려 이런 것들에 대한 집착이 전통적인 좌파가 실패해 온 이유다. 페론의 포퓰리즘에 빠져 있던 라클라우의 관점에선 포퓰리즘이 계급이나 이데올로기와 같은 요소에 매여 있을 필요도, 이유도 없다.[6] 이런 관점은 지적 동반자인 무페에게도 유사하게 드러난다.

그러다 보니 이들에게 (특히 라클라우에게) 지향점으로서 민주주의라는 정체성은 사실상 중요하지 않다. 이들에게 중요한 것은 정치세계에서 '언더독의 동원'과 '권력을 쥔 자들' 사이의 '맞섬'(confrontation)이다. 이런 갈등 없이 전복이 올 리가 없기 때문이다. 맞섬과 전복을 가장 중요한 목적으로 삼는 이들에게 일관적인 이념적, 계급적 지향 같은 것은 그리 중요하지 않다. 이런 경향은 현실적 사례에서 쉽게 찾아볼 수 있다. 존 주디스(John B. Judis)가 지적하듯이, 미국의 티파티는 애초에 자유주의자들이었다. 1988년 청년들이 주도하며 만들어진 헝가리 정당

5 Ernesto Laclau, *On Populist Reason* (Verso, 2005). 무페 역시 *For a left Populism*에서 라클라우의 프로젝트를 똑같이 밝히고 있다. Mouffe, *Ibid*, pp. 10-11. 관련하여 우리말 번역서 『좌파 포퓰리즘을 위하여』에는 'underdogs'를 '패배자들'로 옮겨놓고 있다. 개인적으로는 이 번역어에 동의하지 않는데, 'underdogs'는 경쟁에서 열세에 놓여 있는 자들을 이르는 말이지 패배자를 이르는 말은 아니기 때문이다. 이는 현실에서도 그러한데, 포데모스에 관한 논문에서 루이스 라미로와 라울 고메즈는 급진적 좌파 포퓰리스트로서 포데모스 지지자들은 '지구화'와 경제위기가 만들어낸 패배자들이란 관습적 묘사와 전혀 상응하지 않는다고 강조한다. Luis Ramiro & Raul Gomez, "Radical-Left Populism during the Great Recession: Podemos and Its Competition with the Established Radical Left," *Political Studies*. Vol. 65(IS) (2017), p. 108을 보라. 이 논문에서는 'underdogs'에 해당하는 적절한 우리말 용어를 찾지 못해 '언더독'이라는 영어 표현 그대로 옮긴다. 언더독은 우리가 일상생활에서도 많이 쓰는 표현이기에 그 의미를 왜곡하지 않기 위해 영어 표현 그대로 옮기는 것이 더 낫다고 판단했다. 독자들의 양해를 구한다.

6 보다 자세한 내용은 John B. Judis, "Rethinking Populism," *Dissent* (Fall, 2016)를 보라. https://www.dissentmagazine.org/article/rethinking-populism-laclau-mouffe-podemos

'피데스'(Fidesz, 헝가리 시민동맹)는 진보정당이었지만 몇 차례 선거를 승리해 나가는 가운데 국수주의적 보수정당으로 탈바꿈했다.[7]

무엇보다 평범한 사람들이 포퓰리즘을 민주주의로 받아들이게 될 때, 좌우의 경계는 무의미해지고, 결국 민주주의는 많은 쪽을 동원하는 사람들이 권력을 갖는 게임이 되어버린다. 현재 유럽 여러 국가에서 목격하듯이 우파 포퓰리스트들도 좌파들처럼 복지를 옹호할 수 있다.[8] 그런데 그 복지의 토양이 타자의 혐오라면, 우리는 이것을 민주주의라 불러야 할까? 우리가 이 질문을 심각하게 다루어야 하는 이유는, 무엇이 더 도덕적인가라는 질문 때문이 아니라 민주주의라는 '체제의 정체성' 그 자체의 문제와 연관되어 있기 때문이다.

2. '적들'이 아닌 '그들'이라고?

무페는 이런 '맞섬과 전복의 정치'를 갈등에 기반을 둔 '민주주의 모델'로 바꾸려 시도한다. 소위 '논쟁적(경합적) 민주주의'(agonistic democracy) 모델이다. 나아가 이런 '갈등' 모델이야말로 좌파들이 추구하는 '급진적 민주주의'(radical democracy)의 모델이 되어야 한다고 주장한다. 그래서 이들이 제일 먼저 공격하는 대상이 '이성 중심적 메타이론'에 기반을 두고 있는 합의지향형 민주주의 이론이다. 존 롤스(John Rawls)가, 위르겐 하버마스(Jürgen Habermas)가 이론적으로 공격의 대상이 되는 이유다. 변화가 갈등에서 온다면 어느 정도 이해 가능한 시도이기도 하다.

이런 갈등지향형 민주주의 모델을 구축하기 위해 무페가 소환하는 이가, (너무나 아쉽게도) 나치의 법철학자 카를 슈미트(Carl Schmitt)다. 슈

7 Judis, 앞의 글.
8 로버트 페이지, 「유럽의 포퓰리즘과 사회복지」, 『한겨레』(2019. 7.18).

미트는 '정치적인 것'이란 '적(enemy)과 동지(friend)의 구분'이란 명쾌한 정의를 설파했다. 무페는 슈미트를 불러들이며 그가 자유주의와 민주주의 사이에 놓인 갈등을 지적하는 부분이 옳았으며, 민주주의 모델에 갈등을 다시 불러들여야 한다고 강조한다.[9]

하지만 무엇이 그리 위험해 보였던 것일까? 갈등을 통한 전복을 설파하던 무페는 슈미트를 소환하면서, 자신이 주장하는 갈등의 모델은 '적과 동지의 구분'이 아닌, '우리(us)와 그들(them)의 구분'에 근거해 있다고 강조한다. 슈미트 식의 '적과 동지의 구분'을 '적대주의'(antagonism)라 부르는 반면, 자신의 '우리와 그들의 구분'은 '논쟁주의'(agonism)라 부르며 양자를 선명히 구분한 것이다. 심지어 민주주의의 과제가 '적대주의'를 '논쟁주의'로 바꾸어놓는 것이라 힘주어 말한다.[10]

이런 구분은 포퓰리즘을 하나의 정치적 담론의 형식으로 바라보는 이들의 입장, 그리고 정치를 헤게모니 싸움으로 이해하는 입장과 맞닿아 있다. 헤게모니 전략을 추구하는 무페의 입장에서 보자면 슈미트 식의 갈등으로 이해하는 정치 모델이 필요하긴 하나 적과 동지의 싸움에 불가피하게 발생할 수 있는, 예를 들어 물리적 내전 혹은 극단적 파시즘으로의 전락이란 파괴적 가능성은 배제하려 했던 것이다.[11] 관련하여 슈미트가 다원주의적 조건을 '자기파괴적'으로 지적했던 부분도 문제가 되었다. 실제로 무페는 '강력한 다원주의'를 원한다. 강력한 다원

9 Chantal Mouffe, *The Return of the Political* (Verso, 1993)의 전체적인 주제다.

10 Chantal Mouffe, *On the Political* (Routledge, 2005)에서 이렇게 주장한다. "We could say that the task of democracy is to transform antagonism into agonism." (p. 20)

11 이 가능성에 대해선 Carl Schmitt, *The Leviathan in the State Theory of Thomas Hobbes: Meaning and Failure of a Political Symbol* (Chicago: University of Chicago Press, 1996), p. 31을 참조하라.

주의를 통해 다양한 요구가 분출될수록 기존의 지배세력에 균열을 일으킬 수 있기 때문이다. 다원주의도 어느 정도 제한된 측면을 가진다는 롤스의 '합당한 다원주의 사실'(fact of reasonable pluralism) 개념을 격렬히 공격하면서 롤스가 배척하려 했던 '다원주의 사실 그 자체'(the fact of pluralism as such) 개념을 적극적으로 옹호하는 이유다.[12] 하지만 무페도 인지하고 있듯이 갈등 모델에서 강력한 다원주의는 적대주의로 전락할 가능성이 크다.

이런 이유로 무페가 설치해 놓은 안전장치가 이런 치열한 다원적 경합이 자유주의적인 민주적 정치기구들(liberal democratic political institutions), 즉 일종의 제도화된 공간(institutionalized spaces) 내에서 벌어진다는 것이다.[13] 그러다 보니 결론적으로 수많은 가치가 치열하게 경합하는 급진적 민주주의는 기존의 자유주의적인 기구에 기생하는 체제가 되어버린다. 이를 보고 슬라보예 지젝(Slavoj Žižek)은 냉소한다. 도대체 어디가 급진적인 것이냐고, 오히려 무페가 내세우는 급진적 민주주의란 것이 현상유지에 급급한 게 아니냐고 말이다.[14]

무엇보다 무페의 이론은 두 가지 논쟁적 사항을 고려하지 못하고 있다. 첫 번째 사항은 다음 질문과 연계되어 있다. "'적대주의'와 '논쟁주의'를 가르는 '우리와 그들'의 구분과 '적과 동지의 구분'이란 경계가 선명하게 지켜질 수 있을까?" 무페의 논쟁적 민주주의는 일종의 비합리성(irrationality)을 전제로 성립한다. 무페의 주장처럼 상대방과 적극적으로

12 Mouffe, *The Democratic Paradox* (Verso, 2000), p. 25.
13 Mouffe, *On the Political*, p. 32.
14 Slavoj Žižek, "Against the Populist Temptation," in *Critical Inquiry* (vol. 32. no. 3, Spring 2006), pp. 558-559.

맞서고자 하고 나아가 기존의 체제를 전복시키고자 하는 비합리적 행위자들이, 우리와 그들의 구분이란 경계를 유지하며 자유주의적 제도 기구들을 파괴하지 않으면서 일관적으로 행위할 수 있다고 보는 것은 일종의 모순이다. 비합리적 갈등은 오히려 갈등하는 세력 간에 모욕감이나 열등감, 지속적으로 수용되지 않는 요구에 대한 좌절감이 파괴적 효과를 낸다고 상정해야만 한다. 관련하여 웬디 브라운(Wendy Brown)은 정치화된 집단에서 인정을 받고자 하는 욕구들이 "자유를 행사하기보다는 경멸하는 경향을 보이며… '비난과 원한의 정치'로 전락"할 수 있음을 정확히 지적하고 있다.[15] 무페는 무엇보다 이 점을 전혀 고려하지 않고 있다. '원한의 정치'로 가는 길에 '우리와 그들'의 구분이 무너지는 순간 더 이상 헤게모니 투쟁, 즉 담론의 정치는 작동하지 않게 된다.

둘째, 롤스가 강조하듯 '다원주의의 사실 그 자체'란 사회적 조건 하에서는 행위자들 간에 접합점이 되어 줄 공통성을 발견할 수 없다는 점이다.[16] '다원주의의 사실 그 자체'란 사회적 조건은 사실상 많은 이들에게 자기 신념이 타자와 타협할 수 없는 상태에 이르렀음을 뜻한다. 권력에서 배제되었다고 느끼는 쇼비니스트들과 페미니스트들을 동원할 수 있는 헤게모니적 레토릭이란 게 있을 수 있는가? 아니 예를 훨씬 덜 극단적인 것으로 들어보자. 열성적이고 교육수준이 높은 고소득층 페미니스트(인정 영역에서 우선적으로 배제된 이들)와 의욕이 없고 교육수준이 낮은 저소득층 남성노동자(분배 영역에서 우선적으로 배제된 이들)이 함께 행동할 수 있는 어떤 헤게모니적 공감대가 있을까? 사회에서 제기

15 Wendy Brown, "Wounded Attachments," *Political Theory* 21, no. 3 (August 1993), p. 390.

16 John Rawls, *Political Liberalism* (New York: Columbia UP, 1993), pp. 36-37.

되는 다양한 요구들과 접합점을 만든다는 것은 좋은 일이다. 하지만 정치는 다양한 요구 가운데 우선성을 결정하는 일을 통해 이뤄진다. 자기 이익을 제한하지 않는 다원주의의 사실에선 누구도 다른 집단에게 자기 요구를 먼저 양보하지 않는다. 무페의 바람과는 달리 '다원주의의 사실 그 자체'란 사회적 조건 아래서 갈등을 통해 접점을 찾는 일은 현실적으로 가능한 일이 아니다. 오히려 롤스에 따르면, 이런 접점은 (아이러니하게도 무페가 강조하는) '자유적 기구들 내'에서 인간 이성이 작동한 장기적 결과물인 '합당한 다원주의의 조건'에서만 만들어질 수 있다.[17]

3. 지도자가 필요한 사람들

계급에 대한 애착도, 이데올로기적 지향도 없는 사람들의 정치세계는 결국 '권력을 쥔 자들'과 '그렇지 못한 자들' 간의 갈등이 주를 이룬다. 이 세계에서 중요한 것은 '권력을 쥔 자들'에 맞선 '그렇지 못한 자들의 동원'이다. '이성'이 합의 모델의 중심이라면, 결국 갈등 모델의 중심은 인간의 '감성'이다. 이성적이지 못한 자들을 분노를 통해 단기적으로 동원하는 일은 가능하다. 하지만 합리적 모델에 반대하는 이들이 집단적으로 스스로를 자발적으로 조직화해 장기적으로 '결속력'을 유지하며 헤게모니 투쟁을 지속할 가능성이 얼마나 될까? 더군다나 무페처럼 '다원주의의 사실 그 자체'로 분열되어 있는 사회적 조건이라면 '결속력'이 만들어지는 것은 거의 불가능하다. 분열된 자들에게 이런 결속력은, 라클라우의 표현을 그대로 쓴다면, '초월적인 특이점의 순간'(transcendent,

17 Rawls, *ibid*, pp. 55, 129, 135, 144.

singular moment)에나 만들어질 수 있을 뿐이다. 그러다 보니 무페나 라클라우처럼 비합리적 모델을 옹호하는 이론가들에겐 각기 다른 입장을 가진 이들이 장기적 동원에 가담할 수 있는 원천을 확보하는 작업은 불가피하다.

이런 현실을 명확하게 알고 있던 라클라우는 포퓰리즘 운동에선 동원을 지속가능하게 만들 수 있는 지도자가 필요함을 인정한다. "극단적인 형태의 특이점(singularity)은 개인성(an individuality)이다… 등가적 논리는… 집단의 결속력과 지도자의 이름 사이의 동일시에 이르게 된다."[18] 다시 말해 지도자의 존재가 지속적인 결속력을 끌어낸다는 것이다. 그러나 미겔 바터(Miguel Vatter)가 지적한 대로, 라클라우의 포퓰리즘은 지도자의 이름으로 구현된 "레닌-주의, 마오-주의, 페론-주의 등"의 형식으로 존재할 뿐이다.[19] 페론을 지켜보았고, 그에 매료되었던 이로서 이런 요구는 당연한 요소일지도 모른다.

이런 이론적 구성으로 인해 아주 새로워 보이던 라클라우와 무페의 포퓰리즘 이론은 기존의 포퓰리즘 이론과 동일한 결론에 이르게 된다. '포퓰리즘 운동이란 그 운동을 이끄는 정치 지도자가 사라지면 같이 소멸된다.'[20] 이런 결론은 포퓰리즘에 가담하는 사람들이 정치적 판단의 주체라기보다는 결국 지도자에 의해 동원되는 자임을 인정하는 것이

18 Laclau, *On the Populist Reason*, p. 100.

19 Miguel Vatter, "The Quarrel between Populism and Republicanism: Machiavelli and the Antinomies of Plebeian Politics," *Contemporary Political Theory* (Vol. 11. no. 3, 2012), p, 247. 진태원 역시 『을의 민주주의』(서울: 그린비, 2018)에서 바터를 그대로 인용해 라클라우를 비판하고 있다(85쪽).

20 Margaret Canovan, *The People* (London: Polity, 2005), pp. 74-78. 캐노번은 이런 포퓰리즘 운동의 경향을 자유민정체에서 일어나고 있는 '신포퓰리즘'과 '정치꾼들의 포퓰리즘'을 분석해 이끌어낸다.

나 다름이 없다. **좌파 포퓰리즘이 라클라우나 무페의 이론을 기반으로 하고 있다면, 이 이론이 포퓰리즘 운동에 참여하는 구성원들을 명시적으로(라클라우) 혹은 암묵적으로(무페) 수동적 존재로 정의한다는 사실을 명백하게 인식하고 있어야 한다.** 결국 '엘리트가 빼앗아 간 권력을 찾아오자'는 이 운동의 또 다른 본질이 '또 다른 엘리트주의'임을 명백하게 인식하고 있어야 한다는 것이다.

무엇보다 포퓰리즘이 정치의 중심이 될 때, 우리가 주목하는 것은 시스템이 아니라 그 운동을 이끄는 자들의 입이고, 때로는 우리 정치 현실에서 자주 목격할 수 있듯이 '실제 정치세계에서 사라진 자들의 유언'이다. 라클라우 역시 사라진 자들의 유언이 가진 힘을 인정한다. 하지만 '우리는 여전히 이 세계에 거주하고 있는 자들'이고 이 세계를 떠난 자는 지금에 맞는 조언을 해줄 수 없는 것이 정치다. 그런데도 우리가 포퓰리즘을 정치의 탈출구로, 한편으로 좌파들의 탈출구로 모색해야 하는 이유는 뭘까?

III. 포퓰리즘의 현실

제II절에선 이론으로서의 정당성 부분에 비판의 초점이 맞추어져 있었다면, 제III절에선 다음 두 가지 사안에 초점을 맞추어 '좌파 포퓰리즘' 전략의 현실적 유효성을 살펴본다. 첫째, 압도적인 우파 포퓰리즘의 현실. 둘째, 헤게모니 전파 수단인 미디어를 기존의 신자유주의 세력이 장악하고 있다는 현실이다.

1. 압도적 우파 포퓰리즘

'좌파 포퓰리즘을 선제적으로 형성하자!' 보기에 따라 바람직한 전략이다. 유럽에선 실제로 이런 전략이 먹혀든 것처럼 보였다. 유럽연합이라는 배경, 타이밍이 좋았던 선거 및 스페인의 선거제도 등 여러 맥락이 동시에 잘 작동하며 운 좋게도 라클라우와 무페는 스페인의 '포데모스'(Podemos)에게 좋은 영향을 끼쳤다. 비록 제1당은 아니지만 캐스팅 보드를 쥐고 스페인 정치에 영향력을 행사하고 있는 포데모스만 보면 '좌파 포퓰리즘'은 성공적인 모델로 보인다. 비록 실패로 판명 나고 있긴 해도 그리스의 '시리자'(Syriza)도 그리 나쁘지 않은 사례다.

하지만 포퓰리즘이 등장하고 있는 다른 유럽의 국가들을 보면 상황은 전혀 달리 보인다. 2018년을 기준으로 유럽연합 회원국 28개국 중 22개 국가에서 포퓰리즘을 표방한 국가들이 승리하거나 약진했다.[21] 이탈리아·그리스·체코·헝가리·폴란드에선 심지어 권력을 잡았고, 16개국에선 연정에 참여하고 있다. 2020년 1월엔 유럽의회가 브렉시트를 비준하며 영국이 유럽연합과 결별했다. 이 브렉시트 역시 '극우 포퓰리즘'의 결과였다. 문제는 스페인의 포데모스와 (억지스럽게 넣을 수도 있는) 그리스의 시리자 사례를 제외한다면 지금은 '우파 포퓰리즘'의 시대라는 점이다. 트럼프와 브렉시트로 대변되는 디글로벌리제이션 시대에, 포퓰리즘은 인종차별적이며, 이민 배척적이며, 프로토 파시즘에 가까운 극우들의 이데올로기라는 원래의 얼굴로 회귀하고 있다.

또 하나의 우려할 만한 현상은 세계 곳곳에서 확인되고 있는 좌파 포퓰리즘과 우파 포퓰리즘 간 경계의 불명확함이다. 2018년 유럽의 반대

21 강병익, 「2017-2018년 4월 유럽연합 국가별 총선결과: 우파강세 및 포퓰리즘 확산, 그리고 유럽연합의 미래」(민주연구원, 2018. 4).

편에서 '브라질의 트럼프'로 불리며 새롭게 대통령으로 당선된 자이르 보우소나루(Jair Bolsonaro)는 아이러니하게도 우고 차베스의 신봉자였다.[22] 심지어 이탈리아에선 오성 운동이 우파와 좌파를 오가며 극우 및 좌파 포퓰리즘이란 두 극단 형태가 혼란스럽게 혼재하고 있다.[23] 이처럼 포퓰리즘의 세계에서 좌파와 우파의 경계는 선명치 않다. 뿐만 아니라 포퓰리즘이 좌파와 우파로 나뉘어져 있다면, 룰라에서 보우소나루로 돌아선 브라질의 사례에서 볼 수 있듯이 좌파 포퓰리즘이 실패한 자리엔 우파 포퓰리즘이 들어설 가능성이 높다. 깊이 숙고해본다면 이 점이야말로 좌파 포퓰리즘 전략이 맞고 있는 최대 난관임을 쉽사리 이해할 수 있다. 포퓰리즘이 좌파도, 우파도, 중도도 쓸 수 있는 정치 담론의 형식에 불과하다면, 좌파 포퓰리즘은 결국 우파 포퓰리즘이란 부메랑으로 되돌아올 가능성이 높다는 것이 현실이 우리에게 들려주고 있는 교훈이다.

2. 대규모 자본의 미디어 독점: 대항 헤게모니 형성이 가능할까?

라클라우와 무페가 주장하는 포퓰리즘 전략의 핵심은 사실상 새로운 '대항' 헤게모니의 형성이다. 이 대항 헤게모니가 맞섬과 전복의 근원이 된다. 이런 '헤게모니로서 이데올로기'의 힘은 일반적 이데올로기와는 달리 관련 집단 구성원들의 '자발적 동의'에서 나온다.[24] 이 자발적 동의

22 Tom Phillips and Dom Phillips, "The new Venezuela? Brazil populist Bolsonaro's scare tactic gains traction," in *Guardian* (2018. 10. 11).

23 조일준, 「이탈리아, 새 연정 구성…극우 포퓰리즘 털고 친EU 좌회전」, 『한겨레』(2019. 9. 15).

24 Antonio Gramsci, *Selection from Prison Notebooks*, ed. & trans by Quintin Hoare & Geoffrey Nowell Smith (New York: International Publishers, 1971), pp. 248-249.

가 헤게모니의 가장 핵심적인 요소다. 당대 사회에서 이런 자발적 동의를 만드는 장치는 모두가 알다시피 '매스미디어'다. '자발적 동의'가 결국 주도적인 여론과 연관되어 있다는 사실을 인정한다면 헤게모니를 전파하는 수단으로서 미디어의 역할은 결코 무시할 수 없다.

그러나 세계 곳곳의 현실은 이런 미디어를, 좌파 포퓰리스트들이 맞서고자 하는 거대 자본이 장악하고 있다는 점이다. 우리는 흔히 소셜 미디어의 힘과 검색 엔진이 만들어내는 정보의 파급효과를 내세우곤 한다. 실제 아랍의 봄 등에서 목격한 소셜 미디어의 힘은 놀라운 것이었으며 검색 엔진의 발전은 정보를 평범한 사람들에게까지 널리 전파하는 효과를 발휘하고 있다.

그러나 소셜 미디어가 '디지털' 미디어의 일부라는 점을 인식한다면 우리는 다른 시선을 가질 수 있다. 디지털 미디어가 '독점'의 성향을 가지고 있고, 이 독점의 성향이 거대 자본을 만들어내기 때문이다. 포브스가 매년 내놓고 있는 세계 부자의 명단에서 2020년 기준으로 상위 20위 내의 절반 이상을 아마존, 페이스북, 구글 등 디지털 정보기술을 지닌 자들이 차지하고 있다.[25] 그리고 이들이 자본의 논리에 따라 움직인다는 것은 누구나 알고 있는 사실이다. 예를 들어, 2016년 대선에서 페이스북은 도널드 트럼프의 가짜 뉴스들을 사실상 방치했고 이것이 트럼프의 당선에 많은 기여를 했다는 것은 잘 알려진 사실이다. 이 때문에 페이스북은 많은 비난을 받았지만 다가오는 미국 대선에서 이에 대해 일말의 태도 변화도 보이지 않고 있다. 2020년, 민주당 대통령 후보로 나섰던 엘리자베스 워런(Elizabeth Warren)이 '마크 저커버그가 트

25 https://www.forbes.com/billionaires/을 보라.

럼프의 재선을 지지했다'는 가짜 광고를 페이스북에 실어 조롱한 이유이기도 하다.[26] 이후 트럼프는 트위터를 가짜 뉴스를 만들어내는 공장으로 활용하며 탈진실 정치의 중심에 서 있다.[27]

무엇보다 대항 헤게모니의 중요성을 강조하는 이들은 전통적인 미디어보다 더 독점적인 산업이 바로 플랫폼을 기반으로 한 새로운 미디어 산업이라는 사실을 직시해야 한다.[28] 소셜 미디어를 통한 정치 및 사회 변화가 가능하다면 아쉽게도 대개의 경우 그 변화가 자본의 이익에 도움이 되기 때문이다. 디지털 플랫폼을 기반으로 한 미디어 자본은 현재 지구적 시장의 논리에 가장 충실하게 디지털 '알고리즘'을 움직이고 있는 세력이다. 이들에게 가장 중요한 것은 이윤이고, 이윤이 남는 한 탈진실 정치는 문제가 되지 않는다. 탈진실 정치는, 제이슨 해넌(Jason Hannan)이 지적하는 대로, 비합리적 증오, 인종주의, 여성혐오, 호모포비아, 이슬람포비아 등과 같은 현상과 쉽사리 맞물리고 사회적 약자를 쉬운 먹잇감으로 삼는다.[29] 이런 환경 속에서 지구적 자본의 이윤 추구를 옹호하는 신자유주의 질서, 엘리트적 질서에 대항하는 언더독들의 헤게모니를 어떻게 형성할 수 있을까? 변화한 환경은 대항 헤게모니의 형성이 과거보다 훨씬 어려워졌다고 말하고 있다. 만약 이런 난관을 뚫고 이 공간에서 기존의 헤게모니에 대항할 수 있는 세력이 있다고 한다면, 탈진실 정치와 연계된 비합리적 증오, 인종주의, 여성혐오, 호모포비아, 이슬람포

26 "Elizabeth Warren Targets Facebook's Ad Policy With a Fake Ad Claiming Mark Zuckerberg Endorsed Trump's Re-Election," *Time* (10. 12. 2019).

27 Jason Hannan, "Trolling ourselves to death? Social media and post-truth politics," *European Journal of Communications* (vol. 33(2), 2018)을 보라.

28 성영조 & 송승현, 「글로벌 혁신기업의 성공전략 - 독점과 플랫폼」, 『이슈 & 진단』 258호 (2016. 12)를 보라.

29 Hannan, *ibid*, p. 220.

비아를 먹고 자라난 우파 포퓰리즘을 옹호하는 집단일 가능성이 훨씬 높을 것이다.

한나 아렌트는 『전체주의의 기원』(*The Origins of Totalitarianism*)에서, '이렇게 하면 세계가 이럴 것이다'는 식의 이데올로기적 논리를 강조하는 것은 '경험'에서 배우지 못하는 자들의 무능력을 증명한다고 반복해서 강조한다.[30] 우리의 경험이 알려주는 사실은, 포퓰리즘은 결국 우파적 성향으로 귀결하고 있다는 것, 더 나아가 좌파 포퓰리즘의 핵심적인 헤게모니 투쟁 수단이 자신들이 맞서고자 하는 지배적 자본에 장악되어 있다는 것이다.

IV. 을의 민주주의: '몫 없는 이들'의 민주주의는 가능한가?

무페는 『좌파 포퓰리즘을 위하여』에서 이렇게 쓴다. "정치이론가로서, 내가 좌파 포퓰리즘을 이론화하는 방식은 마키아벨리에게서 영향을 받았다. 알튀세가 상기시켰듯이 마키아벨리는 '국면 너머'(over the conjuncture) 성찰하기보다, 언제나 자신을 '국면 안에' 두었던 사람이다. 마키아벨리의 사례를 따라, 나는 서유럽 국가들 내부에서 우리가 최근 목격하고 있는 '포퓰리즘 계기'에 담긴… 내 성찰을 어느 한 특정 국면에 기입할 것이다. 나는 내 분석을 서유럽에 한정시킨다."[31] 자신이 제시하는 좌파 포퓰리즘이 사실상 서유럽에 한정시킨 전략이라는 것이다. 그렇기에 무페의 좌파 포퓰리즘 전략을 받아들이는 이라면 이 전략이 우리

30 Hannah Arendt, *The Origins of Totalitarianism* (New York: Harcourt, Brace, Jovanovich, 1951)의 13장 "이데올로기와 테러"에서 이데올로기를 언급하는 부분들을 보라.

31 Mouffe, *For a Left Populism*, p. 9.

맥락에서도 정당하고 유효한지 점검해 보아야만 한다.

이런 이유로 제IV절에선 무페를 따라, 국면 안에서, 특히 대한민국이라는 맥락 속에서 좌파 포퓰리즘 전략을 숙고해보려 한다. 관련하여 논의를 좀 더 구체적으로 진전시키기 위해 진태원의 '을의 민주주의'를 하나의 예로 삼고자 한다.[32] 이를 예로 삼아 살펴보는 이유는 다음과 같다. 첫째, 배제된 사람들을 동원하는 민주주의 전략으로서 언더독들을 동원하는 좌파 포퓰리즘과 매우 유사한 측면을 가지고 있다는 점이다.[33] 둘째, 사회적으로 배제된 사람들을 민주주의의 주체로 삼고자 하는 시도 중에서 우리 정치사회 현실을 가장 잘 반영하고 있기 때문이다. 셋째, 현재까진 유일하게 우리 맥락을 고려하며 하나의 모델로서 제시되어 있을 뿐만 아니라 가장 탄탄한 이론적 기반을 제공하고 있기 때문이다. 덧붙여 밝혀둔다면, '을의 민주주의'는 토착적 민주주의 모델을 만들려는 이론적 시도로서 존중 받아 마땅하다. 다시 강조하지만 '을의 민주주의'를 예로 활용하는 이유는 이 모델이 우리 정치사회 현실을 반영하며 이론화하려는 시도로서 '국면 안에서' 사고를 가능하게 하기 때문이다. 비판의 대상은 좌파 포퓰리즘이란 기획일 뿐이라는 점을 강조하며, 이론화된 모델로서 '을의 민주주의'는 우리사회의 이론가들에게 던지는 메시지가 매우 크다는 점을 한 차례 더 밝혀둔다.

32 진태원, 『을의 민주주의』를 보라.

33 진태원은 "만약 좌파 포퓰리즘 내지 진정한 민주주의적 포퓰리즘과 같은 것이 존재한다면, 그 포퓰리즘을 우파 내지 극우파와 구별되는 좌파 포퓰리즘으로, 진정한 민주주의적 포퓰리즘으로 만드는 것은 무엇인가?"라고 묻는다. 진태원, 앞의 책, 382쪽.

1. 인터레그넘의 시기, 기존 질서에 도전하는 주체

'을의 민주주의.' 2018년 한 해 동안 이 글을 쓰는 이가 들어본 최고의 정치적 표현이었다. "약자, 피해자, 못 가진 자, 주변화된 자, 배제된 자"로서 '을'을, 진태원은 자크 랑시에르(Jacques Rancière)의 표현을 빌려 '몫 없는 이들'이라고 부른다. 그리고 이들이 정치적 주체가 될 수 있는 '을의 민주주의'의 가능성을 모색한다. 이 모색의 중심에는 지그문트 바우만(Zygmunt Bauman)이 제기한 '인터레그넘'(interregnum), 소위 시대의 이행기 사이에 빚어지는 공백(국민[민족]국가로부터 지구화 시대로의 이행기 사이에 빚어지는 국가의 공백), 바로 '정치적 주체의 공백'이 있다.[34] 반면 그람시의 개념을 차용하고 있는 무페에게 이런 인터레그넘은 지배적 헤게모니 기획을 중심으로 설정된 몇몇 합의들이 도전받는 기간이다.[35] **하지만 무페의 '좌파 포퓰리즘' 기획이 성립하고자 한다면, '변화된 조건을 수반하는 이행기 사이에 공백이 되어버린 공간을 채울 새로운 정치적 주체는 누구인가?'라는 질문이 선행되어야 한다.** 진태원 역시 '민주주의의 급진화'라는 무페의 문제의식에 동조하면서도 이 질문에 대한 답이 선행되어야 한다고 밝히고 있다.[36]

서구 철학에서는 이 공백을 메우기 위한 새로운 주체의 탐구가 꾸준히 이어져왔지만, 적어도 필자가 아는 한 합의된 새로운 주체는 아직 존재하지 않으며, 이 문제를 제기했던 바우만 역시 우리가 살고 있는 지금 현재의 권력 공백을 메울 수 있는 주체의 가능성에 그리 긍정적이지 않았다. 예를 들어 카를로 보르도니와의 대화 중 '다중'(multitude)이

34 Bauman & Bordoni, *State of Crisis* (London: Polity, 2014)의 1장을 참조하라.
35 Mouffe, *ibid*, p. 12.
36 진태원, 앞의 책, 421-422쪽.

라는 새로운 정치주체의 가능성에 대해 바우만은, "공시적이든 통시적이든 모든 질서에 대한 불신, '질서'라는 개념 자체에 대한 회의, '유연성'과 '혁신'이라는 가치를 '안정성'과 '연속성'이라는 가치보다 위에 놓는 경향, 거푸집도 마련하지 않은 채 금속부터 녹이는 것. 이 모든 것은 현재의 공위기가 상당히 오랫동안 지속될 것이라는 점을 암시"하고 있다며 "항간에 떠도는 이런저런 이야기들을 재활용해 사회학적 이론을 급조해내는 실수를 되풀이"하지 말라고 경고한다.[37]

하지만 **라클라우나 무페에겐 명백히 이런 주체들이 존재하는데, 앞서 한 차례 언급했듯이 "권력자에 맞서는 언더독들"이다.**[38] 랑시에르가 말하는 '몫 없는 자들'이자 대항 헤게모니가 동원해야 될 대상으로서 다원적 세계에 흩어져 있으며, 대항 헤게모니 아래 (이렇게 표현해도 좋다면) '아직은 조직화되지 않은'(not yet organized) 세력이다. 진태원이 새로운 주체로서 가능성을 탐구하는 '을' 역시 이런 '아직은 조직화되지 않은' 세력이며, 라클라우나 무페의 표현을 빌리자면 권력을 가진 자에 맞설 수 있는 '언더독들'이다.

억압받는 당사자들이 변화 혹은 혁명의 주체가 될 것이라는 관점은 마르크스의 프롤레타리아트 이론에서부터 명백하게 드러나는 것이니 크게 새로울 바 없을지도 모른다. 하지만 대다수의 사람들이 인지하고 있듯이, 우리사회에서 '을'이란 존재는 억압받는 자들의 입장일 때는 극단적으로 수동적인 존재인 반면, 자신들이 또 다른 을에 대해 갑으로 변모할 때는 가장 적극적인 억압자처럼 보이기에, 이들을 정치적으로 주체화하는 일은 그 자체로 매우 흥미로운 작업일 수밖에 없다. 과연

37 Bauman & Bordoni, *ibid*. p. 84.
38 Mouffe, *ibid*, pp. 10-11.

그런 시도가 성공할 수 있을까?

2. 과소주체적인 '을'의 존재

진태원이 제시하는, 을의 존재들을 규정하는 몇 가지 특징이 있다. 첫째, '몫 없는 자들'로서의 을이다. 이들은 약자이며, 피해자이고, 가진 것이 없으며, 주변부로 밀려난, 배제된 자들이다. **둘째, 과소주체성이다. 이들은 주체성이 부족하고, 같이 분노하고 좌절하고 있는 것 같지만 하나의 동일한 주체를 이루지 못한다.** 이런 측면에서 을의 구성원들은 (그런 것이 실제 구성원으로 존재할 수 있다면) 이질적이며, 다양하고, 때로는 갈등한다. 이 두 가지 특징만 고려해보아도 이런 이들을 규합해 정치적 주체를 만들겠다는 시도는 무모한 도전처럼 보인다.

그럼에도 진태원은 이 문제와 마주함을 피하지 않는다. 관련하여 진태원은 대한민국이라는 곳에는 정치적 주체성을 표현할 수 있는 우리말 용어 내지 개념이 부재했다고 주장한다. 예를 들어 '국민'은 통치의 대상이라는 한계를, '민중'은 저항의 주체에 머무는 한계를 지닌다. 이런 이유로 배제된 자들이 사회 전체를 대표하는 민주주의를 모색하기 위해 '아감벤과 포폴로', '랑시에르와 푀플', '라클라우의 포퓰리즘과 피플'을 차례로 탐구한다. 이 과정에서 정치를 주체화/탈정체화로 파악하면서, "기존의 사회질서를 통해 부여된 이런저런 정체성들을 거부하고 그러한 정체성들을 가로지르는 새로운 주체 형성"이 필요하다고 말한다.[39] 하지만 과연 을이 그런 주체가 될 수 있을까?

진태원은 '을'이란 표현이, '을의 민주주의'가 포함하는 몇 가지 쟁점

39 진태원, 앞의 책, 80쪽.

을 포함한다고 말한다. 이 쟁점은 충분히 전체를 인용할 만한 가치가 있다.

> 첫째, 을이라는 말은 이 사회에는 동료 시민들에게 지배되거나 모욕당하거나 무시당하는 이들이 존재한다는 것, 더욱이 그들이 다수를 이룬다는 것을 우리에게 말해준다. (…) 둘째, 갑에 의한 이러한 억압과 주변화, 소외에도 불구하고 을들은 과소주체적 존재자들로 실존하고 행위한다. 왜냐하면 을들은 동등한 을들이 아니라, 을 아래의 병, 병 아래의 정 등으로 분할되어 있으며, 을은 자신이 갑에게 당하는 것 못지않게 병 위에 군림하며, 또 다른 자신의 을들을 거느리고 있기 때문이다. 이것은 주체화의 근본 과제가 을의 연대의 문제라는 것, 더 나아가 갑과 을 사이의 구조화된 위계 관계를 어떻게 평등한 민주적 관계로 전화시킬 것인가의 문제라는 것을 말해준다.[40]

우리가 '을의 민주주의'라는 '국면 안에서' 전략을 짜게 될 때, 이제 주어진 과제는 다음과 같다.

> 을의 민주주의라는 화두가 묻고자 하는 것은 을이 지배자가 아닌 주체가 될 수 있는지, 주인이 아닌(따라서 또 다른 하인이나 노예를 전제하지 않는) 주체, 주권자가 아닌(따라서 또 다른 신민, 백성을 전제하지 않는) 주체가 될 수 있는지 여부다.[41]

40 진태원, 앞의 책, 382-383쪽.
41 진태원, 앞의 책, 383쪽.

V. 제기할 수 있는 문제들

이렇게 진태원이 던지는 화두와 관련해 다음과 같은 세 가지 쟁점이 제기될 수 있다. 첫째, 을은 비지배적 주체가 될 수 있는가? 둘째, 을은 범주인가, 주체인가? 셋째, 을은 스스로 해방할 수 있는 능력을 지녔는가?

1. 비지배적인 주체?

결국 을의 민주주의가 내세우는 정치주체는 '비지배적인' 주체다. 을의 민주주의는 '타자에 대한 지배'를 거부하며, '주권자'를 거부하는 주체다. 만약 이런 인식이 적합하다면, '을'의 실체는 '비지배'를 지향하는 당대 공화주의 정체의 시민들과 기본적으로 같은 지향점을 공유하게 된다. 당대 공화주의까지 오지 않더라도 한나 아렌트의 행위 개념에서 제시되는 행위자들은 지배적 주권의 개념을 거부하고 동등한 주체로서 함께 행위한다. 아렌트는 이를 '조화롭게 행동한다'(act in concert)라는 표현에 담아 옮기고 있다.[42] 이렇게 보면 정치주체로서 을은, 국민, 민중, 인민에 대한 탐구가 그리 중요치 않은, 대한민국이라는 땅에 '도래할' 공화주의적 시민으로 보인다. 문제는 앞으로 살펴보게 될 이유들로 그런 도래함이 이뤄지기 어려우리라는 것이다.

2. 공동체가 없는 주체?

적어도 진태원이 내세우는 '을'은 (동일하게 라클라우나 무페가 내세우는 권력자에 맞서는 언더독들은) '하나의 범주(category)'이지 '주체'이지 않다. 정

42 Hannah Arendt, *The Human condition* (2nd ed.) (Chicago: The University of Chicago Press, 1958), pp. 244-245.

치주체는 어떤 방식으로든 자신들의 공동체를 갖는다. 지구화 시대의 배제된 자들의 혁명을 논하는 사람들이 범하는 가장 기본적인 실수는, 대부분의 배제된 자들에게 공동체가 없다는 사실을 간과한다는 점이다. 어떻게 보면, 사회에서 배제된다는 말 자체에는 이미 그들에게는 속할 곳이 없다는 의미가 포함되어 있다. 예를 들어 생각해보라, 우리에게 착한 빈민은 어떤 빈민인가? '아무것도 요구하지 않는 빈민이다.' 기본적으로 몫이 없는 자들이 사회에 인정받는 최선의 길은, '아무것도 요구하지 않는 것'이다. 이들은 바우만의 설명처럼, 우리에게 도덕적 부담을 안기는 가시적 시선 밖으로 추방되어야 할, 불편한 자들이다. 이들에게는 호소할 공동체가 없다.[43] 외로운 사람끼리 모여 산다고? 그곳을 우리는 빈민촌이라 부른다. 그곳에서 그들이 스스로를 조직화하는 일이 얼마나 있을까? 만약 우리가 이들을 '정치주체화'하려 한다면, 제일 먼저 필요한 일은 이들이 속할 수 있는 공동체를 어떤 방식으로든 만드는 일이 아닐까?

여기에 더하여 각각의 다른 이유로 배제된 사람들이, 배제되었다는 이유로 대항 헤게모니의 동원에 합류할 일은 없다는 점도 문제다. 동원의 경험이 쌓일수록 각기 다른 이유로 배제된 사람들은 동원의 현장에서 또 다른 배제를 경험하며 더 이상 자신들이 그 동원의 현장에 어울리지 않는 사람들임을 확인하게 된다. 2016년 촛불 집회 이후의 동원에서 성소수자들이 겪었던 배제의 경험이 그 예라 할 수 있다.[44] 이는 지금 현재에도 우리가 목격하고 있는 현상이다. 이들이 동원의 과정에서

43 Zygmund Bauman, *Collateral Damage: Social Inequalities in a Global Age* (London: Polity, 2011), 10장을 보라.

44 「검찰촛불과 광화문집회, 나는 어느 곳에도 갈 수 없었다」, 『오마이뉴스』(2019. 10. 08).

공동체를 경험하며 배제되지 않도록 주체화하는 길은 '정치정당'을 통해 동원되면서 대표되는 경험을 쌓아주는 것이지만(필자가 이해하는 바로는 무페가 말하는 동원의 방식이다), 그런 경험은 유럽과 같이 다당제나 비례대표제, 중대선거구제 등을 가지고 있는 곳에서 가능하다. 우리나라와 같이 소선거구제로 인한 사실상의 양당제, 지역대표가 지배적인 제도 아래에서 정당을 통한 동원이 다양한 요구와 접점을 갖는다는 것은 사실상 불가능하다. 더군다나 동원의 순간일수록 도전하는 지배적 이데올로기가 무엇인지 명확하게 드러내야 하며, 그것이 드러나는 순간 정치적 우선순위가 결정되고, 그 순위가 결정되는 순간 다원적 대표는 불가능해진다. 덧붙여 이런 정당을 통한 동원이 지배적으로 나타나는 현상이 바로 우파 포퓰리즘임을 한 차례 더 상기하고자 한다.

3. 후견적 민주주의로의 전략?

그런데 '을의 민주주의'의 논리를 따라가다 보면, 더불어 무페가 말하는 정치정당을 통한 언더독들의 동원 현상을 따라가다 보면, 이런 모델과 전략이 일종의 후견적 민주주의로 전락할 가능성이 있음을 확인할 수 있다.[45] '을'들이 내부에 이질성과 다양성, 갈등성이라는 문제에 시달리는 상황에서 스스로를 주체화는 과정을 실행에 옮기는 일은 사실상 불가능하다.[46] 그럴 수 있다는 방법이 있다고 생각하는 건 자유지만, 그것은 일종의 지적 기만이다. 이런 점에서 진태원은 매우 정직하다. 그는 이렇게 말한다. "나는 우선 을의 민주주의가 매우 아포리아적인 개념이라는 점을 지적해두고 싶다. 아니, 더 정확히 말하면, 을의 민주주의는

45 진태원, 앞의 책, 427쪽.
46 진태원, 앞의 책, 444쪽.

민주주의 자체가 매우 아포리아적이라는 점을 드러내 준다는 점에서 의미가 있다. (…) 아포리아는 이러한 돌파의 노력이 아무런 성공의 보장이 없는 모험적인 기획이라는 점이 중요."하다.[47]

하지만 이런 언급 역시 또 다른 의문을 불러일으킨다. 잠재적 주체가 주체화될 수 있는 조건을 결여한 상황에서, 아포리아적인 돌파의 노력이 어디서 일어난다는 말인가? 그 아포리아적인 돌파의 노력을 하는 주체는 누구인가? 을인가? 민주주의는 내부의 이질성, 다양성, 갈등성에서도 불구하고 어떤 방식으로든 함께 움직이는 공동체를 요구한다. 그런데 을들에게 함께 속할 공동체가 없다는 것이 현실이라면, 을들에게는 주체화할 수 있는 공간 자체가 없는 것도 현실이다. **공동체가 없는 자들이 저항에 나설 수 있을지 몰라도, 공동체의 경험이 없는 자들에게 정치주체화의 핵심인 정체의 구성능력이 있을 리는 없다.** 여기에서 앞의 V-2절에서 보았듯이 정당의 역할이 필요해지지만, 우리의 선거제도와 대표제도는 다원적 행위자를 대표할 수 있는 방식으로 구성되어 있지 않다는 맥락을 직시해야 한다.

VI. 나가는 말: 왜 민주주의 대신 '좌파 포퓰리즘'이어야 하는가

'다원주의의 사실 그 자체'란 사회적 조건을 전제로 삼는 무페의 '좌파' 포퓰리즘 이론은 (진태원의 을의 민주주의 역시도) 내부의 비지배, 관계의 평등성을 내포하고 있다. 그러나 (롤스의 용어를 빌어 와) **무페가 강조하는 '다원주의 사실 그 자체'란 사회적 조건은 대개의 경우 누구에게도, 어떤 상황**

47 진태원, 앞의 책, 445쪽.

에서도 양보할 수 없는 자기신념으로 가득 찬, 사실상 근본적으로 공공의 장에서 공유할 것이 없는 사람들의 세계란 뜻을 내포하고 있다.[48] 아렌트의 말처럼 공유할 것이 없는 자들의 본질은 '무세계적'이다. 공유된 세계에서 배제된 자들로서 을의 본질은 '외로움'(loneliness)이다.[49] 외로운 자들은 민주주의가 아니라, 자기에게 속할 공간을 줄 수 있는 정치 지도자에게 더 많은 관심을 갖는다. 이 대목은 민주주의와 포퓰리즘 사이의 벽을 지운 라클라우 역시 인정하는 대목이다. '소외된 자들을 모아낼 정치 지도자가 필요하다.' 현실에서 우리가 당면하는 문제는 그 지도자가 '샌더스'인지, '트럼프'인지 모를 일이라는 데 있다. 더하여 무세계적인 사람들에게 그가 '샌더스'인지 '트럼프'인지는 중요치 않다. 이런 점을 고려해 본다면 미국에서 그들의 선택이 '트럼프'였다는 것은 그리 놀라운 일이 아니다. 그들에게 좌·우의 경계는 무의미하다. 설령 이들이 기존의 질서에 균열을 낼 수 있다 하더라도, 그 균열을 메우는 이들은 새로운 반동적 세력이 될 가능성이 높다.[50]

마찬가지로 무세계적인 이들에게 내부의 비지배, 관계의 평등성이 관심사일 확률은 높지 않다. 헤게모니를 동원하는 수단, 전통적 미디어와 플랫폼 기반의 미디어 모두가 독점 자본에 장악되어 가고 있는 상

48 Arendt, *The Human Condition*, pp. 51-53을 보라. 아렌트는 공적 영역(public realm)을 공유하는 세계(the common world)라고 표현하며 사적인 인간들이 가질 수 없는 것이라 규정한다.

49 Hannah Arendt, *The Origins of Totalitarianism*의 결말에서 무세계적인 자들의 '외로움'(loneliness)에 대해 다루고 있다. 이 외로움은 사유(thinking)에 필수적 요건으로서 '고독'(solitude)과는 전혀 다른 것이다.

50 그 예로서 Steven Levitsky & Daniel Ziblatt, *How Democracies Die* (Cambridge: Harvard University Press, 2018)를 보라. 레비츠키와 지블랫은 당대 대부분의 민주정체가 독재의 경계를 넘지 않아 오히려 그 신호를 선명하게 볼 수 없는, '선동가적인' 선출된 지도자들의 손에 무너졌다는 점을 지적한다.

황에서 비지배적인, 관계의 평등성이 중심이 되는 헤게모니가 형성되는 일은 더욱 요원해 보인다. 우리사회를 보더라도 이들은 공정성의 기준으로 '메리토크라시'란 능력주의를 내세워 주된 헤게모니를 만들고 있고,[51] 갑·을·병·정이란 지배적 감성이 사회 전반을 채우고 있다. 이런 상황에서 몫 없는 자들의 정치주체화는 그야말로 아포리아에 불과할 것이다. **이 점에선 인터레그넘에 대한 바우만의 생각이 아직은 유효하다고 본다.** 바우만의 지적처럼 아직 존재하지 않는 세력을 존재한다고 말할 필요도, 소용도 없는 것이다.

침체된 좌파들이, 스스로의 탈출구를 찾고 민주주의를 바로 세우는 길을 모색하는 것을 두고 비판할 이유는 없다. 하지만 그 탈출구가 포퓰리즘이라면 문제가 있다고 보인다. 포퓰리즘이 가정하는 정치적 주체엔 자기해방의 원동력이 없다. 정당정치가 다원적 세계를 반영할 수 있는 방식으로 구축되지 않은 상황이라면, 그 해방은 정치 지도자의 입에, 유언 속에 열린다. 우리는 제18대 대통령 선거과정에서 포퓰리즘의 열기 속에서 박근혜 대 문재인의 맞대결을 통해 유언의 정치(박정희 대 노무현)를 경험한 바 있다. 결과는 우리 모두가 알고 있는 바다. 우리의 '국면 안에서' 볼 때 '좌파 포퓰리즘'은 우리에게 그다지 현실적인 대안이 아니라고 여겨진다. 더하여 우리는 세계 곳곳에서 벌어지고 있는 수많은 포퓰리즘 운동에서 포데모스만이 예외적으로 좌파 모델로 일관성과 지속성을 갖고 있을 뿐이란 현실을 직시해야만 한다. 수많은 사례를 외면하고 예외적 사례를 일반화시켜서는 안 될 것이다.

이런 이론적 문제와 현실적 난관 앞에서도 만약 누군가 좌파 포퓰리

51 정태석, 장은주, 김만권 외 3명, 「[참여사회포럼] 공정성의 역설」, 『시민과 세계』 통권 32호(2018), 137-160을 참고하라.

즘 기획을 계속 주장하고 싶다면, 그 이전에 먼저 이 질문들에 답해야 할 것으로 보인다. "왜 민주주의자들이라 자처하는 사람들이 역사적 과정 속에서 축적된 규범이 정립된 민주주의를 버리고 혐오와 차별, 증오와 원한의 정치적 유입이란 위험을 감수하며 포퓰리즘을 정상적인 정치과정으로 포섭하려 하는 것일까?" "분열된 다양한 세력들의 결속을 민주적 규범이 아니라 지도자의 이름 아래 모색하는 일이 민주적 가치와 상응할 수 있을까?" "좌파 포퓰리즘이 요구하는 권력자와 언더독의 헤게모니 투쟁이 기존의 자유적 제도 질서 안에서 행해지는 것이라면 왜 이를 굳이 민주주의란 이름 대신 좌파 포퓰리즘이란 용어로 대체해야만 하는 것일까?" "혹 지금 실행하고자 하는 좌파 포퓰리즘이란 '기존의 체제를 반드시 전복시켜야만 한다'는 완고한 정치적 신념에서 비롯된 조급한 정치적 기획은 아닌 것일까?"

참고문헌

Althusser, Louis. *Machiavelli and US*. London: Verso, 1999.

Arendt, Hannah. *The Origins of Totalitarianism*. New York: Harcourt, Brace, Jovanovich, 1951.

Arendt, Hannah. *The Human condition* (2nd ed.). Chicago: The University of Chicago Press, 1958.

Bauman, Zygmund & Bordoni, Carlos. *State of Crisis*. London: Polity, 2014.

Bauman, Zygmund. *Collateral Damage: Social Inequalities in a Global Age*. London: Polity, 2011.

Brown, Wendy. "Wounded Attachments," *Political Theory*. Vol. 21, No. 3, August 1993.

Canovan, Margaret. *The People*. London: Polity, 2005.

Judis, John B. *Populist Explosion. How the Great Recession Transformed American and European Politics*. New York: Columbia Global Reports.

Judis, John B. "Rethinking Populism," *Dissent* (Fall, 2016) (https://www.dissent magazine.org/article/rethinking-populism-laclau-mouffe-podemos)

Kalyvas, Andreas. *Democracy and the Politics of the Extraordinary*. Cambridge: Cambridge University Press, 2008.

Laclau, Ernesto. *On Populist Reason*. London: Verso, 2005.

Laclau, Ernesto & Mouffe, Chantal. *Hegemony and Socialist Strategy: Towards a Radical Democratic Politics*. London: Verso, 2001.

Antonio Gramsc. *Selection from Prison Notebooks*, ed. & trans by Quintin Hoare & Geoffrey Nowell Smith. New York: International Publishers, 1971.

Hannan, Jason. "Trolling ourselves to death? Social media and post-truth politics" *European Journal of Communications*. Vol. 33(2), 2018.

Levitsky, Steven & Ziblatt, Daniel. *How Democracies Die*. Cambridge: Harvard University Press, 2018.

Mouffe, Chantal. *For a Left Populism*. London: Verso, 2018.

Mouffe, Chantal. *On the Political*. New York: Routledge, 2005.

Mouffe, Chantal. *The Return of the Political*. London: Verso, 1993.

Mouffe, Chantal. *The Democratic Paradox*. London: Verso, 2000.

Phillips, Tom & Phillips, Dom. "The new Venezuela? Brazil populist Bolsonaro's scare tactic gains traction," in *Guardian* (2018. 10. 11).

Prentoulis, Marina. *Left Populism in Europe: Syriza, Podemos and Beyond*. London: Pluto Press, 2020.

Ramiro, Luis & Gomez, Raul. "Radical-Left Populism during the Great Recession:

Podemos and Its Competition with the Established Radical Left." *Political Studies*. Vol. 65(1S), 2017.

Rawls, John. *Political Liberalism*. New York: Columbia UP, 1993.

Schmitt, Carl. *The Leviathan in the State Theory of Thomas Hobbes: Meaning and Failure of a Political Symbol*. Chicago: University of Chicago Press, 1996.

Vatter, Miguel. "The Quarrel between Populism and Republicanism: Machiavelli and the Antinomies of Plebeian Politics," *Contemporary Political Theory*. Vol.11. No.3, 2012.

Wolin, Sheldon, S. "Fugitive Democracy," *Constellation*. Vol. 1. No. 1. 1994.

Žižek, Slavoj. "Against the Populist Temptation," in *Critical Inquiry*. Vol.32. No.3, Spring 2006.

강병익. "2017-2018년 4월 유럽연합 국가별 총선결과: 우파강세 및 포퓰리즘 확산, 그리고 유럽연합의 미래", 민주연구원, 2018. 4월.

금민. 「포데모스, 좌파 포퓰리즘의 가능성과 한계」, 『마르크스주의 연구』 12권 4호, 2015.

김주호. 「포퓰리즘 부상 배경으로서 민주주의의 응답성 결여: 2010년대 독일을 사례로」,『현상과 인식』. 2018

김주호. 「포퓰리즘과 민주주의: 양가적 관계 이해하기」,『시민과 세계』 35호, 2019.

샹탈 무페. 이승원 역. 『좌파 포퓰리즘을 위하여』, 서울: 문학세계사, 2019.

샹탈 무페, 히로세 준. 「포데모스 혹은 좌파포퓰리즘에 대한 두 개의 시선」. 『진보평론』 68호, 2016.

성영조 & 송승현. "글로벌 혁신기업의 성공전략 - 독점과 플랫폼" 『이슈 & 진단』 258호, 2016. 12.

이관후. 「통치 주체의 자격에 대한 역사적 고찰: 현대 포퓰리즘이 제기한 질문은 무엇인가?」. 『시민과 세계』 통권 35호, 2019.

이승원. 「직접민주주의의 정치철학적 기반에 관한 연구 - 포퓰리즘인가 민주주의인가」. 『시민과 세계』 통권 32호, 2018.

장석준. 「오늘의 대한민국에서 포퓰리즘에 주목해야 하는 이유」. 『시민과 세계』 통권 34호, 2019.

장석준. 「좌파 포퓰리즘. 신자유주의 위기 이후의 진보정치모델」. 비판사회학대회, 2018.

정태석, 장은주, 김만권 외 3명. 「[참여사회포럼] 공정성의 역설」. 『시민과 세계』 통권 32호, 2018.

진태원. 『을의 민주주의』, 서울: 그린비, 2018.

진태원. 「포퓰리즘, 민주주의, 민중」, 『역사비평』 통권 105호, 2013.

진태원. 「을들의 연대에 대하여」, 『황해문화』 통권 106호, 2020.

진태원 편. 『포퓰리즘과 민주주의』, 서울: 소명출판, 2018.
홍철기. 「포퓰리즘-반포퓰리즘 논쟁에 던지는 두 가지 질문: 포퓰리즘은 정말로 반-현정주의적인고 반-자유민주주의적인가?」, 『시민과 세계』 통권 34호, 2019.

포퓰리즘 정치와 사회운동의 도전*

홍 성 태

1. 포퓰리즘의 명암

최근 정치권에서 무분별하게 사용하는 용어가 있다. 경쟁하는 정치세력이 선심성 공약으로 '무차별 복지'를 남발한다고 비난할 때, 그러나 자신은 '국민을 위한' 민생의 정치를 할 뿐이라고 강변할 때, 대의민주주의가 기득권을 가진 부패한 엘리트에 의해 장악돼 '진정한 국민주권'의 실현이 절실하다고 주장할 때, 대중을 현혹하는 화려한 언변으로 기성정치를 위협하는 새로운 정치세력이 출현할 때, 바로 '포퓰리즘'을 들추어 말한다.

확실히 포퓰리즘은 논쟁거리가 되는 개념이다. 포퓰리즘의 개념을

* 이 글은 『기억과 전망』(2020년 여름호, 통권 42호)에 발표한 논문과 내용이 같습니다.

온전히 정의하기에는 여전히 합의되지 않은 논쟁의 지점들이 남아 있다(Laclau 1977; Taggart 2002; Canovan 2005; Jansen 2011; Gidron and Bonikowski 2013; Müller 2017; Schmitter 2019). 그래서 많은 논자들이 포퓰리즘의 정치적 이미지 만들기에 몰입하면서 관점의 차별화 경쟁을 시도했는지 모른다. 특히 민주주의와의 관계를 따지는 지점에서 포퓰리즘의 정치적 이미지는 논쟁의 소재로 더욱 강조된다.

기존의 논의들은 포퓰리즘의 성격을 '민주주의 그 자체에 드리워진 그림자'(Canovan 1999, 3), '민주주의의 불안한 병리'(Mény and Surel 2002, 5), '민주주의의 거울'(Panizza 2005, 30), '민주주의의 유령'(Arditi 2007, 50-51) 등과 같은 은유로 풀어냈다. 국내에서도 '민주주의로 포장한 대중 영합적 정치노선'의 이미지가 포퓰리즘에 대한 지배적인 담론구조를 형성하고 있다(서병훈 2008, 21). 논자들은 이러한 표현을 통해 포퓰리즘이 민주주의의 조건과 전망에 지대한 영향을 미치고 있다는 점을 강조하고자 했다. 해석의 차이는 있으나, 여기서 포퓰리즘은 분명히 민주주의에 유해한 요소를 내장한다.

그렇다고 포퓰리즘이 민주주의를 위협한다고 단언할 수도 없다. 민주주의에 착근된 '인민주권'(popular sovereignty)이 포퓰리즘의 언어로 번역될 때, 그 본질적인 의미가 가장 선명하게 이해된다. 모든 포퓰리즘적 활동들은 "민주주의가 오직 인민의 권력을 의미하는 것처럼 말하고 행동"하기 때문이다(Mény and Surel 2002, 9). 그러나 인민에게 권력을 부여하는 민주주의의 정치과정은 언제나 다수와 소수, 갈등과 통합의 딜레마를 전제한다. 이런 점에서 포퓰리즘은 인민주권의 정치적 이중성을 드러낸다. 다시 말해, 포퓰리즘은 소수자의 권리를 교묘히 회피하기 위해 국민투표와 같은 다수결의 개념과 실천을 동원할 수 있지만, 동시에 엘리트에 의해 대표된다고 느끼지 못하는 주변화되고 배제된 집단들의 목소리를 동원해 사회통합의 포용성을 증진할 수도 있다. 또한 안정적인 정치적 동맹의 형성을 가로막는 새로운 정치균열을 촉진할 수 있지만, 다른 한편으로 사회의 배제된 부문이 선호하는 정책을 추진함으로써 정치체계의 반응성과 민주적 책임성을 향상시킬 수도 있다(Rovira Kaltwasser 2012; Mudde and Rovira Kaltwasser 2017, 83-84).

따라서 포퓰리즘이 민주주의에 유해하다는 편견을 재고하고 나면, 엘리트에 의해 박탈당한 인민의 목소리를 동원하고 증폭시켜 '포스트 민주주의'의 변곡점을 형성할 여지가 보이게 된다(Crouch 2019). 또한 인민과 과두정치 사이의 정치적 전선을 구성하는 담론전략으로서, 이른바 '좌파 포퓰리즘'이라는 기표에 민주주의를 급진화하기 위한 정치적 기획의 공간을 확보할 수도 있다(Moffe 2018). 여기서 핵심은 포퓰리즘 그 자체가 민주주의에 대한 인민의 요구와 가치를 확인하고 재활성화하는 데 중요한 기폭제로 작용할 수 있다는 점이다(서영표 2014; 이승원 2018).[1] 특히 투표율뿐만 아니라 당원마저 줄어들어 평범한 사람들의 공식적인 정치참여가 활기를 잃은 시대에 새로운 활력을 불어넣을 수 있다는 사실이 중요하다(Skocpol and Williamson 2012). 이러한 일련의 가능성은 포퓰리즘과 민주주의의 관계가 '양가성'(ambivalence)을 가진다는 인식에 기초한다(Rovira Kaltwasser 2012; 김주호, 2019).

이 글의 문제의식은 포퓰리즘의 명암을 드러내는 데 집중한 기존의

1 이러한 문제의식의 맥락에서 서영표(2014, 34)는 포퓰리즘에 담긴 대중의 열망과 에너지가 "민중의 정치적 역량을 확장하도록 하는 대항헤게모니적 기획이 논의되어야 한다"고 주장했다. 또한 이승원(2018, 25)은 포퓰리즘에 대한 가장 바람직한 대응은 그것을 "악마화하는 것이 아니라, 포퓰리즘을 통해 발현되는 정치적 요구들이 수용되고, 새로운 정치적 주체가 대의제 질서에 참여할 수 있도록" 대의민주주의를 혁신하는 것이라고 강조했다.

논의에 바탕을 둔다. 그러나 필자가 무게를 실어 논의할 요점은 민주주의에서 포퓰리즘 정치와 사회운동의 관계, 특히 포퓰리즘의 밝기 조절을 둘러싼 정치적 쟁투에서 사회운동의 전략을 이론적으로 모색하는 데 있다. 기존의 연구에서 포퓰리즘은 제도정치뿐만 아니라 사회운동에서도 발견되는 현상으로 다루어졌다. 그럼에도 포퓰리즘을 정치와 운동의 서로 다른 관점에서 접근했기 때문에 공동의 정의를 확립하거나 논점들 간의 맥락을 좁히기 어려웠던 것으로 보인다.

민주주의에서 포퓰리즘 정치와 사회운동의 관계는 어떻게 정의할 수 있나? 기존의 연구가 소홀히 취급했던 이 근본적인 질문에 다가서지 않는다면, 포퓰리즘 정치와 사회운동 사이에서 일어나는 접합과 탈구의 원리를 적절히 설명할 수 없을 뿐만 아니라 포퓰리즘과 민주주의의 관계를 보다 객관적으로 이해하는 하나의 접근방법을 지나칠 수도 있다. 이런 점에서 이 글은 포퓰리즘 정치와 사회운동의 관계를 살피면서 더 나은 민주주의를 위한 집합적 도전의 전략을 이론적인 차원에서 논의하고자 한다.

이를 위해, 우선 디지털 전환이 촉진한 동원양식의 변화가 포퓰리즘과 사회운동의 구조적 접맥을 형성하는 데 어떤 영향을 미쳤는지 살펴본다. 이어서 포퓰리즘 정치와 사회운동이 상호작용하는 접합과 탈구의 원리에서 '동원된 민주주의' 개념을 정식화함으로써 민주주의가 양극적인 방식으로 구조화될 위험성에 대해서 강조한다. 이러한 논의를 토대로 사회운동의 관점에서 포퓰리즘의 반다원주의적 요소를 제어하기 위한 인민주권운동의 전략을 제시한다.

우리는 정체성 정치로 분할되는 다양한 포퓰리즘의 시대에 진입하고 있다. 특히 좌파와 우파의 전통적인 이념대결 구도에 거리두기를 시도

하는 정체성의 다원주의적 분화가 포퓰리즘의 다양성에 움트고 있다. 적대에 기초한 정체성을 거부하는 순간 더 많고 다양한 '우리'를 만날 수 있다. 포퓰리즘의 다양성 시대에 유동하고 교차하는 정체성들이 공존의 원칙을 지킬 수 있도록, 혐오와 차별의 부정의를 자유주의로 둔갑시키는 마술이 더는 통하지 않도록, 민주주의의 게임규칙을 보강하는 일이 시급하다.

2. 디지털 전환과 사회적 동원양식의 변화

지난 20여 년 동안 급속히 진행된 인터넷 기반의 디지털 혁신은 말 그대로 '상상을 현실로' 뒤바꿔 놓았다. 생활세계에서 누리는 미디어와 의사소통의 편리성에 시공간의 유연성이 더해지면서 사회적 관계와 행위의 질서에 크고 작은 변화가 일어났다. 정부나 정치정당이 시민사회의 요구와 불만에 응답하는 방식뿐만 아니라 시민참여의 형식과 성격도 크게 달라졌다. 무엇보다 이러한 전환에 물적 토대를 제공한 거대기업들은 지금 이 순간에도 인터넷이나 디지털이 수식하는 자본주의를 더 이상 낯설지 않은 변화로 수용하도록 끊임없이 혁신을 광고한다.

물론 디지털 전환의 성격을 둘러싸고 1990년대 이래 예찬론자들과 회의론자들 사이에 첨예한 논쟁이 있었다(McChesney 2013, 5-16). 그러나 우리가 디지털 전환의 풍경들에 익숙해질수록 날선 대립에서 오가는 말끝은 점차 흐려지고 있다. 그 이유는 디지털 전환을 바라보는 긍정과 부정의 양극화된 시각 사이에서 민주주의를 추동하는 새로운 도전들이 서서히 접점을 넓히고 있기 때문이다. 자본주의가 혁신이라는 이름으로 디지털 전환을 추동하며—불안정한 플랫폼 노동의 불평등

심화, 소수의 거대기업에 의한 지구적 네트워크의 독점, 개인정보의 무분별한 상업화, 가짜뉴스로 사리사욕을 채우는 언론권력의 횡포 등과 같이—온갖 부작용을 일으키고 있긴 하지만, 다른 한편으로는 지식과 정보로 구성된 디지털 공공재(digital public goods)에 대한 접근비용을 낮추면서 국가와 시장의 영역에 권력의 공개성과 투명성을 강화하도록 만들었다.

독재체제보다 민주주의에서 공공재의 공급 수준과 그 기대가 높다는 것은 이미 경험적으로 충분히 입증된 사실이다(McGuire and Olson 1996; Lake and Baum 2001). 이런 점에서 잉글하트와 벨첼(Inglehart and Welzel 2005)이 '자기표현의 가치'(self-expression values)를 동력으로 하는 민주주의를 강조했듯이, 디지털 공공재에 대한 접근과 동원의 정치적 기회가 확장할수록 엘리트에게 권력을 위임하기보다 자기표현의 정치과정을 통해 스스로 문제해결에 나서는, 어쩌면 인민주권의 사상을 구현하기 위한, 개인화된 비판적 시민(사회)의 도전이 더욱 활성화될 것이라고 기대하게 만든다.[2] 그렇다고 디지털 전환이 자기표현의 정치과정에 충분조건을 저절로 제공한 것은 아니다. 디지털 전환을 배경으로 한 민주주의의 동학을 새롭게 구조화하는 일은 다음의 조건과 경로를 수반하기 때문이다.

우선, 디지털 미디어의 확산을 조건으로 한다. 디지털 전환은 의사소통 미디어의 발달을 가져와 공간과 시간 그리고 성원의 자격에 크게 구

2 의심할 여지없이 빈약한 정보와 제한적 시민참여는 인민주권의 사상을 심각하게 약화시킨다(Gamson 2001). 그러나 반대로 디지털 전환이 가져온 범람하는 정보세계에서 소수의 인터넷 여론이 과잉대표되고 시민참여의 편의가 슬랙티비즘(slacktivism)의 형태로 고착되는 현실이 인민주권의 사상을 강화하는 것도 아니다.

애받지 않는, 새로운 공공성의 발현구조로서 온라인 공론장을 창출했다(Thompson 2012). 여기에 2010년을 전후해 소셜미디어의 사용자가 급속히 늘어남에 따라 공론장의 정치는 더욱 개방적이고 접근하기 쉬운 영역으로 변화했다. 특히 사회운동에서 저항자들은 페이스북과 트위터, 블로그 같은 소셜네트워킹서비스(SNS)를 '공적 관심'을 '거리의 정치'로 전환, 표출하기 위한 강력한 도구로 활용하는 데 익숙해졌다. 뿐만 아니라 사회운동에서 소셜미디어는 정부당국의 검열을 회피하고 전술의 즉흥적인 조정에 효율성을 높이는 중요한 기능을 보였다(Tufekci 2014).

실제로 튀니지와 이집트를 비롯한 북아프리카와 중동지역에서 민주화를 불러온 아랍의 봄, 스페인 포데모스(Podemos)의 정치적 기반이 된 '분노한 사람들'(Indignados)의 15M운동, 미국에서 촉발돼 전 지구적 운동으로 확산한 점령운동(Occupy Movements), 터키의 게지 공원(Gezi Park) 시위, 이탈리아의 오성운동(Movimento 5 Stelle)과 포르투갈의 긴축재정 반대시위 그리고 최근 프랑스에서 촉발해 주변국으로까지 확산된 노란조끼운동 등 2010년 이후 전 세계 곳곳에서 벌어진 대부분의 저항행동에서 소셜미디어의 위력을 확인할 수 있다(Castells 2015). 이처럼 동원과 저항전술의 플랫폼으로 발전한 디지털 미디어는 자기표현의 가치를 공론장이나 다양한 운동의 형태로 정치과정에 내보내는 역할을 해왔다.

그런데 이러한 자기표현의 정치과정은 '연결행위'(connective action)라는 집합적 행위의 새로운 양식을 통해 촉진되었다. 기존의 집합적 행위가 주로 일관된 집합적 정체성이나 지도력 있는 공식조직을 매개로 수반되었다면, 디지털 미디어 플랫폼을 기반으로 한 연결행위는 이질적인 개인들의 복잡다단한 이해관계에서 공통의 관심을 모아내 확인시키는 가운데 일체감의 경계뿐만 아니라 시간과 비용을 낮추며 서로를 연결하는, 동원과 의사소통의 패러다임 전환을 의미한다(Bennett 2012; Bennett and Segerberg 2013). 이러한 연결행위의 확산은 정체성과 조직, 이데올로기와 레퍼토리, 동원과 리더십의 측면에서 '집합적인 것'(the collective)의 관념이 담고 있던 단일하고 통합된, 동질적이고 일관성 있는 사회운동에 관한 오랜 가정을 뒤집어 놓았다(Kavada 2016). 대신 그 자리에 탈집중화, 분산화, '개인화된 정치'(personalized politics)가 집합적 행위를 구성하는 모듈을 빠른 속도로 더 넓게 연결하고 있다.

물론 개인화된 정치가 정당일체감이나 이데올로기에 기초한 기존의 정치를 완전히 벗어난 새로움을 의미하는 것은 아니다. 다만, 우리가 주목할 대목은 개인의 다양한 삶의 가치와 생활양식이 공적인 것으로 재구성되는 메커니즘의 한가운데 의사소통과 동원의 새로운 결합지점이 생성되었다는 점이다. 개인의 사적인 삶이 연결행위를 통해 공적인 것으로 증폭되는 과정에서 국가, 권력, 헤게모니에 기반을 두었던 '정치적인 것'의 의미도 열린 개념으로 전환되고 있다. '정치적인 것'의 요체가 공적인 것을 정의하는 사회적 상호작용의 힘이라고 보았을 때, 연결행위는 그 힘의 질서를 새롭게 구조화했다. 이런 점에서 디지털 전환을 배경으로 '정치적인 것'이 재구성되는 경향은 저항의 사회적 동원에서 포착된 낯선 변화를 '집합적 행위의 개인화'(personalization of collective action) 및 '네트워크화된 사회운동'(networked social movements)으로 표현하게 만들었다(Bennett and Segerberg 2013; Castells 2015).

이러한 디지털 전환은 사회운동뿐만 아니라 포퓰리즘의 사회적 동원에도 지대한 영향을 미쳤다(Moffitt 2016; Skocpol and Williamson 2012;

Gerbaudo 2018). 포퓰리스트들은 TV, 라디오, 신문과 같은 전통적인 대중매체가 기득권을 가진 정치 엘리트에 의해 통제되었다고 비판하며, 낮은 비용으로 접근하기 쉽고 정치적으로 독립적인 영역을 구축할 수 있으며 게이트키핑에 대한 불신을 고려하지 않아도 되는 소셜미디어 기반의 의사소통과 동원을 선호하기 시작했다. 이런 점에서 소셜미디어를 활용한 새로운 미디어정치는 포퓰리스트들에게 기성 정치권력과 언론기관을 매개하지 않고도 그들의 인민주권을 정당화하면서 직접민주주의의 상향식 참여를 촉진할 수 있는 소통과 동원의 가장 강력한 도구가 되었다. 나디아 우르비나티(Nadia Urbinati)가 마치 모순어법과도 같은 '직접 대표성'(direct representation)의 개념으로 포착했듯이, '디지털 포퓰리즘' 지도자들은 더 이상 정당이나 독립매체와 같은 중간자가 필요하지 않은 인터넷 기반의 소셜미디어 환경에서 국민에게 직접 말하고 싶어 하기 때문이다(Urbinati 2019, ch.4). 이와 관련해 가장 대표적인 사례는 베페 그릴로(Beppe Grillo)의 블로그에 원류를 두고 성장한 이탈리아의 오성운동과 파블로 이글레시아스(Pablo Iglesias)가 이끄는 스페인의 포데모스를 꼽을 수 있다.[3]

사실 포퓰리즘은 전혀 새로운 현상이라고 할 수 없다. 그러나 이처럼 소셜미디어를 소통과 동원의 강력한 도구로 삼아 전 세계를 강타하고 있는 포퓰리즘의 최신판은 반기득권주의(antiestablishmentarianism)

3 그릴로의 추종자들을 일컫는 이른바 '그릴리니'(grillini)가 의회에 입성하자, 그릴로의 전략가이자 인터넷 제작자인 장로베르토 카살레지오(Gianroberto Casaleggio)는 '이탈리아의 여론' 그 자체가 마침내 의회에 들어섰다고 말했다(Müller 2016, 64에서 재인용). 한편, 포데모스의 공동 설립자인 정치학자 후안 카를로스 모네데로(Juan Carlos Monedero)는 정당의 전략이 작은 그룹들과 만나는 시간보다 TV 방송에 1분이라도 출현하는 게 더 중요해졌다고 진술하며 2015년 4월 당직을 사임했다.

에 근거해 '정당 없는 민주주의'(partyless democracy)로서의 포스트정당(postparty)의 경향을 촉진하고 디자인한다는 점에서 새롭다고 볼 수 있다(Mair 2002; Urbinati 2019). 가령, 정권을 추구하지만 정당으로 명명되는 것을 거부하는 이탈리아의 오성운동이 대표적이다. 그럼에도 이는 일반화하기 어려운, 디지털 전환기에 요동치는 민주주의의 복잡한 현상을 가로지르는 하나의 추세에 불과하다. 현존하는 대부분의 포퓰리스트들이 우리와 그들의 이분법에 기초해 기득권 질서를 재생산하는 정당체계와 대중의 욕구를 충족하지 못하는 엘리트 권력을 비판하면서도, 결국에는 그 해결책으로 포퓰리즘 정당을 의회정치의 제도권 안에 공고화하는 기성 정치공식을 그대로 따르기 때문이다. 여기서 디지털 기술의 활용은 정치적 소통과 동원의 효율성을 극대화하기 위한 하나의 도구에 불과한 것이다.

느슨한 연결을 강한 집합적 동원으로 전환하기 위해 현존하는 많은 포퓰리스트들이 소셜미디어를 적극적으로 활용한다는 점을 부인할 수는 없다. 하지만 그토록 높은 수준의 활용도만큼 정치적 영향력의 수준이 비례해 증가하는 것은 아니다(Moffitt 2019). 예를 들어, 소통보다 공표의 일상적 수단으로 자신의 트위터를 확성기처럼 사용하는 도널드 트럼프(Donald Trump)와 다르게, 베페 그릴로나 파블로 이글레시아스와 같은 디지털 또는 온라인 포퓰리스트라고 불리는 인물들에게 소셜미디어의 영향력은 매우 강하게 나타난다. 이들 포퓰리스트와 그 지지자들에게서 소셜미디어와 그것이 지닌 민주적 잠재력은 소통을 통한 정치적 효능감으로 발현되기 때문이다. 반면, 프랑스의 유력한 극우정치가인 국민연합의 당수 마린 르 펜(Marine Le Pen)의 경우, 높은 수준의 활용도에 비례해 그의 메시지에 대중들이 반응하는 영향력 수준은 상대적으로 낮은 것으로 평가된다. 그럼에도 많은 포퓰리스트들은 소셜미디어에 자신의 정치적 운명을 맡기듯 많은 시간을 투자하고 있다.

3. 포퓰리즘 정치와 사회운동

일반적으로 포퓰리즘과 사회운동은 기득권을 가진 기성 정치 엘리트를 겨냥해 자신들의 목소리를 제도화하기 위해서 대중동원의 고전적인 방법을 사용한다. 다만, 포퓰리즘은 '인민주권'을 구현할 포퓰리스트 정치인이나 정당의 존재를 핵심적인 필요조건으로 상정한다. 그래서 동원의 목적이 거의 대부분 선거 전략으로 수렴한다. 그러나 사회운동에서 선거는 단지 운동의 목적에 따른 전략적 선택의 일부로 간주될 뿐이다. 게다가 반지성주의나 반기득권주의와 같이 타락한 엘리트에 대한 반대 정서의 동원에 바탕을 둔 포퓰리즘과 다르게, 사회운동에서는 전문지식이나 권력을 가진 엘리트가 운동의 성패를 가르는 유력한 자원으로 동원되기도 한다.

또한 포퓰리즘과 사회운동은 '우리' 아니면 '그들'이라는 집합적이고 때로는 적대적인 정체성을 프레임이나 정치적 수사법으로 공식화한다는 점에서 유사성을 보인다. 그러나 '우리'와 '그들'을 가르는 정체성의 측면에서 포퓰리즘과 사회운동은 적지 않은 차이가 있다. 전자는 다원주의를 쉽게 허용하지 않는 문화적 배타성 또는—뮐러(Müller 2016, 38)가 예리하게 지적했듯이—정치에 대한 '도덕적 상상'(moralistic imagination)의 동질성에 기초한 전일주의(holism) 경향을 보이는 반면, 후자는 복잡하게 분화되고 상호교차하는 집합적 정체성의 유연한 조건에서 '그들'을 '우리'로 설득하거나 방관자를 (잠재적) 지지자로 전환시키기 위해 다양한 노력을 기울인다. 이런 점들에 비추어볼 때, 포퓰리즘과 사회운동은 불만을 동원하는 양식과 전략의 구성적 측면에서 일정한 유사성과 차이를 보인다.

그러나 연구자들은 같음과 다름이 교차하는 이러한 집합적 현상에 대해 서로 다른 이론적 전통에 기대어 논의해왔다(Roberts 2015; Aslanidis 2016; McCarthy 2019). 그래서 사회운동과 포퓰리즘의 역사는 상이한 궤적을 따라 전개된 것처럼 비춰지기 일쑤였다. 더욱이 포퓰리즘에 대한 기존 연구들이 개별 사례에 대한 역사연구에 집중하고 비교분석에 기초한 이론화의 시도에는 소홀했던 탓에 학문의 경계를 넘어 연구지평을 확장하는 데 한계가 있었다(Jansen 2011). 결정적으로 민주주의의 발전에 포퓰리즘은 부정적이고 사회운동은 긍정적이라는 규범적 가치가 부가되면서, 이 두 개의 집합적 현상은 모호하고 상충하기도 하지만 분리될 수는 없는 불편한 관계를 지속해야 했다.

물론 집합적 저항의 발현구조와 동원과정에 관심이 많은 사회학자들의 경우 사회운동의 관점에서 포퓰리즘의 사례를 분석하고자 했다(Soule 1992; Diani 1996; Caiani, della Porta, and Wagemann 2012; Caiani 2013). 하지만 이들의 논의에서 포퓰리즘은 여전히 모호하게 정의되거나 운동출현의 역사적 맥락과 운동에 착근된 특수한 성격을 수식하기 위한 서술적 개념에 그쳤다. 포퓰리즘을 대의민주주의 안에 가두는 데 성공한 정치학자들에게서도 일반적으로 비제도적 정치행위로 분류되는 사회운동과의 관계가 모호하기는 마찬가지였다. 그들은 포퓰리즘을 일종의 유권자 동원전략으로 인식하는 경향이 강했다(Ivarsflaten 2008). 포퓰리즘은 선거를 통한 영향력 행사와 집권을 목표로 내세운다는 점에서 대의정치의 제도적 틀을 벗어나지 않는다. 하지만 그와 동시에 포퓰리스트와 그 추종자들은 이데올로기나 정치적 수사 또는 급진적 정치전략에 의해 조작적으로 정의된 '인민주권'의 정당성을 주장하며 시민사회에 안에서 사회운동과 그에 대항하는 운동(countermovements)을 전개하기도 한다.

이런 맥락에서 포퓰리즘은 정치와 운동을 관통하면서, 사회경제적 소외감과 상실감이 빚어낸 대중의 불만을 '인민의 이름으로' 동원하고 직접 대표하는 정치적 상호작용의 질서를 구조화한다. 그렇다면, 여기서 포퓰리즘 정치와 사회운동의 관계는 어떻게 규명할 것인가? 이 문제에 접근하기 위해서는 무엇보다 포퓰리즘이 출현하게 된 거시구조적 맥락을 살피면서 민주주의의 위기를 진단할 필요가 있다. 민주주의 시스템과 그 성격이 포퓰리즘 정치와 사회운동의 상호작용에 상당한 구속력을 갖기 때문이다.

역사적으로 포퓰리즘은 인민의 불안과 불만을 초래한 정치경제의 구조적 위기상황에서 출현했다. 실패한 대중운동으로 각인된 1870년대 출현한 러시아의 유토피아적 사회주의 지식인운동 나로드니키주의(Narodnichestvo)와 더불어, 많은 역사학자들이 포퓰리즘의 원류로 지목한 1890년대 미국 인민당(People's Party)의 짧은 역사는 근대화로 접어드는 사회변동의 길목에서 가혹한 경제구조의 급진적 변화를 열망했던 농민대중의 운동정치를 잘 보여준다(Wortman 1967; Postel 2007). 20세기 대공황을 시작으로 최근에 이르기까지 세 차례의 포퓰리즘 물결이 요동친 라틴아메리카의 경우도 예외는 아니다. 신자유주의에 맞서 싸우며 가난한 국민들에게 실질적인 진보를 안겨주겠다고 공언한 좌파 포퓰리스트들이 보통사람들을 달래고 주변화된 사회부문을 광범하게 동원할 수 있었던 배경에는 경제위기가 주조한 극심한 불평등과 해결책을 내놓지 못하는 기성정치의 타락한 엘리트에 대한 만연한 분노가 작용했다(Mudde and Rovira Kaltwasser 2013).[4] 또한 미국의 월스트리트 점령 운동과 스페인 및 그리스 등지에서 '분노한 사람들'의 저항, 서유럽의 주요 국가들에서 포퓰리즘 정당이 활성화된 요인에도 2008년 대침체(the Great Recession)의 여파로 더욱 심화된 경제적 불평등의 문제가 핵심에 있다(Kriesi and Pappas 2015; Aslanidis 2016; Bernhard and Kriesi 2019).

그러나 '포퓰리즘의 범람'이라고까지 표현되는 최근의 상황은 명백히 민주주의의 내적 위기에 기인한다. 여기서 말하는 민주주의의 위기란 정치가 더 이상 자본주의 고유의 구조적 불평등 문제를 개선할 수 없을뿐더러, 갈수록 개인주의적으로 다원화되는 시민의 욕구와 불만을 적절히 포용하거나 관리하지 못하는 국가능력성의 한계와 결부되어 있다. 그런데 위기는 주관적으로 인식되고 서사와 담론을 통해 생겨나게 된다(Walby 2015). 특히 위기 담론으로 무장한 포퓰리스트들은 디지털 미디어 플랫폼에 구축된 수많은 다중채널을 통해 잠재적 위기를 현실화된 위기로 빠르게 증폭시키고 광범하게 퍼트린다. 이런 점에서 민주주의의 위기는 국가능력성의 문제를 무능한 기성 정치와 부패한 엘리트 탓으로 몰아세우면서 오로지 자신들만이 도덕적이고 순수한 국민의 욕구를 충족시켜줄 '진정한 대표자'라고 주장하는 포퓰리스트들의 미디어 정치에 의해 과잉조장된 측면도 있음을 인정할 필요가 있다.

그럼에도 분명한 사실은 신자유주의 이후 가속화된 '국민국가의 쇠퇴', '세계정치화'(cosmopolitisation), '다문화주의'와 같은 세계정치경제

4 무데와 로비라 칼트바서(Mudde and Rovira Kaltwasser 2013)는 라틴아메리카의 포퓰리즘이 좌파, 경제적, 포용적 성격을 지니고 있음에 반해, 유럽의 포퓰리즘은 우파, 정체성 기반, 배타적인 특성을 가진다는 차이에 주목했다.

질서의 거시구조적 변화에 기존 정치가 적절히 대응하지 않은 결과, 무너져 내린 신뢰만큼 그에 비례해 포퓰리스트들의 힘이 커졌다는 것이다(Rucht 2019). 다시 말해, 최근 세계정치에서 목격되는 포퓰리즘의 풍경은 정치권력이 자본주의의 시장권력을 관리하지 못하면서 발생한 불평등의 심화와 민주주의의 내생적 균열을 배경으로 한다. 여기에 인종, 종교, 난민, 이민, 소수자 등을 상대로 한 '문화적 반발'(cultural backlash)이 거세지고, 혐오의 차원에서 다원주의에 강한 거부감을 드러내는 권위주의적 포퓰리스트들이 선거를 통해 정당체계 안에서 대표성을 가지게 되면서 민주주의의 위기를 심화하고 있다(Norris and Inglehart 2019). 따라서 포퓰리즘을 민주주의의 위기 요인으로 간주하는 기존의 인식론은 반다원주의적인 극우 포퓰리즘에 대한 정당한 비판일 수 있지만, 다른 한편으로는 불평등을 관리할 능력이 결핍되고 시민의 불만과 요구를 적절히 포용하지 못한 민주주의가 포퓰리즘의 출현과 확산에 결정적 계기로 작용했다는 인과적 사실을 가리는 효과도 있다. 결국 포퓰리즘이 민주주의 위기의 요인이자 결과이면서, 동시에 타락한 엘리트와 국가권력의 무능함에 시름하다 못해 분노하는 무력한 대중들에게 민주주의가 안겨준 유용한 무기가 될 수도 있다는 사실을 인정하는 것이 중요하다.

민주주의에서 포퓰리즘은 기성 정당과 국가권력이 사람들의 요구와 불만을 대표하지 않거나 해결할 능력이 없다고 여겨질 때, 다시 말해 기득권 정치에 대한 신뢰수준이 급격히 낮아지는 순간 확산된다. 이런 점에서 우리는 민주주의에서 포퓰리즘의 출현을 사회운동과 마찬가지로 사람들의 불만이 각성되고 정치적으로 동원되는 지극히 정상적인 정치과정의 일부로 받아들일 필요가 있다. 문제는 권위주의적이고 반다원주의적인 포퓰리즘의 영향력이 커질수록 민주주의의 동원적 성격이 강화된다는 데 있다.

4. 동원된 민주주의에서 포퓰리즘과 사회운동

민주주의는 기성 정치정당의 대표성과 책임성 기능이 쇠락할수록 자활의 힘을 잃고 변화의 기로에 서게 된다. 그리고 유권자들은 이데올로기적 당파심과 충성심으로부터 멀어진다. 하지만 그와 동시에 기성 정당의 무책임하고 무능력한 정치를 비판하며 국민의 욕구를 충족시켜주겠다고 약속하는 새로운 정치세력의 감미로운 유혹에 동원될 가능성도 커진다. 그리고 마침내 포퓰리즘 정당이 대표성을 획득하게 되는 순간 기존의 정당체제는 재정렬(realignment)의 과정을 수반하게 된다. 이는 포퓰리즘 정당의 성공을 경험한 유럽의 몇몇 국가들에서 확인할 수 있다.[5] 그 결과 기성 정당들은 한때 자신들을 지지했던 유권자의 당파심과 충성심을 되찾기 위해 재정렬된 정당체제에서 더욱 경쟁적인 동원 전략을 향해 변형되기 시작한다(Kriesi 2014).

그러나 시간이 지날수록 포퓰리즘 정당은 소수정당의 한계를 극복하기 위해 기존의 정치질서에 동화되는 구조적 압력을 받아들이게 된다. 다른 한편, 기성 주류정당들은 잃어버린 표심을 되찾기 위해 포퓰리즘적 이슈에 부분적인 타협을 감행하기도 한다. 실제로 프랑스의 국민연합과 이탈리아의 북부동맹은 복지정책의 옹호자로 의제를 전환하기 시

5 카이아니와 그라지아노(Caiani and Graziano 2019, 1145)의 조사자료에 따르면, 2008년부터 2017년까지 유럽 30개국의 선거에 등장한 포퓰리즘 정당은 65개이며, 그 가운데 38%가 연립정부에 참여하거나 소수당 정부를 지지했다.

작했고, 그리스의 시리자와 스페인의 포데모스는 기존의 급진성을 탈각하고 중도좌파의 노선으로 선회해 기득권을 유지하는 데 주력하고 있다. 주류정당인 덴마크의 사민당조차도 노동자계급의 이반을 일으킨 인민당의 약진을 경계하며 정권교체를 위해 포퓰리즘적인 강경한 이민정책을 꺼내들어야 했다.[6]

현실주의적 관점에서 민주주의는 경쟁하는 정치조직들이 만들어낸 정책대안들 가운데 평범한 시민이 어느 하나를 선택함으로써 정책결정과정에 관여하는 정치체제로 정의된다(Schattschneider 1975). 이 체제의 지속가능한 조건은 잠재된 또는 표출된 갈등에 우선순위를 부여하고 갈등을 둘러싼 대안들의 경쟁을 통해 권력을 배분하는 정당체계 고유의 갈등관리능력에 있다. 여기서 대안을 선택적으로 정의하는 일 자체가 최소주의적 차원에서 인민주권의 문제인 것이다.

하지만 앞서 논의했듯이, 정당체제가 불안정해지면 민주주의에서는 경쟁과 갈등이 심화되고 그 보통의 시민은 주권자가 아닌 정치적 동원의 대상으로 내몰리게 된다. 더욱이 탈정치화와 반정치화로 인해 낮은 투표율과 당원 감소 문제에 직면한 정치조직들은 시민사회의 넓어진 정치적 빈 공간에서 자신들의 정치고객이 될 시민을 모집하기 위해 포퓰리즘의 이슈를 미끼로 사용한다. 이처럼 포퓰리즘의 영향력에 취약

6 그럼에도 포퓰리즘 정당은 어느 정도의 경향성을 공유한다. 번하드와 크리에시(Bernhard and Kriesi 2019)는 2012년과 2015년 사이에 있었던 서유럽 11개국의 선거결과를 토대로 포퓰리즘 정당에 관한 비교연구에서 다음과 같은 경향성을 밝혔다. 첫째, 좌파와 우파의 이념정당이 기성 주류정당보다 포퓰리즘의 경향을 강하게 가진다. 둘째, 우파가 문화적 이슈에 더욱 강력한 포퓰리즘적 대응을 하는 경향이 있다. 셋째, 경제적 이슈에는 좌파와 우파 모두가 포퓰리즘적 경향을 보인다. 넷째, 대침체 이후 서유럽에 영향을 미친 경제적 포퓰리즘은 남부와 북부에서 큰 차별성을 보이지 않는다. 이런 점에서 포퓰리즘 정당에 대해 가지는 기본적인 가정과 실재가 반드시 일치하지 않으며, 정치-경제-문화적 위기를 배경으로 한 포퓰리즘의 다양성에 대해 더 많은 토론이 필요해 보인다.

한 시민사회와 대안 마련에 무능한 정당체제 사이에서 국민 혹은 시민이 동원의 대상으로 전락하도록 구조화된 민주정체를 우리는 '동원된 민주주의'(mobilized democracy)라고 부를 수 있겠다.

주지하듯이, 민주주의는 '주권자로서의 인민'이 정치적 수사가 아님을 입증하는 두 가지 형태의 고전적인 정당화 논리를 가진다. 정치선거와 사회운동이 그것이다. 민주주의는 선거를 통해 정치권력에 대한 지배구조의 정규적인 변화를 허용하면서, 사회운동에 의한 (비)일상적 구조변화의 압력에 반응함으로써 인민주권의 보장을 정당화한다. 그런데 동원된 민주주의에서는 포퓰리즘 정치와 사회운동이 강하게 접맥되는 상황이 벌어진다. 다시 말해, 선거와 운동이 분리되지 않고 서로 결합하는 정도가 강해진다는 의미이다. 이때 선거를 통한 합의동원과 사회운동의 행위동원 간의 경계는 무너지고 더욱 강력한 전일적인 '정치동원의 네트워크'가 창출된다.[7]

이때 정치동원의 네트워크는 사회운동이 포퓰리즘 정치에 동원되거나 포퓰리즘 정치가 사회운동을 후견하는 방식으로 선거와 운동이 분리되지 않는 동원된 민주주의를 공고화한다. 게다가 시민사회의 다원성과 자율성을 침식하면서 비타협적이고 배타적인 정치질서를 아래로부터 구조화한다. 특히 디지털 전환을 배경으로 '공적인 것'을 정의하는

7 일반적으로 사회운동에서 동원은 인지적 차원과 실천적 차원으로 구분된다. 사회운동연구에서는 전자와 후자를 각각 '합의동원'(consensus mobilization)과 '행위동원'(action mobilization)으로 연결 짓는다(Klandermans 1984). 합의동원이 사람들의 지지를 얻기 위한 과정을 함축한다면, 행위동원은 유무형의 자원을 얻기 위한 것으로서 합의를 행위로 전환하는 과정을 의미한다. 정치세계에서는 주로 여론조사나 투표행위를 통해 확인할 수 있는 합의동원의 수준이 중요하지만, 운동세계에서는 집회와 시위뿐만 아니라 언론이나 법의 동원을 필요로 하는 다양한 형태의 레퍼토리를 전개하기 위해 실천적인 행위동원이 더욱 강조된다.

사회적 상호작용의 힘이 편향성을 가지게 되고 과잉 정치화될 가능성도 커진다. 따라서 동원된 민주주의에서 시민사회의 쟁투적 분화는 '우리'와 '그들'로 구획된 인민 간의 대결구도를 더욱 급진적이고 양극적인 방식으로 구조화할 위험성을 동반한다. 여기서 우리가 경계할 지점은 '포퓰리즘의 사회운동화'와 '사회운동의 포퓰리즘화'가 민주주의에서 자유주의와 다원주의의 요소를 박탈하는 폭력적인 정치문화이다.

특히, 동원된 민주주의에서 전형적인 포퓰리즘 세력이 일단 권력을 잡게 되면 그들은 민주주의에서 자유주의를 위축시키는 방향으로 정치질서를 확립해 나간다. 역사적으로 이들은 자신들이 세운 정권을 공고화하기 위해 다음과 같은 '민주적 반자유주의'(democratic illiberalism)의 조치들을 실행했다(Pappas 2019, 71-77).[8] 첫째, 비범한 카리스마적 리더십에 의존하면서, 둘째, 끊임없이 정치적 양극화(political polarization)를 전략적으로 추구하고, 셋째, 국가 통제권을 장악하기 위해서 자유주의 제도들을 무력화시키고 반자유주의적 헌법을 강요하며, 넷째, 지지자들에게 보상하고 야당을 밀어내기 위한 후견정치(patronage politics)를 체계적으로 이용했다.

이러한 포퓰리즘 정치의 지배구조에서 나타나는 카리스마적 리더십, 정치적 양극화, 제도들에 대한 공격, 후견정치의 특징은 상호 강화작용을 일으키며 민주주의에서 자유주의와 다원주의적 요소들을 제거하는 방식으로 장기집권의 동력을 형성한다. 결국 동원된 민주주의에서 시

8 파파스(Pappas 2019)는 포퓰리스트가 집권한 국가들의 역사적인 사례로 아르헨티나(1946), 그리스(1981), 페루(1990), 이탈리아(1994), 베네수엘라(1998), 에콰도르(2007), 헝가리(2010)를 비교분석하면서 자유주의와 독재정치의 갈림길에서 포퓰리즘의 경로가 정의된다고 강조한다.

민사회는 권위주의로의 전환이냐 자유주의로의 귀환이냐를 선택해야 하는 '이중 동원'의 기로에 놓이게 된다.

5. 인민주권의 재발견

앞서 강조했듯이, 포퓰리즘 정치는 동원된 민주주의를 구조화하는 위험성을 가진다. 그러나 문제의 본질은 포퓰리즘이 아니라 그것을 촉발한 민주주의의 위기, 나아가 '자유민주주의의 실패'에 있다는 점을 외면해선 안 된다(Baiocchi 2019). 이는 포퓰리즘과 민주주의가 제로섬 관계에 놓여 있다는 그릇된 가정에 기초한 것이 아니다. 단지, 포퓰리즘의 구조적 발현조건으로서 민주주의 시스템의 한계를 제기하는 것이며, 동시에 그 시스템의 내벽을 침식하는 포퓰리즘의 어두운 측면이 시민사회의 다원성과 자율성의 질서를 왜곡하고 있다는 점을 문제 삼는 것이다. 결국 민주주의의 내벽을 침식하는 포퓰리즘의 파괴적인 힘을 민주주의 시스템 안에서 관리하고 제어하는 일이 시급하다. 이를 위해서는 무엇보다 헌정주의가 감싸 안은 인민주권의 추상적이고 선언적인 논변을 지상으로 끌어내릴 마중물이 필요하다.

이 대목에서 우리는 다시 사회운동에 주목하게 된다. 주지하듯이, 사회운동은 지난 두 세기에 걸쳐 인민주권을 주장하며 기존의 권위에 부단히 도전해왔다(Tilly 2004, 151). 물론 역사적인 사회운동의 결과가 때로는 의도했던 것과 다르게, 기대와 현실 사이에서 인민주권의 체감적 축소를 야기하기도 했다. 포퓰리즘과 마찬가지로 사회운동 역시도 대부분의 평범한 인민의 삶과 권력을 등진 채 카리스마적 운동 지도자나 특정 정치세력의 이해관계만을 충족시키는 부작용을 종종 낳았기 때문이다. 그럼에도 사회운동의 탄생 배경과 그 발전의 궤적 자체가 인민과 주권에 대한 아래로부터의 새로운 해석을 통한 민주주의의 발전을 견인해왔다는 사실이 중요하다(Rudbeck 2012).

사회운동이 기존 권위에 대한 도전을 거듭할수록 인민주권의 이상과 현실은 그 격차를 좁혀나갔다. 인민주권의 진보적 사상을 이정표로 삼은 당대의 사회운동들은 여러 형태의 권리선언과 집합적 저항을 통해 '주권자로서의 인민'이라는 주체성을 아래로부터 진전시켰다. 구체제를 전복한 사회혁명, 독재 권력으로부터 인민의 권력을 되찾고자 했던 민주화운동 그리고 민주화 이후 분화된 시민사회 안에서 분출한 다양한 권리의 욕구들이 결국 사회변동의 길목마다 뿌리내린 인민주권의 사상과 실천의 궤적을 가리키는 것들이다. 농민, 노동자, 이주민, 여성, 장애인, 소수자 등 변화하는 시민의 권리와 조건에 대한 역사적 규정력이 이를 대변한다. 이런 점에서 사회운동은 장기간의 부침을 통해 인민주권의 실천과 논리가 잘 배합된, 그래서 지배 권력에 의해 이데올로기적으로 도구화된 헌정주의를 인민에게 되돌릴 여전히 유력한 마중물로서의 역할을 기대하게 만든다. 그리고 우리는 인민주권을 주장하거나 옹호함으로써 불평등한 권력구조의 변화를 이끌어내려는 모든 형태의 집합적 노력을 '인민주권운동'(movement for popular sovereignty)이라고 부를 수 있겠다.

그러나 인민주권운동은 최근 포퓰리즘을 탑재한 우익정치에서 더욱 강렬하게 일어나고 있다. 우익의 포퓰리즘 정치는 사회운동보다 훨씬 강렬하고 순수한 형태의 인민주권을 전유하고 싶어 한다. 그것이 표방하는 인민주권은 다수의 '우리'와 적대의 관계에 놓인 '그들'에 대항하는, 배타적이고 혼종성이 제거된 그리고 직접 대표되는 정치권력의 구현을 의미하기 때문이다. 물론 포퓰리즘은 '다수에 의한 지배'라는 민주주의의 원칙을 따른다. 그렇지만 문제는 더욱 다원적이고 경쟁적으로 변화하는 민주주의의 정치과정에서 다수의 지배에 경도된 나머지 정당한 절차마저 무시한 채 소수에 대해 행사하는 부당한 폭력성에 있다. 역설적으로 포퓰리즘이 권력의 정당성에 대한 일반적인 원칙으로서 인민의 주권에 호소하지 않는 것이다(Urbinati 2019). 이런 점에서 우익 포퓰리즘의 인민주권은 민주주의의 발전궤적에서 사회운동의 분화로 표출된 인민주권의 다양한 언어를 적극적으로 포용하려는 다원주의적인 흐름과 대척점을 이룬다. 다시 말해, 민주주의의 양극단에서 인민주권을 구성하는 사회적 관계의 충돌이 발생한다는 것이다.

그렇다면, 우리는 인민주권을 포퓰리즘과 사회운동 사이에서 선택의 문제로 받아들여야 하는가? 결론부터 말하자면, 인민주권에 대한 새로운 정치적 기획이 필요해 보인다. 그것은 불평등에 대항하는 해방 프로젝트로서 인민주권을 재발견하는 일이다. 불평등으로부터의 해방은 단지 사회주의에 대한 열망이나 계급정치의 복원을 가리키는 것이 아니다. 해방 프로젝트로서 인민주권운동은 다양한 결핍으로부터의 자유와 분화하는 시민적 욕구를 추구하는, 작은 정치들에 활력을 불어넣기 위한 새로운 집합적 도전의 전략을 의미한다.

여기서 인민주권운동의 전략을 기획할 때 두 가지 논점을 신중히 다룰 필요가 있다. 첫째는 전략적 목표를 설정하는 문제이다. 인민주권운동은 다양한 이슈와 주체를 포괄하기 때문에 공동의 목표를 세우기 위해서는 두 가지 조건을 고려해야 한다. 하나는 인민주권의 이상형을 구체적인 제도와 정책으로 구현하는 데 필요한 사회적 합의이다. 특히, 엘리트의 권력남용을 억제하기 위한 고강도의 예방과 징벌에 관한 사회적 합의가 전제되어야 한다. 두 번째 조건은 인민의 다양한 주체성을 정치적으로 수렴하기 위한 보편적 권리의 인정이다. 인민은 하나로 묶이는 단일한 주체성을 가지는 것이 아니라 여러 주체성을 관통하는 공동의 권리로 구성되기 때문이다. 따라서 인민주권운동의 전략적 목표를 세우는 일에는 타락한 엘리트에 대항해 인민주권의 정치적 실재를 구현하는 데 필요한 사회적 합의와 인민의 다양한 주체성을 구성하는 기본권리에 대한 사회적 인정이 요구된다. 전자가 포퓰리즘에 내장된 아래로부터의 반엘리트주의를 인민주권운동의 동력으로 가공하는 정치과정이라면, 후자는 포퓰리즘의 반다원주의에 대항하는 사회통합의 다원주의적 가치를 강조하는 것이다.

둘째는 인민주권의 프레임을 재구성함으로써 포괄적인 주권인민(sovereign people)의 동맹을 확보하는 문제이다. 캐노번(Canovan 2005, 6)이 지적했듯이, 인민이란 개별 성원을 초월하여 살아남은 지속적인 실존과 역사를 갖는 하나의 독립체(entity)로서 집합적이고 추상적이며 위엄과 신비로 채색된 이미지를 가지기도 하지만, 다른 한편으로는 별개의 삶, 이해관계, 관점을 가진 평범하고 늘 변화하는 사람들로 이루어진 사회의 성원들을 의미하기도 한다. 이런 맥락에서 우익의 포퓰리즘 정치가 전자의 도덕적 상상에 기초한 전일주의적 동일성을 순수하고 '진정한 국민'의 조건으로 선전하는 것이라면, 사회운동은 특정한 저항의 국면에서 후자의 개별화된 주체성을 '연대하는 시민'으로 결집시킨다. 포퓰리즘의 인민주권이 독점적이고 배타적인 언어와 감정으로 표출되는 이유는 내부자와 외부자로 경계 지어진 인민의 도덕적 순수성에 있다. 여기서 인민주권과 국가주권이 동일시되기 쉬운 정치구조가 형성되며, 그 결과 민족주의와 국가주의의 강력한 문화적 결합을 이끌어내는 우익 중심의 포퓰리즘이 영향력을 행사하게 되는 것이다.

따라서 인민주권운동이 포괄적인 주권인민의 동맹을 구현하기 위해서는 궁극적으로 인민주권의 프레임을 재구성하는 문제가 시급하다. 이를 위해서는 사회운동이 포퓰리즘의 견고한 인민주권 프레임을 잘게 분할하면서, 다양한 정체성을 가진 평범한 사람들의 지엽적인 해방투쟁이 거대한 권력구조를 변화시킬 수 있다는 효능감을 보편적인 인권의 문법으로 재정립할 필요가 있다. 거칠게 말하자면, 여성, 소수자, 인종, 환경, 노동, 복지 등의 다양한 불평등 이슈를 인민주권운동의 프레임 안에서 각기 포퓰리즘화하면서 동시에 주권인민의 동맹을 확장하는 것이다. 포퓰리즘의 다원주의적 분화를 위한 정체성 정치의 사회적 연대가 요구되는 대목이다.

민주주의의 형식틀에서 번성한 포퓰리즘이 민주주의의 발전궤도에서 탈선하지 않도록 인민주권운동으로 시민사회의 내벽을 다지는 정치적 기획이 필요하다. 그러나 포퓰리즘의 어두운 측면을 사회운동의 관점에서 보정하지 않고서는, 인민주권의 다원성을 이야기하지 않고서는 오늘날 민주주의의 위기에 대응하는 시민사회의 노력은 제한적일 수밖에 없을 것이다.

참고문헌

김주호. 2019.「포퓰리즘과 민주주의: 양가적 관계 이해하기」.『시민과세계』35: 103-136.

서병훈. 2008.『포퓰리즘: 현대 민주주의의 위기와 선택』. 서울: 책세상.

서영표. 2014.「포퓰리즘의 두 가지 해석: 대중영합주의와 민중 민주주의」.『민족문화연구』63. 3-42.

이승원. 2018.「직접민주주의의 정치철학적 기반에 관한 연구: 포퓰리즘인가 민주주의인가?」.『시민과세계』32. 1-29.

Arditi, Benjamin. 2007. *Politics on the Edge of Liberalism: Difference, Populism, Revolution, Agitation*. Edinburgh: Edinburgh University Press.

Aslanidis, Paris. 2016. "Populist Social Movements of the Great Recession." *Mobilization: An International Quarterly*. 21(3). 301-321.

Baiocchi, Gianpaolo. 2019. "The Problem is Not Populism, But the Failure of Liberal Democracy: Comments on Schmitter's Essay." *Sociologica*. 13(2). 3-5.

Bennett, W. Lance. 2012. "The Personalization of Politics: Political Identity, Social Media, and Changing Patterns of Participation." *The ANNALS of the American Academy of Political and Social Science*. 644(1). 20-39.

Bennett, W. Lance and Alexandra Segerberg. 2013. *The Logic of Connective Action: Digital Media and the Personalization of Contentious Politics*. New York: Cambridge University Press.

Bernhard, Laurent and Hanspeter Kriesi. 2019. "Populism in Election Times: A Comparative Analysis of 11 Countries in Western Europe." *West European Politics*. 42(6). 1188-1208.

Caiani, Manuela. 2013. "Populism/populist Movements." in David A. Snow, Donatella della Porta, Bert Klandermans, and Doug McAdam (eds.). *The Wiley-Blackwell Encyclopedia of Social and Political Movements*. Blackwell Publishing Ltd.(https://onlinelibrary.wiley.com/doi/abs/10.1002/9780470674871.wbespm370)

Caiani, Manuela and Paolo Graziano. 2019. "Understanding Varieties of Populism in Times of Crises." *West European Politics*. 42(6). 1141-1158.

Caiani, Manuela, Donatella della Porta, and Claudius Wagemann. 2012. *Mobilizing in the Extreme Right: Germany, Italy, and the United States*. Oxford: Oxford University Press.

Canovan, Margaret. 1999. "Trust the People! Populism and the Two Faces of Democracy." *Political Studies*. 47(1). 2-16.

Canovan, Margaret. 2005. *The People*. Cambridge: Polity Press.

Castells, Manuel. 2015. *Networks of Outrage and Hope: Social Movements in the Internet Age*. Cambridge: Polity Press. (2nd ed.).

Crouch, Colin. 2019. "Post-Democracy and Populism." *The Political Quarterly*. 90(S1). 124-137.

Diani, Mario. 1996. "Linking Mobilization Frames and Political Opportunities: Insights from Regional Populism in Italy." *American Sociological Review*. 61(6). 1053-1069.

Gamson, William A. 2001. "Promoting Political Engagement." in W. Lance Bennett and Robert M. Entman (eds.). *Mediated Politics: Communication in the Future of Democracy*. Cambridge: Cambridge University Press. 56-74.

Gerbaudo, Paolo. 2018. "Social Media and Populism: An Elective Affinity?" *Media, Culture & Society*. 40(5). 745-753.

Gidron, Noam and Bart Bonikowski. 2013. "Varieties of Populism: Literature Review and Research Agenda." Working Paper. Weatherhead Center for International Affairs, Harvard University. No.13-0004.

Inglehart, Ronald and Christian Welzel. 2005. *Modernization, Cultural Change, and Democracy: The Human Development Sequence*. New York: Cambridge: Cambridge University Press.

Jansen, Robert S. 2011. "Populist Mobilization: A New Theoretical Approach to Populism." *Sociological Theory*. 29(2). 75-96.

Ivarsflaten, Elisabeth. 2008. "What Unites Right-Wing Populists in Western Europe?: Re-Examining Grievance Mobilization Models in Seven Successful Cases." *Comparative Political Studies*. 41(1). 3-23.

Kavada, Anastasia. 2016. "Social Movements and Political Agency in the Digital Age: A Communication Approach." *Media and Communication*. 4(4). 8-12.

Klandermans, Bert. 1984. "Mobilization and Participation: Social-Psychological Expansions of Resource Mobilization Theory." *American Sociological Review*. 49(5). 583-600.

Kriesi, Hanspeter. 2014. "The Populist Challenge." *West European Politics*. 37(2). 361-378.

Kriesi, Hanspeter and Takis S. Pappas (eds.). 2015. *European Populism in the Shadow of the Great Recession*. Colchester: ECPR Press.

Laclau, Ernesto. 1977. *Politics and Ideology in Marxist Theory: Capitalism, Fascism, Populism*. London: Verso.

Lake, David A. and Matthew A. Baum. 2001. "The Invisible Hand of Democracy: Political Control and the Provision of Public Services." *Comparative Political Studies*.

34(6). 587 – 621.

Mair, Peter. 2002. "Populist Democracy vs Party Democracy." in Yves Mény and Yves Surel (eds.) *Democracies and the Populist Challenge*. New York: Palgrave. 91-98.

McCarthy, John D. 2019. "Toward a Strategy for Integrating the Study of Social Movement and Populist Party Mobilisation." in Gregor Fitzi, Jürgen Mackert, and Bryan S. Turner (eds.). *Populism and the Crisis of Democracy: Volume 1: Concepts and Theory*. Routledge. 147-169.

McChesney, Robert W. 2013. *Digital Disconnect: How Capitalism is Turning the Internet Against Democracy*. New York: The New Press. (『디지털 디스커넥트: 자본주의는 어떻게 인터넷을 민주주의의 적으로 만들고 있는가』. 전규찬 옮김(2014). 삼천리.)

McGuire, Martin C. and Mancur Olson, Jr. 1996. "The Economics of Autocracy and Majority Rule: The Invisible Hand and the Use of Force." *Journal of Economic Literature*. 34(1). 72 – 96.

Mény, Yves and Yves Surel. 2002. "The Constitutive Ambiguity of Populism." in Yves Mény and Yves Surel (eds.). *Democracies and the Populist Challenge*. New York: Palgrave. 1-21.

Moffitt, Benjamin. 2016. *The global Rise of Populism: Performance, Political Style, and Representation*. Stanford, CA: Stanford University Press.

Moffitt, Benjamin. 2019. "Populism 2.0: Social Media and the False Allure of 'Unmediated' Representation." in Gregor Fitzi, Jürgen Mackert, and Bryan S. Turner (eds.). *Populism and the Crisis of Democracy: Volume 2: Politics, Social Movements and Extremism*. Routledge. 30-46.

Mouffe, Chantal. 2018. *For a Left Populism*. London: Verso. (『좌파 포퓰리즘을 위하여』. 이승원 옮김(2019). 문학세계사.)

Mudde, Cas and Cristóbal Rovira Kaltwasser. 2013. "Exclusionary vs. Inclusionary Populism: Comparing Contemporary Europe and Latin America." *Government and Opposition*. 48(2). 147-174.

Mudde, Cas and Cristóbal Rovira Kaltwasser. 2017. *Populism: A Very Short Introduction*. New York: Oxford University Press.

Müller, Jan-Werner. 2016. *What is Populism?* Philadelphia: University of Pennsylvania Press.

Müller, Jan-Werner. 2017. "Populism and Constitutionalism." in Cristóbal Rovira Kaltwasser, Paul Taggart, Paulina Ochoa Espejo, and Pierre Ostiguy (eds.). *The Oxford Handbook of Populism*. Oxford: Oxford University Press. 590-605.

Norris, Pippa and Ronald Inglehart. 2019. *Culture Backlash: Trump, Brexit, and Au-*

thoritarian Populism. New York: Cambridge University Press.

Panizza, Francisco. 2005. "Introduction: Populism and the Mirror of Democracy." in Francisco Panizza (ed.). *Populism and the Mirror of Democracy*. London: Verso. 1-31.

Pappas, Takis S. 2019. "Populists in Power." *Journal of Democracy*. 30(2). 70-84.

Postel, Charles. 2007. *The Populist Vision*. Oxford: Oxford University Press.

Roberts, Kenneth M. 2015. "Populism, Social Movements, and Popular Subjectivity." in Donatella della Porta and Mario Diani (eds.). *The Oxford Handbook of Social Movements*. Oxford: Oxford University Press. 681-695.

Rovira Kaltwasser, Cristóbal. 2012. "The Ambivalence of Populism: Threat and Corrective for Democracy." *Democracy*. 19(2). 184-208.

Rucht, Dieter. 2019. "Right-Wing Populism in Context: A Historical and Systemic Perspective." in Gregor Fitzi, Jürgen Mackert, and Bryan S. Turner (eds.). *Populism and the Crisis of Democracy: Volume 2: Politics, Social Movements and Extremism*. Routledge. 67-84.

Rudbeck, Jens. 2012. "Popular Sovereignty and the Historical Origin of the Social Movement." *Theory and Society*. 41(6). 581-601.

Schattschneider, Elmer Eric. 1975. *The semisovereign people: A Realist's View of Democracy in America*. Hinsdale, IL: Dryden Press. (『절반의 인민주권』. 현재호, 박수형 옮김(2008). 후마니타스.)

Schmitter, Philippe C. 2019. "The Vices and Virtues of "Populism"." *Sociologica*. 13(1). 75-81.

Skocpol, Theda and Vanessa Williamson. 2012. *The Tea Party and the Remaking of Republican Conservatism*. New York: Oxford University Press.

Soule, Sarah A. 1992. "Populism and Black Lynching in Georgia, 1890-1900." *Social Forces*. 71(2). 421-449.

Taggart, Paul. 2002. "Populism and the Pathology of Representative Politics." in Yves Mény and Yves Surel (eds.). *Democracies and the Populist Challenge*. New York: Palgrave. 62-80.

Thompson, John B. 2012. "The Media and Politics." in Edwin Amenta, Kate Nash, and Alan Scott (eds.). *The Wiley-Blackwell Companion to Political Sociology*. Malden, MA: Wiley-Blackwell. 173-182.

Tilly, Charles. 2004. *Social Movements, 1768-2004*. Boulder, CO: Paradigm Publishers.

Tufekci, Zeynep. 2014. "Social Movements and Governments in the Digital Age: Evaluating a Complex Landscape." *Journal of International Affairs*. 68(1). 1-18.

Urbinati, Nadia. 2019. *Me the People: How Populism Transforms Democracy*. Cambridge, MA: Harvard University Press.

Walby, Sylvia. 2015. *Crisis*. Cambridge: Polity Press.

Wortman, Richard. 1967. *The Crisis of Russian Populism*. Cambridge: Cambridge University Press.

Inhalt

:: 에디 하르트만 Eddie Hartmann

함부르크 대학에서 사회학을 공부했으며 베를린 훔볼트 대학을 거쳐 프랑스 사회과학고등연구원에서 사회학 박사학위를 받았다. 프랑스 교외 지역에서 발생한 폭력적 소요 이면의 사회적 갈등과 동원 과정에 대한 사회학적 분석을 담은 박사학위 논문은 독일사회학협회에서 최고의 박사학위 논문상을 수상했다. 이후 포츠담 대학에서 교수자격을 취득했으며, 현재 포츠담 대학 사회학 교수로 재직 중이다. 사회학 이론과 방법론, 폭력 사회학, 폭력 연구와 사회적 행동 이론 사이의 접점에 연구 초점을 맞추고 있다. 주요 저서로 『대항행위의 전략들』 『질서와 폭력』(공저) 등이 있다.

:: 토마스 회벨 Thomas Hoebel

빌레펠트 대학에서 사회학을 공부했으며 같은 대학에서 조직화된 미시사회학적 폭력에 관한 연구로 사회학 박사학위를 받았다. 빌레펠트 대학, 라이프니츠 대학 등을 거쳐 현재 함부르크 사회연구소에서 거시적 폭력에 관한 연구 그룹을 이끌고 있다. 주요 연구 분야는 폭력에 대한 사회과학적 연구, 사회학적 이론의 문제로서의 폭력이며, 질적 사회조사 방법론과 조직사회학 방법론을 활용하여 폭력 문제에 대한 새로운 통찰을 이끌어내고 있다. 주요 공저서로 『폭력을 설명하라!』 『침묵에서 태어난 폭력』 등이 있다.

:: 아네 케르슈텐 Anne Kersten

튀빙겐 간호학교를 졸업하고 간호사로 일하며 폭력 피해자 지원 활동에 오랫동안 참여해왔다. 이 경험을 바탕으로 프리부르 대학에서 사회학을 공부하기 시작했으며 같은 대학에서 폭력과 피해자 연구로 사회학 박사학위를 받았다. 현재 프리부르 대학 사회학 교수로 재직 중이다. 주요 연구 분야는 폭력, 가정폭력, 피해자 연구, 젠더와 폭력, 사회사업의 역사와 이론, 세대 간 관계, 질적 연구 방법, 복지 제도 등이다. 주요 논문으로 「가정폭력: 가족관계의 행동과 구조」 「아동에 대한 가정폭력의 원인과 결과」 「폭력 사건이 사람들을 피해자로 만드는가?」 등이 있다.

:: 페르디난트 주터뤼티 Ferdinand Sutterlüty

1962년 오스트리아에서 태어나 인스브루크 대학, 콘스탄츠 대학, 베를린 자유대학 등에서 신학과 사회학을 공부하고 베를린 자유대학에서 사회학 박사학위를, 빈 대학에서 교수 자격을 취득했다. 여러 해 동안 사회연구소의 연구원으로 활동했으며, 현재 프랑크푸르트 대학 사회학 교수로 재직 중이다. 가족 및 청소년, 폭력 문제에 관한 독창적인 연구로 널리 알려져 있다. 주요 저서로 『폭력의 이력: 폭력과 무시의 순환 속의 청년들』 『인종 연대 책임: 인종 갈등의 부정적 분류』 등이 있다.

:: 자비네 안드레젠 Sabine Andresen

하이델베르크 대학에서 교육학을 공부하고 같은 대학에서 교육학 박사학위를 받았다. 취리히 대학, 빌레펠트 대학을 거쳐 현재 프랑크푸르트 대학 사회교육학 교수로 재직 중이다. 주요 연구 분야는 유년기와 가족, 국제 아동 복지, 아동 및 가족 빈곤, 역사적 유년기, 아동 폭력, 성폭력 등이다. 유년기에 대한 역사적 관점을 바탕으로 국제적 관점에서 아동의 권리, 아동기 취약성, 아동 복지에 대한 실증적 연구를 수행해왔다. 최근에는 아동과 청소년의 성적 학대에 대한 사회적 연관성, 가족 내 성적 학대, 이행기 정의에 대해 집중적으로 연구하고 있다. 주요 공저서로 『유년기』 『어린이, 빈곤, 가족』 등이 있다.

:: 라우라 볼터스 Laura Wolters

오스나브뤼크 대학과 브레멘 대학에서 철학과 정치학을 공부했으며 지겐 대학에서 사회학 박사학위를 받았다. 현재 함부르크 사회연구소에서 거시적 폭력에 관한 연구 그룹에 참여하고 있다. 주요 연구 분야는 성폭력, 폭력에 관한 최근 연구, 성의 사회학, 사회학 이론 등이다. 지금까지 폭력의 사회학에서 거의 주목받지 못했던 성폭력의 문제에 초점을 맞춰 규범과 폭력, 감정과 신념의 연관성과 엇갈림에 대해 연구하고 있다. 주요 저서로 『모욕과 고통에 대하여: 집단 성폭력의 사회학』 『쇼타임: 과시적 폭력의 형태와 결과』(공저) 등이 있다.

:: 고지현

독일 브레멘 대학 철학과에서 발터 벤야민의 모더니티, 비평, 역사 개념에 대한 연구로 박사학위를 받았다. 프랑크푸르트 비판이론, 포스트모던 등으로 시각을 확장해 벤야민 사상을 철학적 시대 비판론으로 심화·발전시키는 데 주력해왔다. 가천대 아시아문화연구소에서 학술연구교수로 재직 중이다. 저서로 『꿈과 깨어나기: 발터 벤야민 파사주 프로젝트의 역사이론』, 공저서로 『프랑크푸르트학파의 테제들』 『포스트모던의 테제들』 『현대 페미니즘의 테제들』 『근대 사회정치철학의 테제들』 등이 있으며, 역서로 『라디오와 매체』 등이 있다.

:: 김광식

서울대 철학과를 졸업하고 독일 베를린 공과대학 과학·기술·철학과에서 인지문화철학 전공으로 박사학위를 받았다. 서울대 철학사상연구소 연구원을 거쳐 서울대 기초교육원에서 교양교육을 담당하고 있다. 저서로 『행동지식』 『BTS와 철학하기』 『김광석과 철학하기』 『다시 민주주의다』(공저) 『세상의 붕괴에 대처하는 우리들의 자세』(공저) 『근대 사회정치철학의 테제들』(공저) 등이 있으며, 논문으로 「인지문화철학으로 되짚어 본 언어폭력」 「인지문화철학으로 되짚어 본 동성애혐오」 등이 있다.

:: 김만권

뉴욕 뉴스쿨 대학 정치학과에서 정치이론 및 법철학 전공으로 박사학위를 받았다. 경희대 비교문화연구소 학술연구교수이다. 저서로 『자유주의에 관한 짧은 에세이들』 『불평등의 패러독스』 『그림으로 이해하는 정치사상』 『세상을 보는 열일곱 개의 시선』 『참여의 희망』 『정치가 떠난 자리』 『호모 저스티스』 『김만권의 정치에 반하다』 『열심히 일하지 않아도 괜찮아!』 『새로운 가난이 온다』 등이 있으며, 역서로 『만민법』(공역) 『민주주의는 거리에 있다』 『인민』 등이 있다.

:: 김주호

고려대에서 사회학, 정치외교학 학사를 마쳤다. 독일 마르부르크 대학 사회학과를 졸업한 후 프랑크푸르트 대학 사회학과에서 박사학위를 받았다. 경상국립대 사회학과에서 조교수로 재직 중이다. 전공 분야는 정치사회학이며, 주로 민주주의, 포퓰리즘, 지방정치 등을 연구하고 있다. 공저서로 『더 많은 민주주의를 향하여』 『비판사회이론: 경제학 비판』 등이 있으며, 역서로 『기업가적 자아』가 있다. 논문으로 「포퓰리즘과 민주주의」 「포퓰리즘의 오용과 복지포퓰리즘 담론의 구축」 「정당의 후보자 추천권 독점과 거대 양당의 지방정치 독점」 등이 있다.

:: 문성훈

연세대 철학과를 졸업하고 서울대 대학원을 거쳐 독일 프랑크푸르트 대학 철학과에서 악셀 호네트 교수의 지도로 박사학위를 받았다. 서울여대 교양대학 현대철학 담당 교수로 재직 중이며 『베스텐트』 한국판 책임편집자를 맡고 있다. 저서로 『미셸 푸코의 비판적 존재론』 『인정의 시대』 『새로운 사회적 자유주의』, 공저서로 『프랑크푸르트학파의 테제들』 『포스트모던의 테제들』 『현대 정치철학의 테제들』 『현대 페미니즘의 테제들』 『근대 사회정치철학의 테제들』 등이 있으며, 역서로 『정의의 타자』 『인정투쟁』 『분배냐, 인정이냐?』(이상 공역) 『사회주의 재발명』 등이 있다.

:: 정대성

연세대 철학과를 졸업하고 독일 보훔 대학에서 독일 관념론과 사회정치철학 전공으로 박사학위를 받았다. 현재 연세대 근대한국학연구소 HK교수로 재직 중이다. 공저서로 『이성의 다양한 목소리』 『세상을 바꾼 철학자들』 『교육독립선언』 『철학, 중독을 이야기하다』 등이 있으며, 역서로 찰스 테일러의 『헤겔』, 클라우스 피베크의 『자유란 무엇인가: 헤겔 법철학과 현대』, 게오르크 루카치의 『사회적 존재의 존재론 2, 3, 4』(공역)를 비롯하여 『청년 헤겔의 신학론집』 『비판, 규범, 유토피아』 『언어, 의미 그리고 철학』 『정치철학사』(공역) 등이 있다.

:: 정태창

서울대 철학과를 졸업하고 서울대 철학과 대학원에서 사회철학 전공으로 박사학위를 받았다. 서울시립대 박사 후 연구원을 거쳐 공주대 교양학부에서 조교수로 재직 중이다. 논문으로 「공화주의 공공 철학과 좋은 삶」 「좋은 삶의 형식적 개념에 기초한 물화의 재정식화」 「자본주의적 생산과 소비의 병리현상으로서의 물화」 등이 있다.

:: 홍성태

고려대 사회학과에서 사회운동의 전략과 리더십에 관한 연구로 박사학위를 받았다. 현재 고려대 사회학과에서 강의하고 있으며, 한국연구재단의 지원을 받아 인문사회학술연구교수 연구과제를 수행하고 있다. 공저서로 『한국사회의 반기업문화』 『금융산업 2차정규직』 등이 있으며, 역서로 『현대 사회이론의 흐름』(공역)이 있다. 최근 논문으로는 「의문사에 투영된 정치적 억압」 「디지털이 수식하는 시민정치와 민주주의」 「정치적 억압의 전략과 법치주의」 등이 있다.

:: 홍찬숙

서울대 영어영문학과를 졸업하고 이화여대 대학원 여성학과를 거쳐 독일 뮌헨 대학 사회학과에서 울리히 벡 교수의 지도로 박사학위를 받았다. 현재 서울대 여성학협동과정 강사이며 서울대 여성연구소 객원연구원이다. 저서로 『울리히 벡』『울리히 벡 읽기』『개인화: 해방과 위험의 양면성』『한국의 압축적 개인화와 문화변동: 세대 및 젠더 갈등의 사회적 맥락』, 공저서로 『문화사회학의 이해』『정보혁명』『세월호가 묻고 사회과학이 답하다』 등이 있으며, 역서로 『세계화 시대의 권력과 대항권력』『장거리 사랑』(공역) 『자기만의 신』 등이 있다.

가정폭력과 포퓰리즘
베스텐트 한국판 9호

1판 1쇄 발행 2023년 3월 10일

편저자 연구모임 사회 비판과 대안
지은이 에디 하르트만 외
옮긴이 고지현 외
펴낸이 안희곤
펴낸곳 사월의책

편집 박동수
표지 디자인 이원우

등록번호 2009년 8월 20일 제396-2009-126호
주소 경기도 고양시 일산서구 중앙로 1388 동관 B113호
전화 031)912-9491 | **팩스** 031)913-9491
이메일 aprilbooks@aprilbooks.net
홈페이지 www.aprilbooks.net
블로그 blog.naver.com/aprilbooks

ISBN 979-11-92092-11-9 94100
ISBN 978-89-97186-10-5 (세트)

* 책값은 뒤표시에 있습니다.